U0462015

上海浦山新金融发展基金会

弘扬浦山先生为代表的经济学家克己奉公的高尚品质
推动金融理论创新，支持上海国际金融中心建设

RESHAPING GLOBAL INDUSTRIAL CHAINS

全球产业链重塑

中国的选择

徐奇渊　东　艳　等◎著

OPTIONS FOR CHINA

中国人民大学出版社

·北京·

图书在版编目（CIP）数据

全球产业链重塑：中国的选择／徐奇渊等著. --
北京：中国人民大学出版社，2022.4
ISBN 978-7-300-30150-1

Ⅰ.①全… Ⅱ.①徐… Ⅲ.①经济全球化－产业链－
研究－中国 Ⅳ.①F269.2

中国版本图书馆 CIP 数据核字（2021）第 281140 号

全球产业链重塑
——中国的选择

徐奇渊　东　艳　等　著

Quanqiu Chanyelian Chongsu：Zhongguo de Xuanze

出版发行	中国人民大学出版社				
社　址	北京中关村大街 31 号		**邮政编码**	100080	
电　话	010－62511242（总编室）		010－62511770（质管部）		
	010－82501766（邮购部）		010－62514148（门市部）		
	010－62515195（发行公司）		010－62515275（盗版举报）		
网　址	http://www.crup.com.cn				
经　销	新华书店				
印　刷	北京联兴盛业印刷股份有限公司				
规　格	155 mm×230 mm　16 开本		**版　次**	2022 年 4 月第 1 版	
印　张	22.25 插页 2		**印　次**	2022 年 9 月第 2 次印刷	
字　数	280 000		**定　价**	108.00 元	

浦山书系简介

"浦山书系"由上海浦山新金融发展基金会（简称浦山基金会，PU SHAN FOUNDATION）创设。

浦山基金会由中国金融四十人论坛（CF40）旗下上海新金融研究院（SFI）发起，于 2016 年 7 月成立。浦山基金会以弘扬浦山先生为代表的经济学家克己奉公的高尚品质，推动金融理论创新，支持上海国际金融中心建设为宗旨，主要业务为奖励在国际经济领域做出贡献的经济学家，并资助国际金融和新金融领域的课题研究与研讨。

浦山世界经济学优秀论文奖（简称浦山奖）由浦山基金会主办，主要奖励世界经济、开放宏观经济学、国际金融、国际贸易、经济发展与增长，以及中国对外经济关系方面具有原创性的优秀学术研究和政策研究。

"浦山书系"专注于国际经济等相关领域，基于研究和研讨成果出版系列图书，力图打造兼具理论、实践、政策价值的权威书系品牌。

2009 年以来，"中国金融四十人论坛书系"及旗下"新金融书系""浦山书系"已出版 160 余本专著，凭借深入、严谨、前沿的研究成果，在金融界积累了良好口碑，并形成了广泛的影响力。

参与全球产业分工要关注国家发展能力和国家安全

上海浦山新金融发展基金会会长、中国社会科学院学部委员　余永定

　　自改革开放以来，通过贸易、投资和技术交流，中美之间在经济上已经形成高度相互依赖的格局。但是，随着中美经济差距的缩小，美国政治精英产生了严重的恐中情绪。特朗普政府把中国当作美国的头号竞争对手。美国政府不但对中国发动贸易战，大幅提高关税，而且把大量中国高技术企业列入"实体清单"，对中兴和华为等高科技企业实施制裁。特朗普政府的官员公开声称，他们这样做的目的是要把中国踢出全球高技术产业链。拜登政府的对华经济政策在调门上有所缓和，但继续坚持把中国踢出全球高技术产业链（如半导体、大飞机和精密机器制造等领域）的政策。

　　对于美国政治精英来说，施政的最佳选择应该是一方面阻止中国在高科技领域进一步缩小同美国的差距，另一方面尽量减少"脱钩"对美国造成的商业损失。因而，美国把中国踢出全球高科技产业链的政策应该是渐进的、选择性的。美国政府也在致力于产业链的重塑。到 2022 年年初为止，拜登政府的政策重点还是"完善国内产业链"，以及"对美国供应链存在的漏洞进行清点，并立即填补这些漏洞，在包括能源、网络技术、半导体、关键电子、电信基础设施和关键原材料等众多领域建立更强大、更有弹性的国内供应链"。

　　如果美国的政策十分明确，我们也就可以迅速形成应对之策。

不过，拜登政府的政策似乎依然处于形成过程中。美国政府政策的模糊性、复杂性，也给中国企业制定应对之策造成了困难。是"丢掉幻想准备战斗"，还是"继续怀抱希望，争取较好结果"？这些判断有可能正确，也可能是误判。但不论是哪种观点出现了误判，都可能造成巨大损失。例如，如果不马上准备"备胎"或另辟蹊径，但最终还是被踢出了全球高科技产业链，我们就浪费了5年、10年的时间。反之，如果美国政府最终放弃把中国踢出全球高科技产业链的政策，我们准备"备胎"或另辟蹊径，就意味着浪费资源，代价也可能巨大。

徐奇渊和东艳带领团队完成的研究《全球产业链重塑——中国的选择》（简称《重塑》），所要回答的问题是：在重塑过程中，中国如何实现"产业链升级优化、产业链安全"，或者说，中国如何在最大限度嵌入全球分工体系的同时，把经济风险降到最低限度。

《重塑》认为，未来的发展将呈现出三个特征：首先，跨国公司将通过多元化产业集聚增强产业链抗风险能力。其次，随着全球要素禀赋格局的变化，将在中长期呈现出知识化、数字化和资本化趋势。最后，生产方式的绿色化、低碳化，将主要影响依赖能源出口或正处于工业化进程中的发展中国家。

《重塑》提出了产业链的二元悖论：一国在某个产业链领域的全球竞争力、影响力，以及该国对这个产业链的完全自主可控、不依赖于对外国的进口，这两个方面难以兼得。《重塑》认为，美国在产业链的二元悖论问题上实现了较高效率的平衡。美国通过政治关系、国家间的同盟实现了产业链安全的保障。相较于美国，中国的全球供应链风险更容易受到政治因素影响。

《重塑》运用网络分析法研究了中国产品在全球供应链上的影响力和脆弱性。具体地，利用出口中心度指数和进口集中度指数，分别测量了其他国家对中国出口中间品的依赖度，以及中国对其他国家出口中间品的依赖度。本书的研究发现，中国在高出口中心度的中间品贸易中①，具有突出的影响力。但同时也指出，中国进口的中间品当中，有62种产品的全球出口中心度、中国进口集中度双高，这些产品面临外部冲击时的脆弱性最高，进行供应链备份的难度也最大。在此基础上，根据产品层面的分析进行加总，发现：电机、电气、音像设备及其零附件（HS-2：85），核反应堆、锅炉、机械器具及零件（HS-2：84），光学、照相、医疗等设备及零附件（HS-2：90），是中国供应链脆弱度最高的三个行业。②

《重塑》还借助对外核心依赖程度的概念进行了定量分析并说明，随着中国不断融入全球价值链，在技术密集型行业，中国的对外核心依赖程度并未降低，并且面临产业链二元悖论的挑战。而在劳动密集型产业，中国逐渐掌握核心技术与方法，从而不像技术密集型行业那样直接面临产业链二元悖论的压力。

这项研究认为，仅考虑经济因素，中国的生产风险大于销售风险，美国则是销售风险大于生产风险，中国的全球供应链风险低于美国。但在考虑政治关系后，中国的供应链风险明显提升，美国的风险则取决于和中国的政治关系。进一步考虑断供能力后，中国的全球供应链风险继续提升，美国的风险则基本不变。因此，相比美国，中国的全球供应链风险更容易受到政治因素的影响。

《重塑》主张，提升供应链安全，中国的政策方向不应是简单的加强内循环、降低外国依赖度。中国可以提升多元化程度，强化同断供能力弱的国家的供应链联系。同时，中国需要加强和政治关系稳定国家的联系。最后，处理好与主要大国尤其是美国的关系。为了在核心产品取得突破之前，争取足够的时间，中国还需投入政治资源。

越南是否会在一定程度上取代中国的世界工厂地位？2020年，

① 也就是供应链脆弱度较高的中间品。
② 行业名称及代码见第5章附录。

越南成为中国的第三大出口目的地国。中越贸易可以作为一个研究的切入点。该书就中国对越南出口特征进行了量化分析，发现中美贸易冲突对于加速转出口和产业转移有最为直接的冲击效应，短期内推升了中国对越南出口，并且贡献巨大；持续性的生产地转移效应在出口中的作用也不容忽视。经济的互补效应仍是中越贸易的基础，但竞争效应的重要性已经超越了互补效应。

《重塑》认为，中美贸易冲突、疫情冲击、数字化、低碳化四个问题大大提高了全球产业链重塑问题的复杂性。《重塑》对这四个问题在不同程度上都有所涉猎，尤其对美国加征关税和加征关税排除机制进行了翔实讨论。

《重塑》指出，加征关税排除机制为一窥中美经济犬牙交错的真实情况提供了另一个绝佳途径。每一项企业排除申请被批准或被拒绝背后，都反映了该进口商品真实的经济影响，从中可以看到美国企业承受的临界点。美国设置加征关税排除机制的初衷，一方面是避免美国进口企业短期承压过大而造成不可逆转的损害；另一方面可以通过增加贸易政策不确定性，促使去中国化，最终达到压制中国战略性产业发展的中长期目标。

通过对美国加征关税排除机制[①]的分析，《重塑》的研究发现：生产技术更复杂、供应链条更长、短时间寻找替代品较为不易的行业，排除比例较高。而进口金额上的对华依赖度，只是次要考虑。以轴承产品为例，被排除的轴承产品，确实对中国依赖程度更高，美国企业短期内寻找替代品困难。但是这类产品生产工艺简单，价

---

① 所谓加征关税排除机制，顾名思义，是与加征关税有关的缓冲措施，是美国对加征关税不利影响的常用措施。考虑到部分产品因加征关税导致商品和原材料无法替代，可能对本国经济产生严重伤害，企业可以就特定进口商品申请排除，经美国贸易代表办公室（USTR）批准后，可以对相应商品（包括其他所有进口商的该类进口商品）在一年内免予加征额外的关税，一年后再给予重新审查。从这个意义来看，exclusion 应翻译为"排除"，不宜翻译为"豁免"。2019 年 5 月 13 日，中国国务院关税税则委员会也引入了类似美国的加征关税排除机制，并发布了《对美加征关税商品排除工作试行办法》。

值较低，供应链转移相对容易，持续保持加征关税和排除机制并用，会增加贸易政策的不确定性，加大产业链从中国转移出去的概率。同时，未被排除的轴承产品制造工艺更为复杂，价值较高，主要由发达国家供给美国。此类轴承产品没有被排除，一方面因为中国占美国市场份额小，容易被替代；另一方面也实现了美国压制中国制造业向价值链上游升级的目的。《重塑》指出，无论从美国加征关税还是从加征关税排除来看，美国的重点打击目标都是中国高科技产业，其遏制中国产业发展的战略意图十分明显。

应该指出的是，《重塑》大量使用定量分析方法，力图做到言之有据——数据。《重塑》所使用的众多分析方法都是非常规范的。作者在数据收集和整理上花费了大量的时间和精力，充分体现了他们认真严肃的治学态度。在充分肯定《重塑》大量使用定量分析和网络分析方法的同时，我们也需要看到这些方法的局限性。例如，网络分析中有一个非常重要的问题：只重数量不重质量。对于不同的产品来说，相同的出口中心度所代表的脆弱性可能是非常不同的。我以为，研究报告还可以使用田野调查的方法。"解剖一只麻雀"，从对企业的调查研究中推出一般性结论，可能比用数学模型推导出的结论更为可靠、更具有政策参考价值。

《重塑》试图回答"中国如何在实现产业链升级的同时保持自主可控"。这个问题同"如何一方面积极参与国际分工，另一方面建立、维持本国相对完整的产业体系"实质上是同一问题。自 1791 年美国第一任财政部长亚历山大·汉密尔顿（Alexander Hamilton）发表著名的《制造业问题报告》[①] 以来，经济学家在这个问题上的争论已经持续了 200 多年。

从自然经济到商品经济，从农业社会到工业社会，分工是推动

---

① Alexander Hamilton. Report on Manufactures. December 5，1791，https://www.gilderlehrman.org/sites/default/files/inline-pdfs/ready.00891%20-%20FPS.pdf.

经济发展的重要驱动力。在工业化社会，分工首先是在民族国家的范围内实行，然后才开始跨越国界，在世界范围内扩展，形成国际分工体系。

1776年，亚当·斯密在《国富论》中第一次提出了劳动分工的观点，"一个劳动者……纵使竭力工作，也许一天也制造不出一枚扣针"。但如果"一个人抽铁线，一个人拉直，一个人切截，一个人削尖线的一端，一个人磨另一端，以便装上圆头。要做圆头，就需要有二三种不同的操作。装圆头，涂白色，乃至包装，都是专门的职业。这样，扣针的制造分为十八种操作。有些工厂，这十八种操作，分由十八个专门工人担任"。一个小工厂的工人，"一人一日可成针四千八百枚。如果他们各自独立工作，不专习一种特殊业务，那末，他们不论是谁……说不定一天连一枚针也制造不出来"。所谓分工，就是指劳动过程被分为不同阶段，由不同的个人或一组人在不同阶段完成不同任务。分工极大提高了劳动生产效率。

在工业革命爆发以前，英国的最重要工业或"农村工业"是纺织业。纺织过程的工序包括：清洗、梳理、纺线、织布、平整、印染。由于工具简单，这些工序都是在农户家中或作坊里由不同家庭成员或学徒完成的。

17世纪后期，在欧洲逐渐形成了所谓家庭包工制度（domestic system），又称包出制度（putting-out system）。这种制度有两个要素：包销商人和家庭作坊。包销商人将羊毛或棉原料交给村庄中从事纺线工作的农户，然后再把纺好的羊毛线或棉线交给其他农户织布。包销商最后按件（或工资）从农户收购最终产品到市场销售。在这种制度下，承包不同阶段加工工作的农户不用自己买进原料（原料的所有者是包销商），也不必操心产品的出售。[①]

---

① The Industrial Revolution/Manchester. http://www.uncp.edu/home/rwb/manchester_19c.html.

18 世纪，工业革命爆发。织布飞梭（John Kay，1733）、珍妮纺纱机（James Hargreaves，1765）、水力纺纱机（Richard Arkwright，1769）和以蒸汽（Watt，1775）为动力的纺织骡机（Crompton's Mule，Samuel Crompton，1779）相继问世。如果说珍妮纺纱机还可以在农舍中操作，水力纺织机和纺织骡机就绝无此可能了。大型机器设备体积庞大，根本无法在工匠师傅的村舍（或作坊）里安装、使用。为了充分发挥机器设备的规模效应，充分利用城市的集聚效应，以成本最小化和利润最大化为目标的企业家自然会选择在城镇而不是在分散的农村安装大型机器设备、建立工厂。[①] 工厂制度应运而生。

在 18 世纪末期，由于可交换部件的广泛应用，以纺织生产的机械化为标志的工厂制度得到进一步加强。此前毛瑟枪的每一个部件都是由一个工人单独制造，然后再组装在一起的。可交换部件的出现意味着根据严格工艺要求生产的每一支毛瑟枪的任何部件，都可以同另一支毛瑟枪的相同部件交换。这种可交换性开创了大规模生产的时代。

工业革命不仅导致工厂制度的建立及已有产品生产的分工和专业化，而且导致不同产业的诞生和发展。蒸汽机使纺织生产得以实现机械化，蒸汽机的使用也导致了煤炭工业、冶金工业和金属加工工业的发展。而机床制造业的发展则使大规模生产的进一步发展成为可能。

由于生产规模的扩大，在一个国家进口原材料、在另一个国家销售最终产品使生产变得更为有利可图。这样，一些国家成为原料

---

① Cottonopolis: Manchester, the Growth and Growing Pains of a Modern City, Victoria Bateman History of Capitalism Series. 19 April, 2016, https://lif. blob. core. windows. net/lif/ docs/default-source/default-library/cottonopolis--manchester-the-growth-and-growing-pains-of-a-modern-city-victoria-bateman-lecture-transcript-19-april-2016-pdf. pdf?sfvrsn=2.

出口国和制成品进口国，另一些国家则相反。于是，国际贸易迅速发展起来。

回顾历史，我们可以看到，分工首先是家庭、作坊和工厂内的分工。与此同时，也存在社会和产业层面的分工，如农业、牧业和手工业的分工。工业革命时期，英国纺织业的狂飙突进导致一系列新产业的诞生。英国最终建立了一个包括农业（比重下降）、轻工业和重工业的完整产业体系。对外贸易主要是进口粮食、原材料和出口制成品。生产过程的碎片化和产业链贸易应该基本不存在。在当时已经出现了是按绝对优势（或比较优势）进行国际分工，从而建立超越国界的产业体系，还是在民族国家范围内建立相对完整的产业体系的争论。

1791 年汉密尔顿在《制造业问题报告》中提出：一些国家在其经营多年且日臻完善的产业上所拥有的优势，对于那些试图把这一产业引进本国的国家来说，是难以逾越的障碍。同一产业，在一国是新生产业，在另一国则是成熟产业，希望两者在质量和价格相同的条件下竞争，在大多数情况下是不可行的。[1] 德国经济学家李斯特（Friedrich List）后来将这种观点提炼成幼稚产业保护理论。根据这一理论，后起国家的新兴产业，经不起领先国家的业已成熟的同一产业的竞争。因而，应该对本国新兴产业采取有选择的适当保护措施。

为什么即便眼下没有竞争优势，也一定要发展某个产业呢？李斯特认为，英国和美国执行的是"踢掉梯子"、不让后来者登顶的政策。因而，应该通过关税等措施保护那些将来有机会形成比较优势的产业，使它们最终也能成功登顶。更为重要的是，李斯特认为，伴随分工的应该是民族团结感、独立和共同目标以及生产性力量之

---

[1]　https://www.laphamsquarterly.org/trade/infant-industry.

间的合作。① 可见，李斯特是从国家利益最大化的前提出发来考虑产业体系建设和国际分工问题的。他同亚当·斯密的最大不同是，后者是个全球主义者，认为有利于英国的一定是有利于世界的。

有意思的是，自由贸易的拥趸亚当·斯密在叱责英国的制造业保护主义政策的同时，却支持赋予英国船只和水手垄断权的《航海法》，理由是"防务比富裕重要得多"②。

可见，对于所有民族国家，特别是大国来说，按比较优势（包括动态比较优势）参与国际分工并不是无条件的，参与国际分工应与建立完整产业体系的努力相协调。足够完整的产业体系意味着：第一，发展能力。即便贸易伙伴"踢掉梯子"也能够登顶。例如，如果没有钢铁、机器制造和某些高科技产业，一个大国就可能会永远失去进入先进国家行列的机会。第二，国家安全。这里的安全应该包括粮食、能源和国防。

发展中国家如何最终进入发达国家行列？苏联模式的特点是优先发展重工业。通过"剪刀差"为工业发展提供资金，借美国大萧条之机，从美国大量进口机器设备，迅速实现工业化并建立起完整的产业体系。1933 年苏联第一个五年计划提前完成，苏联在第一个五年计划的执行报告中自豪地宣布："我们从前没有钢铁产业，现在我们已经有了，这是国家工业化的基础。我们从前没有拖拉机产业，现在我们已经有了。我们从前没有汽车制造产业，现在我们已经有了。我们从前没有机床制造产业，现在我们已经有了……"③

在"一五"期间，中国在苏联帮助下布局建设的 156 个重点工

---

① https://unctad.org/system/files/official-document/dp_149.en.pdf.

② Wealth of Nations，Book IV. ii. 30：464-5，对于斯密的相关观点，外国学者有不同解释。http://eppc.org/docLib/20090901_Mueller_Infant_Industry.pdf，http://adam-smithslostlegacy.blogspot.com/2005/08/there-are-regulations-and-regulations.html.

③ The Results of the First Five-Year Plan. Joint Plenum of the C. C. and C. C. C.，C. P. S. U.（B.），1 January 7-12，1933，Foreign Languages Publishing House，Moscow，1954.

业项目为新中国工业化奠定了初步基础。尽管此后一度受到"文化大革命"影响，但经过近 30 年的艰苦奋斗，中国还是拥有了其他发展中国家所没有的比较完整的产业（工业）体系。

第二次世界大战后日本、韩国等亚洲经济体在执行出口导向战略的同时，也致力于建立自己的产业体系。例如，尽管没有比较优势，韩国在 20 世纪 70 年代大力发展重化工和钢铁产业，在相当大程度上，是出于安全考虑。[①]

改革开放后，中国希望引进外国先进设备，对已经落后的技术装备进行改造。但是希望积极参与国际分工，通过开展对外贸易发挥中国的比较优势的意愿，受到外汇储备极度短缺的制约。1978 年中国的外汇储备只有可怜的 1.67 亿美元。幸运的是，中国打开国门之时恰逢国际上特别是在东亚代工、贴牌生产（OEM）的高峰期。OEM 的最大特点是生产者不需要花外汇储备购买原材料和中间产品。中国企业只负责加工这一环节，其余都有外商操心。在来料基础上加工，中国获得了对应于价值增值的外汇。这种生产-贸易方式同英国前工业革命时期的"包出制度"十分相似。OEM 的原始形式是"三来一补"，后来逐渐升级为"加工贸易"。经过近 20 年的努力，中国彻底解决了外汇短缺问题。1999 年，中间产品在中国出口中的占比达到 57% 的峰值。事实上，在不经意间，中国已深深嵌入全球价值链中。

在发展加工贸易的同时，中国还积极引入外商直接投资（FDI）。同外债不同，FDI 的流入实际上同跨国公司的布局密切相关。事实上，大部分 FDI 企业同时在从事加工贸易，大部分加工贸易也是FDI 企业提供的。FDI 逐渐成为跨国公司引导中国企业进入全球价值链的最重要方式。

全球价值链是产品生产过程被分割成分布在全球不同地点的众

---

① Il Sakong. 世界经济中的韩国 . IIE, 1993.

多小阶段所形成的。由于技术进步、贸易自由化等原因，发达国家的产品生产过程出现被分割成越来越多小阶段的趋势。当一定技术条件（如产品的轻型化、小型化、高价值化、标准化、稳定性和独立性等）和制度条件（低关税或零关税等）得到满足之后，把处于不同生产阶段的电子产品模块分散到不同国家生产可以显著降低生产的总成本。这实际上是亚当·斯密当初所说的产品生产的工厂内分工在国际范围内的扩展。当今的国际分工体系是两种不同分工类型的混合体。一种类型是传统的基于资源禀赋的按产业划分的国际分工，如澳大利亚和巴西生产铁矿石，韩国和中国生产纺织和服装、钢铁制品；另一种类型是同一最终产品按生产的不同阶段进行分工。

中国参与国际分工有两种基本途径：其一，大体依照"雁行"模式，通过一般贸易方式加入国际分工体系，实现从纺织、钢铁到重化工业的产业升级和转移。这种分工是不同国家产业间的分工。其二，通过加工贸易的方式加入全球价值链（国际生产网络）。这种分工是不同国家企业在同一产品生产过程中的分工。参与分工的企业力图沿相应产业链实现向高技术、高价值增值的生产环节的升级。不同生产阶段是通过加工贸易连接的。

与通过一般贸易参与国际分工、实现产业升级相比，加入全球价值链对促进经济增长、提高技术水平的积极影响是明显的，但对经济安全的负面影响也是显著的。最为重要的是，全球价值链是发达国家跨国公司设计和主导的，发展中国家一般只能被动接受跨国公司的安排，扮演加工者、组装者的角色。跨国公司是产业链的组织者和管理者。什么国家的哪个企业可以在什么环节进入某种产品的全球价值链，完全是由在该产品全球价值链中起主导作用的跨国公司决定的。

在正常情况下，加入全球价值链的利弊同参与一般国际分工的利弊相似。其利主要是改善资源配置，提高生产效率，可以学到一定的先进技术和管理模式。其弊端包括在利益分配中处于不利地位，可能被锁定在国际分工的低端，引起贸易摩擦（处于全球价值链末端的最终产品组装、加工国对最终产品购买国保持贸易顺差）。

中国深度参与全球价值链必然会对原有产业体系的完整性造成冲击。事实上，中国实施以加工贸易和 FDI 为特征的出口导向战略之后，在一些产业或产品生产得到急剧发展的同时，原有的一些重要产业衰落了，一些产业干脆就消失了。2005 年前后，国内甚至一度出现跨国公司收购中国骨干国有企业的浪潮。幸运的是，由于中国在加入全球价值链之前已经建立比较完整的工业体系[1]以及政府比较谨慎的态度，中国依然保存了较为完整的产业体系，而且许多重要产业依然自主可控。事实上，根据联合国工业发展组织的分类标准，中国是世界上唯一拥有全部大、中、小工业门类的国家。

中国产业体系的安全性问题应该包含三个维度：对外依存度、完整性和应变能力（适应性）。对外依存度问题，《重塑》已经做了比较充分的讨论，这里无须画蛇添足。

完整性和对外依存度是两个相关但不同的概念，是产业体系安全性问题的两个不同视角。完整性问题可以从投入-产出矩阵的角度看，一个国家的各产业都是相互依赖的，缺少一个产业（或大类、中类、小类），其他产业都会受到不同程度的影响。但不同产业对一个国家的生存和发展的作用是不同的。例如，农业、能源等产业对中国这样的大国是关系到生死存亡的重要产业；钢铁、重化工业、机器制造和一些高技术产业对中国的发展是必不可少的。无论中短期的经济效益高低，这些产业必须发展。从这种观点出发，袁隆平的"杂交水稻"居功至伟。同样，中国有极其丰富的煤炭资源。如果中国在煤炭清洁利用上取得突破，我们就不必担心有一天有人对

---

① 可参阅中华人民共和国国家标准《国民经济行业分类》（GB/T 4754—2017）；联合国《所有经济活动的国际标准产业分类》（ISIC Rev. 4）。某些行业完全是原材料，有些是中间产品，有些则是最终产品。行业的划分标准，行业、门类下各大类、中类、小类的划分标准可以进一步研究。

中国实行石油禁运。

完整性并不等于"大而全"和"自给自足"，有相当数量的产业并非不可或缺。但无论如何，保持一个相对完整的产业体系对中国这样的国家来说十分重要。许多国家片面追求产业的高级化，产业结构畸重畸轻，一旦出现外部冲击，经济的脆弱性就暴露无遗。与此相反，在本次疫情中，中国表现出色，很大程度上要归功于中国拥有一个相对完整的产业体系，特别是拥有强大的制造业。

适应性概念则兼顾了效率与安全的考虑。例如，虽然一个国家由于参与国际分工，产业体系不够完整，但该国具有强大的制造能力，一旦形势需要，该国就可以迅速补上短板。产业体系是否具有适应性，很大程度上取决于基础性产业是否得到充分发展。例如，强大的通用机床行业可以很快补足某种细分机床类别的短板。产业体系的终极适应性来自教育、科研和高科技产业的发展。

产业是一个体系，这意味着安全性的提高必然以生产效率的下降为代价；深度参与国际分工，深度嵌入全球价值链则意味着生产效率和经济增速的提高，但产业体系的安全性将会下降。一国必须在产业体系安全性与最大限度参与国际分工之间找到平衡。

看看美国是如何试图达成安全和效率两者之间的平衡不无裨益。

2020 年 12 月，美国国会研究部（Congressional Research Service）在一份研究报告[①]中提出美国重塑全球价值链的设想。

第一，退出中国市场。例如，把某些低价值增值制造业从中国转移到越南。

第二，分散化和留余量。例如，依赖中国提供中间产品的企业可以执行"中国＋1"战略。分散化和增加供应商会增加成本、降低效益；留余量会造成浪费。但许多企业管理者仍然计划执行分散化战略，而不是仅仅依赖一个供应商。

---

① Global Value Chains：Overview and Issues for Congress，December 16，2020.

第三，区域供应链。建立区域供应链可以减少全球性冲击的影响，降低运输成本，使交货期更稳定，利用区域内的各种优惠安排。但区域供应链使企业无法在全球范围内挑选更好的合作伙伴，而且更容易受到区域内冲击的影响。

第四，囤货。如果不愿意调整现存产业链，企业就只能沿供应链的各个环节增加存货，以便为意想不到的冲击做准备。囤货当然会增加成本、造成浪费。

第五，垂直生产。增加国内生产，减少外包。这种战略要求增加在各个环节（制造专业部件、最终组装、包装等）的投资。一个公司把所有环节置于自己的控制之下。这种战略成本高昂会导致企业丧失通过专业化提高效率、通过分散化规避风险的能力。

第六，回迁产业链。这种做法将导致企业成本上升，丧失分散风险的能力。日本政府也提出过这方面的政策。2020 年 4 月，日本政府拨款 22 亿美元鼓励企业把高价值产业链环节从中国回迁日本或迁移到东南亚其他国家。美国也在实施这种政策。事实上，特朗普时期的美国政府就颁布过相关政策，鼓励企业回迁美国。

第七，留在原地。许多企业服务于本地市场，它们不愿因迁出而失去当地市场。东道国的本地化政策迫使这些企业在去留之间做出选择。这种选择是困难的。

第八，不变。企业可能选择直面全球价值链风险而留在国外（不一定是原来的东道国）。这种选择对于某类企业（如成衣企业）可能是最好的选择。

中国政府显然也应该对中国产业体系和供应链"存在的漏洞进行清点，并立即填补这些漏洞"。从全球产业链重塑的角度看，我们似乎需要处理以下四个方面的问题：

第一，对于已经深度嵌入全球产业链的高技术行业而言，中国政府应该帮助中国企业尽可能提高其在链内的自主可控度，尽可能留在链内，以便为"备胎"的成熟争取时间。高技术产业企业必须彻底丢掉幻想，从最基础、底层做起，打造立足于国内的完整产业链。

第二，有些产品即便不属于高技术产业，为实现经济增长、减少地区发展不平衡，中国需要适当缩短这些产品参与全球价值链的"长度"，把更多生产环节留在国内，如果可行也可以向西部和北部转移。

第三，中国必须发展以中国龙头企业为主导的国内生产网络。打破地方藩篱，在全国（而不是一省、一地）范围内，实现重要产品生产的最优分工。全球产业链和国内生产网络并存，一些中国企业宁愿加入全球产业链而不愿意或没有机会加入由中国龙头企业主导的国内生产网络。对于这种状况，政府似乎有必要提供必要的激励机制，进行某种干预。

第四，通过经济体制、税收政策、社保体系、公共产品提供等领域的改革，培育和扩大国内市场，从而降低中国产品对海外市场需求的依赖度。

总之，由于全球经济和地缘政治形势的变化，有必要对中国产业体系的现状进行国家层面的评估，确认薄弱环节，从产业和产品多个层面进行调整，实现在经济效率和产业体系安全之间的最佳平衡。《重塑》为中国如何应对全球产业链重塑做出十分有益的贡献，相信他们一定能够再接再厉，提出更多、更明确、更具体的政策建议。

一本深入理解全球产业链体系变革的佳作

CF40 学术顾问、复旦大学特聘教授　黄奇帆

改革开放 40 余年来，我国积极参与国际分工合作，不断融入世界经济，中国的产业链、供应链从无到有，中国成为拥有联合国产业分类中工业门类最全的国家，在全球供应链中的优势接近"无可替代"。但近年来，中美贸易冲突、新冠肺炎疫情等一系列事件开始冲击我国产业链，我国供应链大而不强、创新羸弱的缺点开始暴露无遗。如何看待供应链冲击背后的深层次问题，冲击又会对我国哪些关键产业产生影响，未来我国该如何参与全球产业链的竞争与合作，在当下的时间节点，把上述问题回答好具有重大的现实意义。

一

针对当前全球产业链面临的变革，徐奇渊、东艳同志的团队从四个方面解答了全球产业链的重大命题。它们分别是：冲击全球供应链的主要因素；在冲击下各国产业链的脆弱性及面临断供危机时的承受力；中美贸易冲突下两国产业链遭受的影响；未来我国在全球产业链的位置以及在价值链重构中占据优势高地的举措。上述这些问题的回应需要很高的理论水平、严谨的治学态度、大量的数据检验。徐奇渊、东艳同志长期从事国际经贸领域的研究，对中国、美国、欧盟、新兴经济体等各国经济议题了若指掌，圆满地完成了这项崭新的研究课题，体现了经济研究学者的学术态度与学术功底，

为全球和中国的产业链研究填满了丰富的"肌肉组织和器官"。

从第一次工业革命开始，现代工业历经了近300年的发展，形成了三大分工协作形式，分别是国家与国家之间的分工，行业与行业之间的分工，工业品、原材料之间的相互交换。整体分工呈现越来越精细、协作与组织化程度越来越高的趋势。20世纪80年代，国际贸易的总量当中，70%左右是制成品的贸易，是由一个国家、一个地区、一个企业做出来的产品，卖到另一个国家去。到2010年，整个世界的总贸易额中，60%的贸易量是中间品贸易，是零部件、原材料各种中间品的贸易。如今，这一比例已经上升到70%以上。世界上主要的贸易品，已经不是由一个国家、一个地区的企业来把它生产出来，卖到另一个国家，而是几十个国家的几百个企业生产的上千个零部件互相组合形成的一个产品。

在这个过程中，服务贸易也开始飞速发展。全球服务贸易从2001年的2.95万亿美元增长到2018年的10.8万亿美元，年均增长10%以上。30年前，服务贸易跟货物贸易比值大概是5∶95的关系，现在，服务贸易的总量跟货物贸易的总量大概是30∶70的关系。这既是全球制造业水平分工和垂直分工演变发展的结果，也是全球服务贸易加速发展的结果。

由于全球产品交易、贸易格局的这种变化，企业的组织、管理方式也发生了深刻的变化。近20年来，在经济全球化浪潮下，既有企业业务流程的水平整合，即将企业的研发设计、原料采购、生产加工、物流配送的各个环节外包出去，表现为企业的横向合作或分工，也有上中下游产业链的垂直整合，表现为产业链上的纵向合作或并购。跨国公司通过这种水平与垂直的重组整合，形成了产业链集群化、供应链系统化、价值链枢纽化，已经成为现代国际化大产业的重要标志。另外，在国家意志和利益的驱使下，这些企业又容易成为产业链竞争的排头兵，例如中美贸易冲突中，芯片厂商台积电、高通等公司对华为断供，虽然达成了遏制华为的目标，但也伤敌一千自损八百，极大损害了自身产业链。本书在第三篇第 15 章研究了华为在美供应商所受的冲击影响，数据显示华为在美供应商在断供政策出台的一段时期内累计异常收益率普遍为负，仅有康沃、微软和红帽三家公司的异常收益率微弱为正。以上数据显著说明了在经济全球化的今天，打压某些科技巨头是一把"双刃剑"：虽然打击了对手，但对自身的产业链条也会带来很大的负面冲击。

在本书中，徐奇渊、东艳等同志从全球和国家两个视角，利用数据分析检验方法，解决了全球产业链中哪些中间品的出口集中在少数国家以及分国家的中间产品进口中哪些集中在少数国家这两个核心问题，从产品、产业、地区三个维度对中间品贸易脆弱度进行了测度，对我国未来制定产业政策、维护产业链安全具有很强的指导意义。

二

近年来，随着跨国产业链、供应链、价值链成为制造业的主体，各国关税的运作模式也跟着要变化，这就引出了世界贸易格局中的一个新的国际贸易规则的变化，即"三零"原则（零关税、零壁垒、零补贴）的提出。虽然贸易保护主义有所抬头，但"三零"原则是适应全球产业链分工协作的必然要求。

首先是零关税。几百个企业共同制造一个产品，而这个产品又从最终生产商卖到全世界，在这个过程中零关税是最合理的。

其次是零壁垒。在全球分工协作中，必须有大体一致的营商环境，几十个国家才能共同生产一个产品。供应链有各类物流企业，涉及航空、铁路、汽车等多种运输方式，还涉及保税、仓储配送等服务，以及为整个产业链、供应链提供的产业链金融、供应链金融等服务。在许多国家，这些服务业都是开放的，但在另一些国家这些领域是保守的，那么产业链布局都会受影响。所以对零壁垒的要求，就是关于营商环境的要求。营商环境的核心要义在于市场化、法治化、国际化，涵盖准入前国民待遇、负面清单管理、知识产权保护、生态环保、劳工权益、竞争中性、服务业开放等各个方面。

最后是零补贴。所谓补贴问题，就是一个国家为了争夺产业链，为了争夺企业到这儿来落户，有意给予企业一定的财务补助。这个补助会使得跨国公司在世界各国按市场资源优化配置时发生扭曲。补贴既容易造成产业链的扭曲，对别的国家也不公平。如果大家都乱补贴，到后来也会出问题。

"三零"是在以上背景下提出来的。但在世界贸易组织（WTO）中讨论零关税很难通过。WTO 涵盖 160 多个国家和地区，只要成员组织中的一个成员不同意就不能通过。其中，几十个发达国家的产业链往往都是在工业国当中转来转去的，零关税对工业国是有好处的。但零关税原则一旦通过，那些跟工业国产业链、供应链无关的，比如非洲、拉丁美洲的一些农业国家，就不会投赞成票。所以，一般大国小国之间、落后国家和发达国家之间，要在 WTO 统一地通过"三零"原则很难。近年来，以"三零"原则为背景、目标的自由贸易协定（FTA）谈判有比较快的发展。可以看到，日本跟欧洲的 FTA 谈判已经签订协议。同样由美国、日本牵头，达成了涉及 12 个国家的跨太平洋伙伴关系协定（TPP）。特朗普政府上台以后，美国退出 TPP，TPP 在日本等 11 国的推动下变成了 CPTPP（全面与进步跨太平洋伙伴关系协定）。拜登政府上台后，虽说美国不谋求加入 CPTPP，但酝酿更高水平的双边或多边 FTA 的动作频频。中国政府已经宣布申请加入 CPTPP，就是要融入以"三零"为原则的国际经贸新秩序，这个事情做好，相当于第二次"入世"。

三

全世界的水平分工和区域垂直一体化整合虽然大幅提升了国际经贸水平，但仍然存在不少隐患。当前，全球产业链主要面临四大威胁：逆全球化的保护主义思潮、国家间的竞争博弈、能源及气候变化挑战、生物安全危机。首先，虽然全球化创造了巨大财富，但财富最终集中到了某些国家和阶层手中，造成了社会贫富差距过大、社会矛盾突出等问题。美国、澳大利亚等为了缓解这种矛盾，把问题导向发展中国家，一方面加强对外国投资并购的监管权力；另一方面通过税收、补贴等方式，让制造业回流本国。这种保护主义思潮对全球产业链的良性运转产生很大的负面影响。其次，国家间的竞争博弈也对产业链产生了重大威胁。例如 2018 年以来，美国无视前车之鉴，违反 WTO 规则，不顾国内民众反对，发动了大规模的贸易战。2019 年 7 月，日本突然对韩国半导体产业断供关键原材料，导致韩国半导体关键产业几乎面临停产。国家间的竞争博弈、地缘政治因素，对全球产业链的影响具有长期性、必然性。再次，能源与气候挑战相互交织，也将重构全球产业链。例如汽车产业要实现碳中和，那么负责生产组装的企业就要实现碳中和，为其提供零部件和原材料的企业就要考虑减碳降碳，为其提供芯片的企业也要考虑减碳降碳，产业链上的每一个环节都要减碳降碳。在碳中和的大背景下，全球产业链将制定新的碳排放标准，谁能够抓住这种标准，谁就能够在新的国际合作、国际分工中占据有利地位，这是未来 30 年的重大战略机遇。最后，生物安全威胁。新冠肺炎疫情中这一威胁表现得尤其明显。抗疫能力强、产业生产恢复快的国家就能够在全球产业链中快速抢到一席之地。反之，部分国家疫情不断反复，产业链迟迟无法正常运转，就极容易被其他国家趁机替代。

未来，中国在全球产业链中该如何定位，怎样应对产业链外移、制造业转型升级等问题，徐奇渊、东艳等在第四篇对这些问题进行了探讨，并提出了一些政策建议。例如，尽管我们的产业门类很齐很全，但存在企业规模小、寿命短、竞争力弱、国际市场依赖度高等问题，需要通过扩大开放固链补链强链，防止制造业产业链整体外迁；要通过科技创新，避免关键工序、原材料、零部件、工艺流程的外迁；要改善营商环境，避免商业行为政治化，稳定外资预期，增强中国对企业的吸引力；要根据比较优势动态变化，对东部、中部、西部等地区进行再定位，打造产业转移大循环，以共赢思维推进区域合作。上述建议的提出建立在前文扎实的理论和数理研究之上，值得所有的政策制定者好好研读，探索出适合本地产业发展的政策路径。

一个有价值的课题，对研究者来说通常是富有诱惑力和挑战性的。全球供应链体系的研究就是这样一个很有现实意义的选题。徐奇渊、东艳的研究团队通过不懈的努力和勤奋的工作，为我们科学、系统地阐释了全球供应链体系的变革、影响、趋势。我对徐奇渊、东艳的团队出版著作表示祝贺，并期待未来他们在经济研究领域不断创造新的成绩！

目录 · CONTENTS

导　论

在全面建成小康社会、实现第一个百年奋斗目标之后，中国开启了全面建设社会主义现代化国家新征程，向第二个百年奋斗目标进军，这标志着中国进入一个新发展阶段。与此同时，中国发展环境面临深刻复杂的变化。在此背景下，中央提出了"加快构建以国内大循环为主体、国内国际双循环相互促进的新发展格局"。

从供给视角来理解国内大循环，产业链升级优化、产业链安全是两个重点。总体上，产业链升级主要对应于中国经济发展阶段的更高要求，而数字技术和绿色经济的发展为产业链升级提升了新的技术路线；产业链安全主要对应于中美博弈和疫情冲击。当然，两方面的逻辑也有一定的交集。例如，中美贸易冲突不但使得中国更加重视产业链安全，也使得推进产业链升级优化更为紧迫。出于这种外部压力的驱动，我们也强调产业链升级，但是其根本的出发点仍然是产业链安全。

如果没有中美贸易冲突的背景，疫情冲击、数字化、低碳化这三个因素对全球产业链的影响将更具有中性意义。例如，在没有中美贸易冲突的背景下，数字化、低碳化这两个技术范式变化带来的影响，将更多体现为传统行业与新兴产业之间的更新迭代。但是有了中美贸易冲突的背景，数字化以及伴随的信息全球化，对中美缺乏互信的状态提出了挑战，甚至进一步激化了中美互信赤字方面的矛盾。同时，有了中美贸易冲突的背景之后，低碳化作为中美之间少有的共识领域、合作领域的作用更加突出。

正是从这个意义上看，我们在分析全球产业链重塑的过程中，将中美贸易冲突作为一条主线，疫情冲击、数字化、低碳化作为三条辅线。基于此，我们得到了以下七个方面的主要结论。

一、 数字化时代全球化背景下，中美贸易冲突具有特殊的复杂性

现有研究普遍注意到中美贸易冲突面临意识形态方面的挑战，也可能面临修昔底德陷阱式的挑战。同时，在数字技术发展的背景下，由于军民两用技术界限前所未有的模糊状态，中美贸易冲突也比历史上的相似案例更具有特殊的复杂性。

当前，全球化已经从传统贸易一体化、生产一体化，演进到了数字化时代。相应地，全球化的跨境流动载体也从跨境商品销售、跨境资本流动，演进到了跨境信息流动。在数字化时代，海量信息的跨境流动关系到国家安全，因此军民两用技术界限、国家安全边界日益模糊。中美在数字化领域的遭遇和冲突，在美苏、美日等冲突中是未曾有过的。

数字技术带来的融合与两国信任度下降之间的矛盾，和意识形态冲突、"修昔底德陷阱"等命题纠缠在一起，使得中美之间的关系变得更为复杂和脆弱。这甚至决定了传统的贸易规则、投资环境等领域的冲突都退居次要矛盾的地位，而信息领域这种直接事关国家间顶层科技力量角逐、国家安全的冲突变得越来越突出和难以驾驭，甚至反过来进一步加剧了传统的贸易、投资领域之间的矛盾和冲突。我们也要尝试以更大的智慧和耐心来面对这一领域的冲突。

二、全球产业链重塑将呈现出多元化、数字化、绿色化

在新冠肺炎疫情冲击下，各国产业链均受到不同程度的影响，全球产业链面临巨大不确定性。在此过程中，跨国公司开始反思过去单纯以效率为主导的供应链管理思路，更多考虑效率和安全的平衡。甚至美国、日本等国家政府也开始反思产业链政策，强调产业

链的自主性和可控性，以社会成本作为产业配置的最终标准，对医疗、高科技等关键产业的供应链布局进行调整，比如对国内应急供应链备份，引导关键产业的回流以及回归区域化，缩短价值链等。

"疫情终将过去，但世界从此不同"。疫情通过对政治逻辑、经济逻辑的冲击，影响到了全球产业链的重构趋势。我们的研究认为，未来全球产业链的发展将呈现出三个特征：

首先，跨国公司将通过多元化产业集聚增强产业链抗风险能力。多元化的过程，可能导致中国面临一定程度的产业外移，但这与纯粹的产业外移不同。在此背景下，我们如何进一步改善营商环境，如何确保中国供应链体系的稳定性、可预期性，给全球的下游生产商提供信心和保证，将关系到中国未来在全球供应链中的地位。这对于评估中国对外国（尤其是美国之外的国家）的经贸关系的稳定性、权衡经贸制裁措施也是一个重要的考虑因素。

其次，随着全球要素禀赋格局的变化，全球产业链将在中长期呈现知识化、数字化和资本化趋势。在此过程中，全球分工的比较优势格局将被重新定义。一些国家虽然拥有劳动力成本比较优势，但是数字经济发展滞后以及相关基础设施面临瓶颈。一般的发达国家在个人隐私保护和商业效率之间的权衡也面临更多障碍。相比较而言，在推进产业链的数字化、资本化的过程中，中国在研发尤其是应用环节具有显著优势，但是也面临一定隐忧。尤其是美国机构将中国扣上所谓"数字威权主义"的帽子，并试图在网络世界和数字经济领域的国际标准中孤立中国，从而限制中国在数字化时代的竞争优势，这需要引起我们高度重视。

最后，生产方式的绿色化、低碳化，将主要影响依赖能源出口或正处于工业化进程中的发展中国家。气候变化因素使得后发国家的赶超过程又增加了一个额外的约束条件。在低碳化、绿色化的背景下，碳关税可能使出口导向模式的复制难度进一步上升。2021年3月，欧盟议会通过了"碳边境调节机制"（CBAM）的决议。作为一个参照，美国在 2008 年也对碳关税的立法进行了尝试，也就是《沃纳-利伯曼法案》。虽然该法案最终没有通过，但其第 1306 条款也列出了免于征税的三类国家清单。这些享受豁免待遇的国家一般体量不大，对于全球生产网络的影响也较小。但是另一些在最不发达国家之上且仍处于工业化扩张阶段的国家（例如越南、印度）以及依赖于高碳资源的国家（例如石油出口国），其发展空间将可能面临额外约束。相对于这些国家而言，中国受到的影响较小。一方面，中国工业化进程已经从粗放型扩张进入创新驱动阶段，出口贸易内涵碳也已开始下降；另一方面，虽然中国传统工业会受到冲击，但是中国的绿色技术、绿色产业、绿色金融市场发展较快，这使得中国能够缓释低碳化带来的冲击。

总体上，全球产业链的多元化布局，可能使得部分发展中国家的产业发展暂时从中受益。但是在资金成本长期保持低位的背景下，数字技术对劳动力的替代可能改变传统的比较优势逻辑，绿色低碳也将成为后发国家赶超的额外约束条件。种种迹象表明，印度、越南等后发经济体，甚至是全局意义上劳动密集型、高碳资源密集型的后发经济体，其赶超的历史窗口期有可能将逐渐关闭。这个关闭的过程取决于数字化、绿色化生产方式的发展速度。对于全球经济格局而言，数字鸿沟、绿色鸿沟可能使得国与国之间的阶层更趋于固化，后进发展中国家的赶超之路可能将更加艰难。对于中国而言，这方面的影响有利有弊，需要综合评估。

三、中国产业链的全球影响力和脆弱性并存

我们的研究显示，在全球高出口中心度的产品中，中国在其中八成产品的出口上具有优势，供应链呈现出较强韧性。根据联合国工业发展组织的分类标准，中国是唯一拥有全部大、中、小工业门类的国家。2017—2018 年，《商品名称及编码协调制度国际公约》（HS）六位码下全球贸易共包括 3 556 种中间产品，中国在其中

2 247 种的出口规模位列全球前三，而且中国出口 858 种高中心度产品[1]（该数量仅次于美国，位居第二），其中 693 种中间品的出口规模位列全球前三（其中 444 种在 2017 年和 2018 年均排名第一）[2]。这意味着中国在高出口中心度的中间品贸易中，具有重要的出口优势。这也印证了在 2020 年 2 月前后，中国在疫情防控期间对全球供应链的重要冲击，并引发了国际社会的高度关注。2020 年 3 月联合国发布报告指出，全球约 20% 的制造业中间品贸易来自中国，如果中国的中间品出口下降 2%，将导致 45 个主要经济体出口下降约 460 亿美元，其中欧洲、美国、日本、韩国受影响最大。

同时，也要客观理性地认识到中国供应链所面临的脆弱性。中国在两成高出口中心度的产品中并不具有优势，而且中国外贸呈现"大进大出"特点，中国出口的一些高中心度产品本身的生产过程，也需要从国外进口大量的中间产品。根据我们设计的产品层面复合脆弱性指标[3]，电机、电气、音像设备及其零附件（HS-2：85）、核反应堆、锅炉、机械器具及零件（HS-2：84），光学、照相、医疗等设备及零附件（HS-2：90）是中国供应链脆弱性最高的三个行业。特别地，电机、电气、音像设备及其零附件（HS-2：85）行业的复合脆弱性指数是后两个行业的 3 倍以上，是中国供应链安全性值得高度关注的行业。我们还构建了指标体系，根据产业链的脆弱性将 2017 年中国进口的所有 3 285 种中间品分为以下四类：

第一类：62 种中间品。其全球出口中心度、中国的进口集中度双高，这类中间品面临中美贸易冲突和新冠肺炎疫情等外部冲击时脆弱性最高，进行供应链备份的难度也最大。对于这类中间品应重点关注和评估，特别是涉及国家安全和国家发展战略的，应考虑制

---

[1] 关于出口贸易中的高中心度产品分析参见第 5 章。

[2] 为控制 2018 年中美贸易冲突可能对已有贸易网络关系产生的影响，这里将 2017—2018 年出口中心度均位于前 25% 的产品记作高中心度产品。

[3] 具体参见第 5 章。

定国家和产业层面的产业链安全规划，保障供应链安全性。

第二类：812种中间品。这类中间品，中国的进口集中度较低，从实际情况来看，这类产品的供应链脆弱性小。但是，这些产品的全球出口中心度较高，因此未来存在恶化的潜在可能。尤其是如果涉及的是关键性产品和技术，虽然目前可能因为进口规模较小而容易分散，从而降低进口集中度，但在中长期如果这类产品进口规模明显上升，则其进口集中度也将不可避免地面临上升。在这种情况下，这类产品可能会转变为第一类脆弱性最高的中间品。对于这类产品，需要着眼于长期视角，加强产业链安全规划。

第三类：759种中间品。中国在这类产品上的进口集中度较高，但是其对应的全球出口中心度较低。对这类产品，可以考虑进一步分散进口来源。具体地，中国约39.8%的高脆弱性产品进口市场集中度指数较高，但出口中心度指数较低，其中不乏电机、电气、音像设备及其零附件（HS-2：85），核反应堆、锅炉、机械器具及零件（HS-2：84），光学、照相、医疗等设备及零附件（HS-2：90）产品。中国在这些产品上存在一定的产业链多元化空间，因此产业链安全性可提升的空间较大。

第四类：1 652种中间品，其全球出口中心度、中国进口的集中度均较低。这类产品的供应链脆弱性较小，而且地位较为稳定。这类产品超过全部中间品进口种类的50%以及进口金额的48.2%，是中国进口供应链的稳定因素。

当然，这部分的研究也存在缺陷：其一，HS六位码的分类还不够细致。其二，美国严格进行出口管制的产品，并不会体现在中国现实的进口贸易中。其三，从表面看"卡脖子"卡在了具体的产品层面，但实际上还卡在具体产品背后的专利技术、基础理论甚至国际标准层面。关于专利和技术的维度，我们团队也正展开研究。

四、国家产业链的二元悖论及其权衡

我们的研究从行业层面、国别案例等角度揭示了产业链的二元悖论：一国在某个产业链领域的全球竞争力、影响力，与该国对这个产业链的完全自主可控、不依赖进口，这两个方面难以兼得。

首先，主要经济体的国别案例分析验证了该产业链悖论。即使包括美、日、欧在内的发达经济体、老牌工业强国和全球科技领域顶端的国家，实际上也同样强烈依赖于全球生产网络。在国别研究中我们发现，各国越是具有国际竞争力的产业，对进口中间品贸易越依赖，其脆弱性越强。例如，日本、韩国、美国的半导体产业的竞争力都很强，但其脆弱度排在第一名的产业正是电机、电气、音像设备及其零附件（HS-2：85）产业；英国、法国、德国、意大利的机械制造业的竞争力比较强，但其脆弱度排名第一的行业正是核反应堆、锅炉、机械器具及零件（HS-2：84）；再如，法国是空客飞机的生产国，但其航空器、航天器及其零件（HS-2：88）产品的脆弱度排在第三位。

其次，对中国制造业的分行业数据进行分析，我们验证了在中国的技术密集型行业中存在产业链悖论，但是在劳动密集型行业中并不存在这种悖论。在这个经验研究中，我们一方面建立了中国制造业分行业的对外依赖度指标；另一方面使用对外经济贸易大学的全球价值链指标体系（UIBE GVC）来刻画该行业在全球所处的地位（竞争力）。在控制了其他变量的影响之后，我们发现，在技术密集型行业中，随着中国某个行业在全球价值链中地位的上升，该行业对外依赖度也将呈现上升趋势。值得注意的是，这种悖论只存在于技术密集型行业，劳动密集型行业并不存在这种悖论。这可能是由于劳动密集型行业的产业链较短，比较容易实现在一国范围内循环。

最后，在所有国家中，美国对产业链悖论的处理值得中国学习。

美国在产业链悖论问题上如何实现了较高效率的平衡呢？我们的研究发现，美国通过政治关系、国家间的同盟实现了产业链安全的保障。如果仅考虑经济因素，中国的全球供应链风险低于美国。但是在考虑政治关系、断供能力后，中国的全球供应链风险显著提升，但美国面临的风险则变化不大。相较于美国，中国的全球供应链风险更容易受到政治因素影响。从美国的案例来看，在一定条件下产业链安全与竞争力可以兼得，从而也可以对前述的产业链悖论约束实现突破。

我们特别注意到，2021 年 6 月 8 日美国白宫发布了关键领域供应链百日评估报告。该报告再次提及美国需要强化政治关系，从而维护供应链安全。这表明美国也意识到政治关系对供应链安全的重要性，以及关于政治关系恶化对美国供应链可能造成潜在破坏作用的担忧。可见，中国在提升产业链安全水平的过程中，为了兼顾产业链的国际竞争力，也需要营造与主要国家良好的政治关系，同时加强与断供能力弱的国家的供应链联系。

五、 关税领域：提高中美双边加征关税排除率，推动双边降关税

当前条件下美国拜登政府短期内难以取消对华关税。（1）拜登政府国际经济政策的首要考虑是保持技术代差，保证供应链安全。拜登政府执政以来，先后以总统行政令的方式，强化联邦政府的"买美国货"规定，审查四类关键产品供应链以减少美国对外国物资的依赖，这表明其国际经济政策的首要考虑是保持技术代差和保证供应链安全。美国新任贸易代表戴琪（Katherine Tai）在参议院提名确认听证会上的发言，也明确表示美国还没有准备好取消对华关税。（2）美国国内存在强大的保护主义政治需求。在美国两党已经形成一致观点将中国视作战略竞争对手的政治环境下，任何对华政策的软弱都被视为绝对有害。（3）在战术层面，拜登政府要为中美

经贸谈判保留筹码。即便是美国内部的自由贸易倡导者，如美国前财长保尔森（Hank Paulson）、美国商业圆桌会议（Business Round-table）等，在呼吁拜登政府削减对华关税的同时，也认为削减关税应该作为中美新一轮贸易谈判的一部分，以换取中国在其他方面的让步。美国新任贸易代表戴琪也暗示支持上述对华经贸策略。

在此背景下，中美双方共同提高加征关税排除率具有一定的可能性。

首先，拜登政府奉行"小院高墙"精准打击政策，全面关税措施并非首选。拜登政府执政以来，首要目标是保持技术代差和保证供应链安全，对华政策奉行"小院高墙"精准打击。而关税措施打击面广、福利损失大，虽然短期内不会也无法取消，但显然并非首选。拜登在竞选总统时曾明确反对以关税手段解决中美贸易冲突，但迫于政治压力收回了这一说法。拜登执政以来的各种政策取向均显示，拜登政府的政策着力点并非关税措施。

其次，美国贸易代表办公室（USTR）使用加征关税排除的阻力相对较小。拜登政府已多次强调无意对华搞全面"脱钩"或者"新冷战"，而是在对华竞争中保持特定领域的合作，促使中国按照西方的国际规则行事。但迫于国内政治压力，拜登政府也束手束脚，找不到突破口。而加征关税排除措施是 USTR 已经实施的措施，进一步提升排除措施力度的难度相对较小。

再次，美国提高对华加征关税排除率政策空间很大。截至 2022 年 1 月，美国仍然保留着对 3 700 亿美元的中国输美商品加征关税，其中对清单 1（340 亿美元）、清单 2（160 亿美元）和清单 3（2 000 亿美元）保持加征 25% 关税，对清单 4A（1 200 亿美元）保持加征 7.5% 关税。与清单 1 和清单 2 相比，清单 3 和清单 4A 的排除率大幅降低。根据我们团队 2020 年在《国际经济评论》发表的论文测算：清单 1、2、3、4A 的排除申请中，被批准的申请占比分别为 33.8%，37.4%，4.9% 和 6.5%。其原因在于，清单 1、2 中的商品，如汽车及零件、仪器等，生产技术相对复杂，供应链条更长，短时间寻找替代品较为不易，在 USTR 的排除标准中予以优先考虑；而清单 3、4A 中的商品，如皮革制品、服装、鞋等，生产技术相对简单，供应链条较短，虽然进口金额上的对华依赖度更高，对美消费者的福利损害更大，但短时间寻找替代品相对容易，因此排除率较低。

从美国对华加征关税清单来看，最早出台的清单 1、2 最符合 USTR 的 301 调查初衷，与"中国制造 2025"密切相关，且对华依赖度较低，对美国经济福利损害较小。因此，从中长期来看，美国扩大清单 3、4A 的排除范围难度相对较低。

最后，美国通货膨胀压力显著上升，美联储在一定程度上陷入两难。2021 年美国通货膨胀形势持续超预期，到年末通货膨胀率触及 7%，达到 40 年新高。而新冠肺炎疫情仍存在较大不确定性，美国经济反弹基础尚不牢固，同时在个人救助政策的强力支持下美国劳动参与率显著偏低，这也在一定程度上使得失业率的表现可能被严重高估。此外，过高的政府债务负担也使得宽松政策退出的难度上升。这些因素使得美联储在应对通货膨胀压力方面陷入一定程度的两难。如果显著提高加征关税排除比率能够对压制国内通货膨胀率产生积极影响，这应当是美国可以考虑的措施。事实上，美国与欧盟国家已经在 2021 年 6 月 15 日双边峰会召开时共同决定结束贸易战，并且美欧双方已经在 2021 年 10 月 30 日最终达成并宣布了这项决议。但是其所涉及双边贸易金额仅为 180 亿美元，远远低于中美贸易冲突的涉案金额，这对于缓解美国通货膨胀压力的作用也极为有限。

六、科技竞争：准确认识中美科技竞争新趋势及中国挑战

我们的研究从专利技术层面，对中国在全球科技竞争中所处的地位进行了全面客观评估。基于过去 20 年全球专利技术数据研究，我们可以看到，中国的国际专利呈现以下四方面特征：（1）数量巨

大；（2）核心专利占比低；（3）近五年进步神速；（4）"偏科"严重，专利技术大量集中在数字通信领域。对中国与美国核心专利的行业分布进行比较，还可以看到，尽管中国在2020年已经成为全球《专利合作条约》（PCT）专利数量最多的国家，但是就PCT核心专利的总体层面、分行业层面而言，中国与美国、日本仍有很大差距。我们应客观认识这种差距，处理好自主创新与国际科技合作的关系，积极参与全球科技治理与合作。

当前中美科技竞争的新趋势、新驱动力来源于两个方面：数字化时代新技术的快速发展，以及美国拜登政府与前任政府的不同理念。不论美国的执政者是谁，在数字空间领域，毫无疑问美国已经将中国视为最大的竞争对手，这场战略性竞争将会在未来数十年中持续。在这一点上，拜登政府与特朗普政府有共同之处。但与此同时，拜登政府在科技领域遏制中国的思路与前任又有显著不同。

2021年2月4日，拜登总统在其首次外交政策讲话中将中国定位为"最严峻的竞争对手"，称其挑战了美国的"繁荣、安全和民主价值观"，但只要符合美国的利益，美国就准备与中国进行合作。具体而言，拜登政府更加关注科技遏制政策的负面影响。拜登在美国总统竞选中获得了科技公司的广泛支持，其候选委员会的前10位捐款人中，谷歌、微软、亚马逊、苹果和脸书占了5席（而特朗普的前25位捐款者中根本没有大型科技公司），副总统哈里斯与硅谷的关系更是密切。拜登政府必然会对特朗普时期两败俱伤的对华科技政策做出调整，充分考虑科技遏压措施对美国的负面影响。

回顾特朗普时期的对华科技遏制政策，其在以下三方面已经显现出负面影响：其一，美国对华过宽的出口管制损害了美国高科技公司的商业利益，从而影响其研发投入。其二，美国对华人员交流过于严格限制也损害了美国特定高科技领域的研发人力资本。其三，美国的国际科技合作中心位置相对弱化。中美贸易战以来中美科技合作降温，但与此同时中欧、中日科技合作增强，部分弥补了中美科技合作下滑的空缺。"十二五"期间，中国与德、英、法、日的联合专利申请占比之和是 23.7%，仅为中美合作占比的一半，而在 2018 年这一占比已达 38.3%，与中美合作专利占比相当。

基于上述背景，拜登政府更加关注对华科技竞争政策的负面影响，因此其政策框架的以下三方面特征预计将更为明显：第一，加大美国自身的科研投入。第二，以"小院高墙"为特征的精准扼制政策。第三，借助盟友圈和多边平台的杠杆，在关键技术领域形成针对中国的"盟友圈"，缩小中国的外交回旋空间。

在拜登政府时代，我们对中美科技竞争的新趋势也做出了三方面展望：

第一，中美在网络空间的技术竞争和对抗加剧，平行体系出现的可能性上升。作为大国竞争的一个核心场域，地缘政治对抗使国家安全概念极度泛化，供应链安全与数据安全成为当今大国竞争的焦点。由于竞争性上升，国家间合作意愿大大降低，多边治理机制的有效性下降。在美国的大力鼓动下，两个平行体系出现的可能性上升。

但是由于中美在全球产业链中的互相嵌入程度极深，两个平行体系出现的过程可能很大程度上被推迟或面临阻滞。我们的研究显示：美国的出口管制政策在制裁华为的同时，也对华为的美国供应商产生了显著的反向冲击。而且，制裁华为的金融市场反应不仅会影响供应商，还会形成行业扩散效应。在华为供应商所在的九个行业中，至少有三个行业存在显著的行业扩散效应，并且覆盖了 24 家供应商中的 16 家。行业扩散效应可能促使行业协会对政策进行干预，加强供应商受到的反向冲击对出口管制政策的反作用。其间，美国半导体产业协会也干预了出口管制政策的实施。最后，受到反向冲击的供应商对出口管制政策采取了应对措施，包括在政策实际生效前加快对华为的出口、将相关生产线转移至海外、向政府施压等。

第二，未来的中美科技竞争将进入全政府-全社会模式的融合国力竞争时代。一方面，信息革命正渗透到经济、社会、政治、安全的方方面面，各个领域都需要在时代大潮中重新调试；另一方面，互联网企业的崛起正在分享原本属于政府的部分权力，无论是产业发展还是网络安全都需要各方协作来完成。哪个国家能够更有效地融合各领域的国力并将其投射在网络空间，哪个国家就能够在新一轮科技革命竞争中获胜。

第三，中美博弈围绕新技术的国际规则、国际话语权争夺将更为激烈。过去两年来，欧美国家以及联合国的多个不同机制就网络空间的国际规则、法律框架进行磋商。在该领域，新的规范不断涌现，大浪淘沙的过程到了一个重要节点。随着网络空间国际规范的生命周期由规范兴起向规范普及过渡，大国围绕规范制定话语权的博弈将更加激烈。

七、中国产业链：外移、内迁，还是区域重组

在前有堵截（美国）、后有追兵（越南等）、中间摇摆（欧洲和日本），以及内有产业升级之困的背景下，中国产业链巩固、优化升级都面临一定压力。从空间来看，中国产业链面临三个调整方向：外移、内迁、区域重组。上述三个调整方向本身是中性的描述，对于其结果不能一概而论，或者说，三者均可能出现有利于中国的结果，当然也可能出现不利的结果。

从不利的情形来看：（1）产业过度外移可能导致中国的产业空心化。（2）政策过度干预导致的产业向内地迁移，可能导致资源的低效配置。（3）美国主导的产业链区域重组，可能使其生产网络向北美地区收缩，同时亚太地区其他国家为了控制价值链风险，也可能进一步减少对中国依赖（我们的研究表明不排除这种情况出现的可能）。

从有利的情形来看：（1）合意的产业外移，是中国产业升级自然发生的过程，而且有助于形成以中国为关键节点的国际分工网络，

扩大中国产业链的国际影响力。（2）发挥中国的市场、技术优势推动的国际区域产业链整合，将有助于更好推动区域经济一体化，使得中国经济更深度融入国际区域分工网络当中。（3）因势利导地发挥中西部地区的比较优势，实现产业链向内地的迁移。

以越南为例，我们对中国产业链外移进行了观察，并对其性质进行了研究。2020年，越南超过韩国成为中国第三大出口目的地国。以此现象作为切入点，我们就中国对越南快速增长的出口进行了拆解，从而在一定程度上回答了中国向越南产业转移的成分和性质。我们的研究表明，中国对越南的出口有两大特点：第一，中国向越南出口的大部分产品是中间品，而不是为了满足越南的最终需求。第二，中国企业对越南直接投资和产业转移是带来对越南中间品出口上升的重要原因。

事实上，中国向越南的直接投资和产业转移，使得中越在国际分工上的关系更为紧密，部分中国对欧美国家的顺差转变成了中国对越南以及越南对欧美的顺差，中国国际收支失衡过于集中的压力得以减轻。可见，现在的中越经贸关系较类似于此前日中经贸关系：中国已经成为全球价值链的重要节点，越南则有成为次级节点的潜力。但如前所述，从长远来看，全球产业链的数字化、绿色化趋势将对越南的发展空间形成一定的挑战。

对于巩固国内产业链、做好中西部地区产业链承接，我们提出了四点建议：（1）中国可以执行梯度税收优惠。中西部地区可以试点对标东南亚国家，加大减税降费力度，以税收政策工具引导和支持产业有序转移，加强省际协调，减少横向税收竞争。（2）在此过程中，要特别改善中西部地区政府的激励约束机制，提升市场化水平和政府效率，改善政企关系。（3）在市场主体方面，推动内资中小企业发展壮大，使其逐步摆脱服务外资的"代工"地位，塑造稳就业、增利润、育品牌三赢局面。（4）在中西部边境省份可以积极与越南、缅甸开展劳务合作。越南、缅甸劳动力成本低，年轻劳动力资源充裕，可在中国广西、云南等边境省份布局中低端劳动密集型产业，尝试中国产业链＋越南劳动力的经济一体化模式，通过提供语言培训、学历教育等方式吸引越南年轻劳动力入境学习、工作，这样既可以缓解中国年轻劳动力短缺，又可以通过引入境外劳动力要素把产业链留在国内。

在区域产业链重组方面，疫情冲击下欧洲汽车产业链的暂停对东亚国家造成的冲击，给我们带来了启示：汽车产业可能适合作为东亚区域产业链合作的抓手。高度集成的汽车产业链是全球化生产的典型代表。受疫情冲击，2020 年 3—4 月欧洲汽车行业生产停顿，一方面导致中国汽车零部件面临进口中间品的断供冲击；另一方面则减少了欧洲从日韩进口汽车零部件的需求。在此背景下，日韩供给与中国进口需求具备对接的可能性。尤其是从二级、三级等次级供应商来看，日本、韩国的汽车供应链可能与中国的汽车供应链形成有效匹配。

汽车产业作为高度集成的产业，适合作为东亚产业链合作的抓手。尤其是在新技术、新能源革命的背景下，传统汽车产业与人工智能、绿色能源紧密相联，中国、日本、韩国等东亚国家在新兴汽车产业中各自都具有一定优势。而且，中国在人工智能、无人驾驶领域较为领先，产业配套网络齐全，市场规模巨大，中国有望成为东亚区域汽车产业链合作的枢纽。但是我们也要看到，东亚地区的经济一体化合作在相当大程度上受制于地区内的政治关系，东亚地区的产业链合作在该领域也面临一定挑战。

第一篇

全球产业链重塑的时代背景

一条主线：中美贸易冲突。三条辅线：疫情冲击、
数字化、低碳化

全球产业链重塑的逻辑主线是中美贸易冲突,同时还有三条辅线是新冠肺炎疫情的暴发、数字技术发展、气候变化和低碳化趋势。如果不存在中美贸易冲突的主线,仅是三条辅线发挥作用,那么全球产业链重塑仍然可能发生,但其对中国的含义将更加中性。正是在中美贸易冲突的背景下,全球产业链重塑的发展趋势更具挑战性。在现有的很多研究中,观察视角常常会注意到中美贸易冲突面临意识形态方面的挑战,同时也面临修昔底德陷阱式的挑战。事实上,在数字技术发展的背景下,由于军民两用技术界限前所未有的模糊状态,中美贸易冲突也比历史上的相似案例更具有其特殊的复杂性。

当前,中美贸易冲突的内容包括关税冲突、市场准入和竞争中性领域的冲突以及信息安全领域的冲突。中美贸易冲突在上述三个领域的扩展过程,实际上对应于全球化的三个阶段。我们可以从全球化的三个阶段来观察中美贸易冲突的三个领域。我们将会看到,在关税领域、市场准入和竞争中性领域,中美贸易冲突和过去历史上冲突的表现形式具有一定的可比性。但是在与数字全球化对应的信息安全领域的冲突,则是中美贸易冲突表现形式中特有的,这种冲突形式在美苏、美日等冲突中是前所未有的。我们首先要注意到这一点使得中美贸易冲突更具有特殊的复杂性,同时也要尝试以更大的智慧和耐心来面对这一领域的冲突。

‖第1章‖

数字全球化背景下
中美贸易冲突具有特殊的复杂性

一、全球化的三个阶段

第一阶段是传统贸易一体化。此时，全球化的主要表现是跨境消费、跨境销售，相关的双边冲突主要表现为传统贸易领域的关税冲突。第二阶段是生产一体化和全球价值链扩展。此时全球化的主要表现是跨境投资、跨境生产，对应冲突主要在直接投资领域，一般涉及市场准入、产业政策等问题。20 世纪 80 年代末日美两国贸易冲突所涉及的问题，基本限于上述领域。

而在 21 世纪的今天，跨境信息流动、军民两用技术融合，共同推动全球化进入第三阶段。在此背景下，信息、数字科技快速发展，5G、人工智能、大数据、云计算等军民两用技术的界限日益模糊，国家安全的边界被重新定义，国家间冲突也随之扩展到该领域（见表 1-1）。

表 1-1　全球化的三个阶段与中美贸易谈判的路径

项目	全球化的三个阶段		
	传统贸易一体化	生产一体化和 全球价值链扩展	军民两用技术界限 模糊，国家安全边界 全球化
全球化形式	跨境销售、跨境消费	跨境投资、跨境生产	跨境信息流动
主要矛盾	贸易摩擦	制度摩擦	安全摩擦：互信下降、 国家安全边界拓展

续表

项目	全球化的三个阶段		
	传统贸易一体化	生产一体化和 全球价值链扩展	军民两用技术界限 模糊，国家安全边界 全球化
表现形式	关税冲突	产业政策、国有企业、市 场准入等问题	技术冲突、投资审查、 出口管制
解决机制	WTO	中美战略与经济对话	尚未形成
冲突触发点	《特别301报告》 （美国贸易代表办公室USTR，2018年5月）		《中国技术转让战略》 （美国国防部，2018 年1月）
协商路线图	易　　　→　　　较难　　　→　　　难		

二、中美贸易冲突之扩展，对应于全球化的三个阶段

其一，中美在关税问题上的冲突对应于传统贸易一体化。2018年年初以来，中美贸易冲突首当其冲地表现为关税争端不断升级，这对应于传统贸易一体化阶段的问题。过去关税问题的主要解决机制是WTO多边机制，但是目前这一机制濒临失效。

其二，中美贸易冲突向投资冲突和结构性议题扩展，这对应于全球生产体系的一体化。中美在投资领域的冲突，反映在诸多结构性议题方面，包括一般的市场准入、产业政策。不过，由于中国经济的一些特殊背景，中美投资冲突还扩展到政府补贴、国有企业、市场准入等领域。过去，对应的协商机制是奥巴马时代的中美战略与经济对话（SED）和特朗普政府初期的中美全面经济对话（CED），但后者在特朗普政府中后期一直处于停摆状态。

在投资领域，美国不但指责中国的政策，还加大了对中资企业投资美国的限制。特朗普政府上台之后，中国对美国直接投资的规模出现快速下降趋势。在特朗普上台之前的2016年，中国对美国直接投资460亿美元，2017—2019年，中国对美国直接投资金额同比连续下滑，降幅分别达到37%，84%，49%。到2019年，全年中国对美国直接投资仅为38.1亿美元。

其三，贸易冲突向科技冲突和非传统安全领域扩展，这对应于跨境信息流动的全球化。一方面，全球化早已跨越了日美贸易冲突中的传统贸易一体化、生产一体化阶段，走向了跨境信息流动的一体化，并使得军民两用技术界限日益模糊。这本身对参与全球化国家之间的互信提出了更高要求。但是另一方面，中美战略互信持续削弱，而且中国在军民两用技术领域不断取得重大进展。在此背景下，美国在技术管制、投资审查、人才政策等方面对中国发难。

美国政府阻碍双边留学生、技术人员的正常交流，对中国企业进行技术封锁和禁运。截至 2022 年 1 月，被美国纳入"实体清单"的中国企业及其海外子公司总计近千家。同时，中美双边技术合作受到冲击，中美科技合作明显降温。根据我们的计算，在中国与各国合作申请的国际专利中，中美合作数量占比在 2014 年达到了48.8% 的峰值，对应的数量达到了 1 258 项。而在 2019 年，该比例下滑至 33.1%，对应数量也降至 907 项。

三、中美贸易冲突有所降温，但科技冲突和非传统安全冲突仍将持续

中美贸易冲突向投资领域、结构性议题的扩展，以及进一步向数字科技领域、军民两用技术领域的延伸，正好对应了全球化的三个阶段。2019 年年底，中美双方的第一阶段协议签署，意味着贸易冲突、关税战本身有所缓和，这对两国的经济下行压力均有一定的缓解作用。2021 年 1 月拜登政府执政之后，民主党政府也承认对华加征关税的政策效果不佳，但是由于美国国内政治压力，目前也没有取消此前加征的关税。不过这仍然表明，中美之间在关税领域的冲突已经显著降温。

对应于全球化第二阶段结构性议题谈判的困难将明显上升。尤其是对应于全球化第三阶段，在涉及国家安全的军民两用技术领域，美国对中国的担忧和限制，将会随着中国在相关领域可预见、不可

预见的重大进展而进一步升级。

由此可见，数字科技领域的冲突将具有长期性，虽然不会像关税冲突那样对经济增长直接产生较大影响，但是会对中国在全球分工网络中的地位、中长期发展空间产生不利影响。同时，数字科技领域冲突及其向国家安全领域的扩展，可能进一步诱使中美冲突向政治领域扩展。因此，虽然贸易领域的冲突暂时缓和，但科技领域的冲突仍然需要我们认真对待。

四、为军民两用技术的安全使用寻求国际多边解决方案

全球化条件下军民两用技术的高度发展与扩散，改变了传统的安全边界与军事优势，美国逆历史潮流而动，试图通过"脱钩"来维护国家安全，这种做法成本过高，是负和游戏。

一个正和游戏的方案，是通过建构新的国际技术标准和国际管控机制，缓解技术和供应链安全担忧，从而避免中美"脱钩"和逆全球化趋势。这不但有利于缓和美国的国家安全焦虑，也符合中国的国家利益，有助于提升中美在军民两用技术领域的互信。

关于新的国际技术标准、国际管控机制，已经有一些初步的提议。在此方面，可以由中美技术专家或基于国际组织平台进行协商，推动国际技术标准的更新完善，以适应、解决跨境信息流动、军民两用技术对国家安全可能产生的风险。

当前，中美贸易冲突在关税领域出现缓和，应抓住这一时机，为军民两用技术的安全使用寻求国际多边解决方案，从根本上为中美关系的巩固、增强互信创造可能性。

五、数字全球化阶段的全球产业链重塑围绕中美在新技术领域的竞争展开

随着数字技术发展突飞猛进，数字空间也因此构成了国家间互动的重要外部环境。由于网络空间国际秩序仍在形成过程中，国家

间互动没有国际规则或规范可以遵循，大国竞争特别是中美竞争将主要表现为对网络空间权力的争夺以及国际秩序的塑造。特朗普政府执政期间，美国对中国加大防范，中美两国在网络空间的竞争与对抗加剧，围绕信息技术的产业链"脱钩"趋势明显，网络空间进一步分裂的风险加大。在数字化时代，中美之间的战略竞争逐渐展现出一些前所未有的特点。美国作为现实空间的唯一超级大国，其在数字空间的实力优势更为显著，无论是打压华为还是推出"清洁网络计划"，美国将获取数字空间的竞争优势作为确保其国家繁荣、安全以及国际领导力的战略工具。为了在中美科技主导权竞争中获得优势，特朗普政府采取了一系列新的对华科技政策，进一步激化了中美之间的战略竞争。

2021 年初特朗普政府下台，拜登和民主党执政，但是不论哪个政府上台，中美两个大国竞争中的数字逻辑都将持续发生作用，数字空间已经成为大国竞争的重要领域和重要工具，中美在数字化时代的战略竞争也愈发激烈和白热化。当前中美两国在数字空间的竞争主要围绕科技创新、供应链安全以及数据安全等问题展开，而其科技主导权争夺的背后则是中美两个大国全方位的世界地位竞争。如果说中美关系从整体上看仍然是竞争与合作共存，那么在数字空间上，美国毫无疑问已经将中国视为最大的竞争对手，这场战略性竞争将会在未来数十年中持续。数字化时代，中美竞争将是一场融合意识形态、科技、经济和安全等多领域实力和治理能力的比拼和较量。正如美国在 TikTok 事件中所采取的全政府-全社会模式所揭示的，哪个国家能够更有效地融合各领域的国力并将其投射在网络空间，哪个国家就能够在新一轮的科技革命竞争中获胜。[①]

---

① 郎平．疫情冲击下数字时代的大国竞争//张宇燕．全球政治与安全报告（2021）．北京：社会科学文献出版社，2021.

‖第2章‖
疫情前的全球产业链重塑：
中美冲突、技术和成本视角

2008年全球金融危机后，世界经济进入深度调整期，低增长、低通胀、低利率和高债务、高赤字等风险交织。在这一背景下，民粹主义和贸易保护主义抬头，中美贸易冲突加剧，逆全球化浪潮来袭，叠加2020年新冠肺炎疫情冲击，既有的全球产业链格局受到巨大挑战，并面临企业组织架构和地理布局等方面的重构压力。此外，各国要素成本优势的相对变化和新兴技术的发展也是推动全球产业链不断调整的重要力量。一方面，随着不断融入全球产业链和经济的发展，一些发展中国家的生产成本明显上涨，进而促使部分产业链向成本更低的地区转移；另一方面，以人工智能、大数据为代表的新兴技术正在改变工业生产方式，降低生产过程对中低技能劳动资源的依赖程度，进而改变全球产业链的组织架构。

全球产业链的发展与重塑对中国而言尤为重要。一方面，中国经济过去40年的高速增长得益于积极融入全球产业分工体系。如果没有对外开放，2000—2014年中国国民真实收入将较实际情况下降约79.2%①，更遑论世界第二大经济体、制造业第一大国、货物贸易第一大国、商品消费第二大国、外资流入第二大国、外汇储备第一大国的增长奇迹。另一方面，在要素成本上涨、贸易保护主义抬

---

① 姚曦. 中国对外开放40年的总体收益//张宇燕. 中国对外开放40年. 北京：经济管理出版社，2020.

头和供应链安全性考量上，中国面临更大的压力，"撤资中国""去中国化""脱钩论"等不绝于耳。根据瑞银的一项调查，产业链重塑在中美贸易冲突之前即已开始，但并不是简单的"去中国化"，而是在技术、市场、成本、竞争和政府等多重因素的权衡下，寻找新的稳态。

新冠肺炎疫情前全球产业链的发展已经呈现出三方面的明确趋势。第一，成本因素主导劳动密集型产业或劳动密集型任务的持续转移。第二，技术因素一方面促使全球分工体系的建立，另一方面也不断改变工业生产方式，增加经济赶超的技术壁垒。第三，2008年金融危机后，贸易保护主义抬头，全球经济不确定性增加，政府因素促使制造业向本区域甚至国内回流。

一、劳动密集型产业不断向人力成本更低地区转移

劳动密集型产业对成本变化敏感，但对技术水平、资本设备、产业配套和基础设施要求相对较低，因而随着经济的发展，呈现出从高收入国家和地区不断向低收入国家和地区转移的特征。特别地，随着全球经济增长的放缓，劳动密集型产业对成本的敏感性进一步增强，加速了该产业的转移。以纺织服装产业（传统劳动密集型产业之一）为例，受原材料成本和劳动力成本的驱动，该产业自工业革命以来先后经历了从英国向美国（20世纪上半叶），从美国向日本（20世纪50年代），从日本向"亚洲四小龙"（20世纪六七十年代），从"亚洲四小龙"向"亚洲四小虎"和中国大陆（20世纪八九十年代），从中国大陆向其他东南亚、南亚和非洲国家（2008年至今）的五次转移。[①] 图 2-1 清楚地展示了 1962 年以后服装产业从日本向"亚洲四小龙"、"亚洲四小虎"、中国大陆以及其他东南亚和南亚国

---

①　朱启兵 . 中国产业变迁（Ⅰ）：劳动密集型制造业转移与产业集聚——以纺织服装业为例 . 中银国际证券，2019 - 06 - 13.

家转移的情况。值得注意的是，随着时间的推移，劳动密集型产业的转移内容发生了变化，不仅包括纺织服装等传统行业，还包括其他行业生产过程中可分离并外包的劳动密集型任务。产业转移的重点由以前的劳动密集型产品转向电子、化学、运输工具以及机械等中间产品和零部件的生产活动，比如中国的 iPhone 组装以及印度的呼叫中心业务等。

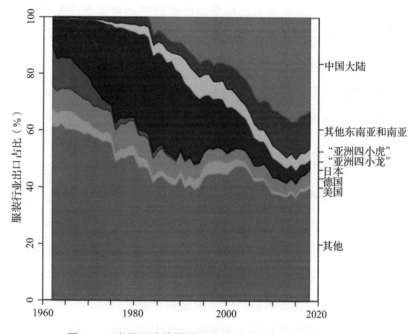

图 2-1 主要经济体服装行业出口占比（1962—2018 年）

注：为囊括足够长时间的贸易数据，采用 SITC Rev. 1 分类，服装行业编码为 84。"亚洲四小龙"包括韩国、中国台湾、中国香港和新加坡，其中中国台湾 1972—1988 年数据缺失，由 1971 年和 1989 年取值在时间层面的线性变化进行估计。"亚洲四小虎"包括泰国、马来西亚、菲律宾和印度尼西亚。中国大陆 1962—1983 年数据缺失，导致图中相应阴影面积在 1983 年以前为 0，实际数据预计在 6% 以下，且改革开放前预计更低。其他东南亚和南亚国家包括尼泊尔、不丹、孟加拉国、印度、巴基斯坦、斯里兰卡、马尔代夫、越南、老挝、柬埔寨、缅甸、文莱。除文莱、印度、巴基斯坦和斯里兰卡外，其他东南亚和南亚国家的早期数据存在较大程度的缺失。考虑到缺失国家的经济体量总体较小，预计对分析结果影响不大。

资料来源：WITS 数据库和作者整理。

劳动力资源曾助力中国融入全球分工体系。过去 30 年，随着中国的融入，全球产业链逐步从"亚太-欧非"两极模式向北美、欧洲和亚洲"三足鼎立"的格局转变。加工贸易是中国早期参与全球产业链分工的重要方式之一。这种生产方式将跨国公司先进的生产技术和管理经验与本地劳动力和自然资源禀赋优势相结合，进而实现双赢。1990 年，中国 15～64 岁年龄段人口占全球劳动总人口的 23.3%，丰富的劳动力和土地等资源为发展加工贸易提供了坚实基础。1995—2007 年，加工贸易在中国进出口总额中占比超过 45%，且高于一般贸易，并在 1998 年达到 53% 的最高水平。劳动密集型产业和加工贸易带动了中国的经济增长，也为资本和技术密集型产业的发展积蓄了力量。

但随着经济的发展，中国人力成本快速攀升，驱使劳动密集型产业或任务开始向人力成本更低的东南亚、南亚以及非洲转移。据日本贸易振兴机构调查，2014 年上海普通工人的月基本工资是东南亚和南亚国家相应城市的 1.15～6.97 倍，其中与缅甸、越南差距最大，甚至是部分非洲国家的 10 倍以上。以纺织服装业（HS-2：50～63）为例，尽管目前中国依然是该行业最终消费品和中间投入品最主要的出口国（2018 年出口达 2 664 亿美元），但已出现向人力成本更低的东南亚、南亚以及非洲转移的迹象（出口占比回落）。2007—2018 年，其他东南亚和南亚国家服装业出口占全球比重从 9.7% 上升至 13.5%[①]，增速明显提升并可能进一步加速。

二、技术进步对后发国家的产业链地位存在"双刃剑"效应

技术进步是推动全球经济增长的主要力量，在全球经济进入深度调整期、多种风险交织的背景下，各国在技术研发上的追赶和竞争更加激烈。但技术对产业链发展存在"双刃剑"效应。一方面，

---

① 从时间维度看，其他东南亚和南亚国家的服装业出口占比经历了两个发展阶段。1962—1999 年，出口占比从 0.16% 缓慢提高至 6.1%；2000—2018 年，出口占比从 6.1% 提高至 13.5%，年均增速是前一个时期的 2 倍以上，且 2008—2018 年增速明显快于 2000—2007 年。

标准化、模块化和数字化使得复杂技术的"可扩散"程度大大提高，进而为发展中经济体融入全球分工体系提供了机遇。另一方面，新兴技术还可能改变传统工业的生产方式，削弱发展中国家的要素优势，增加后发国家经济赶超的技术壁垒。

标准化、模块化和数字化技术的发展大幅降低了生产所需的研发、"干中学"和其他补充技能等投入。特别地，数字技术促进了发展中国家和中小企业融入全球价值链，包括降低信息传递和跨境交易成本，增加中间品、服务及技术的可获得性，以及专注局部生产环节、无须了解全貌等方面。从宏观视角看，近20年来，发达经济体与新兴经济体之间的贸易往来加强，尤其是欧洲、北美与亚洲产业链间的贸易往来明显增加。无论是前向还是后向关联、简单还是复杂产业链活动①，亚洲新兴经济体的重要性都在不断增加。从微观视角看，来自新兴经济体的企业在跨国公司的供应商中愈发重要。以苹果公司为例，其前200大供应商②主要来自中国台湾（46）、美国（40）、中国大陆（含香港，40）、日本（39）和韩国（14）；而2019年全球807家供应商中47.5%在中国大陆。然而，来自中国大陆的供应商主要负责声光零组件、机构件及材料加工、线材与连接器等中低端环节，涉及高精尖技术的集成电路/芯片、电感电容、电源及散热模组等仍依赖美国、日本和中国台湾的供应商。

同时，自动化技术、技能偏向型技术等逐步改变了工业生产方式，增加经济赶超的技术壁垒。一方面，技能偏向型技术进步引发对中低技能劳动力的替代，进而削弱发展中国家在传统劳动密集型产业上的比较优势。世界银行发布的《2016年世界发展报告》预测，受自动化进程影响，发展中经济体未来或将有近七成的岗位消失，

---

① 复杂产业链活动涉及两次及以上跨境贸易，以机电产品为代表的技术密集型产业大多属于这一类。

② 前200大供应商占其2018年原材料、制造和组织采购金额的98%，详见 *Apple Supplier Responsibility* 2019，https://www.apple.com/。

这其中一个重要原因是在制造过程中使用工业机器人的企业将生产活动外包到欧美以外的概率明显降低。从行业看，自动化强度最低的纺织、服装和皮革制品行业所获得的从高收入向中低收入国家的FDI 流量显著高于自动化强度最高的电子和汽车产品行业。另一方面，在以物联网、大数据、人工智能等构建的数字经济时代，大规模定制、动态供应链、智能生产和服务、精准推送等成为现代工业的新特点，这是以廉价劳动从事批量生产的低收入国家当前还难以学习模仿的。

三、产业链的区域化和本土化考量增加

既有全球产业链的形成和发展有赖于积极、稳定的外部环境。而 2008 年金融危机后，世界经济进入深度调整期，低增长、低通胀、低利率和高债务、高赤字等风险交织。在这一背景下，民粹主义、贸易保护主义抬头，逆全球化浪潮来袭，全球产业链呈现出一定程度的回归区域化甚至本土化的迹象。

欧洲一直是区域经济一体化水平最高的地区，且在复杂产业链活动中尤为突出。2017 年，区域内贸易在欧洲前向和后向关联的复杂产业链活动中占比高达 59.6％和 64.6％（*Global Value Chain Development Report* 2019）。从行业看，欧洲区域内的中间品进口占比普遍高于中间品出口占比。2015 年，12 个重点欧洲国家[①]在 7个制造业行业向欧洲国家出口比重超过 60％，在 10 个制造业行业从欧洲国家进口比重超过 60％。特别地，在食品、饮料和烟草，木材以及木材和软木制品，纸制品和印刷，橡胶和塑料制品，机动车辆、拖车和半拖车等 5 个行业，12 个重点欧洲国家对欧洲国家的进出口占比均超过 60％。交通运输设备业是欧洲区域内一体

---

① 12 个重点欧洲国家包括意大利、西班牙、法国、德国、瑞士、英国、荷兰、挪威、比利时、瑞典、奥地利和丹麦。

化分工的典型产业（见图 2 - 2）。^① 而在纺织品、服装、皮革和相关产品，计算机、电子和光学产品，其他运输设备三个行业区域内

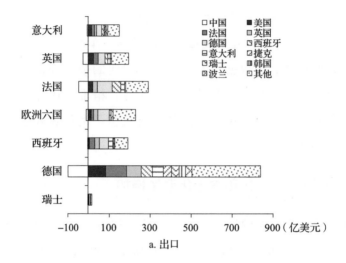

a. 出口

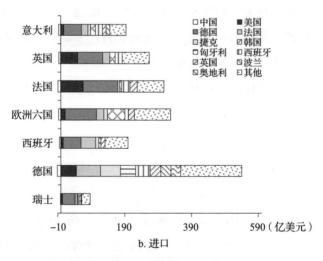

b. 进口

图 2 - 2　12 个重点欧洲国家交通运输设备业中间品贸易伙伴构成（2015 年）

注：为突出各国与中国的贸易情况，将相应贸易数值取负数，列于零点的左侧。欧洲六国为荷兰、挪威、比利时、瑞典、奥地利和丹麦的合计值。

资料来源：OECD TiVA 数据库．

---

① 2015 年，12 个重点欧洲国家的交通运输设备业 62.9% 的中间品以欧洲国家为出口目的地，71.1% 的中间品以欧洲国家为进口来源地。德国在该行业占据主导地位，是其他国家首要的贸易伙伴。

一体化程度较低，12 个重点欧洲国家与非欧洲国家的中间品贸易占比在 50％以下。

亚洲产业链中区域内贸易的重要性也在不断提升。根据《2019年全球价值链发展报告》，2000—2017 年，区域内贸易在亚洲产业链中的占比从 40.3％升至 46％，其中大部分来自东亚地区。在前向和后向简单产业链活动中，亚洲区域内贸易比重分别提高 3.5 和 7.4个百分点；在前向和后向复杂产业链活动中，亚洲区域内贸易比重分别提高 5.4 和 6.6 个百分点。导致这一变化的一个重要因素是大量中低收入的亚洲经济体融入亚洲生产网络中。亚洲区域内贸易在计算机、电子和光学产品行业，化学和制药行业以及焦炭和精炼石油产品行业尤为突出，区域内贸易分别占亚洲各经济体该行业总贸易的 69.8％，59.3％和 58.6％。而区域外贸易占比较高的行业为采矿业、农林牧渔业和其他运输设备行业，分别占亚洲该行业总贸易的 82.6％，75.7％和 73.5％。[1] 未来，在"一带一路"和区域全面经济伙伴关系等合作倡议和协定的带动下，亚洲区域经济一体化程度有望进一步提高。

从北美地区来看，新冠肺炎疫情之前美国制造业回流诉求也在增加。一方面，2008 年金融危机后，发达国家开始反思"制造业空心化"问题，相继提出"再工业化"的口号，以期实现制造业回流与振兴，如《美国制造业振兴蓝图》《先进制造业国家战略计划》《振兴美国制造业和创新法案 2014》等。另一方面，随着中国快速跻身高科技产业，并开始威胁到美国的全球主导地位，中美关系进入质变期。美国将中国视为竞争对手，并不断加大对中国的高科技打压力度，规避和阻止中国在高科技领域的赶超。[2] 然而，近年来美国多数制造业在 GDP 中的占比呈下降态势，并不具备全面振兴的基

---

① 行业层面的亚洲区域内（外）贸易基于 OECD TiVA 数据库中的中间品出口数据计算。

② 张宇燕. 理解百年未有之大变局. 国际经济评论，2019（5）.

础。尽管美国制造业占 GDP 的比重并未应回流政策而显著上升，但从制造业岗位创造来看，回流政策的效果较为显著。[①] 此外，在中美贸易冲突和《美墨加协议》的背景下，劳动密集型产业和以美国为主要出口市场的产业加速了从中国的撤离，而以墨西哥、加拿大为代表的区域产业链在美国对外贸易中的重要性明显提升。2019 年1—7 月，美国进口与 2018 年同期基本持平（显示进口需求变化不大），但其贸易伙伴结构发生了明显调整——自中国进口下降 366 亿美元，而自墨西哥和越南进口分别提高 125 亿美元和 90 亿美元。

---

① 2017 年和 2018 年，美国制造业新增就业 18.5 万人和 26.4 万人，制造业回流的新增就业大约占制造业新增就业的 1/3。杨盼盼. 美国制造业回流：怎样回流？效果如何？. 中国外汇，2020（12）.

第3章

新冠肺炎疫情对全球产业链
带来的政治和经济冲击

一、新冠肺炎疫情冲击下美国和其他各国的产业政策导向发生变化

在新冠肺炎疫情暴发之前，世界经济和国际关系已经发生变化，保护主义和民粹主义大行其道，大国竞争日趋激烈，全球治理体系和治理能力面临挑战，全球产业链收缩和区域化属性增加。此后在新冠肺炎疫情冲击下，各国产业链均受到不同程度的影响，全球产业链面临巨大不确定性。跨国公司及其母国为保证经济、产业链安全和产能自主，防止对单个经济体的过度依赖和关键零部件断供，可能会放弃过去以效率为标准、在全球范围内按照各国比较优势和规模经济布局产品内不同生产环节的做法，更多考虑效率和安全的平衡以及供应链的自主性和可控性，以社会成本作为产业配置的最终标准，对医疗、高科技等关键产业供应链布局进行调整，比如对国内应急供应链备份、引导关键产业的回流以及回归区域化、缩短价值链等。

新冠肺炎疫情强化了已有的全球产业链变化趋势。2008年金融危机之后，全球产业链扩张步伐停滞甚至呈现阶段性收缩，新冠肺炎疫情进一步凸显产业链分工方式和收益分配的内在风险，成为产业链收缩的加速器。此外，疫情进一步放大了中美矛盾。美国以规则霸权工具为基础，以国家干预主义取代新自由主义，以权力逻辑

取代市场逻辑，以"长臂管辖"取代全球规则，打压经济竞争对手和保持技术优势。[①] 在对华战略上，以贸易政策支持国家安全政策，加紧在科技领域和关键产业与中国"脱钩"，并迫使第三国乃至全球范围与中国"脱钩"，例如禁止使用美国技术的企业与华为合作。在疫情影响下，美国更以国家安全为由，要求医疗设备等行业供应链从中国迁出，采用多种方式吸引美国企业从中国回撤。

从美国和其他各国政府的政策导向来看，新冠肺炎疫情冲击之后的全球化背景堪忧。在 2020 年 2 月中国新冠肺炎疫情高峰时期，美国部分政府官员、国会议员借疫情再次公开鼓动中美"脱钩"。2月初，美国商务部长罗斯对媒体声称，"疫情暴发可能对美国是个好消息，因为可能有助于加快就业机会回流"。

同时，美国继续打压华为。2020 年 2 月，美国众议院议长佩洛西游说欧洲国家弃用华为技术。美国政府内部一度试图禁止通用电气公司向中国提供民用飞机发动机，后被否决。之后美国财政部通过了《外国投资风险审查现代化法》的最终实施条例，外国投资委员会（CFIUS）的管辖权得到扩大，甚至将敏感区域的房地产投资也纳入审查范围，中资企业将面临更为严格的审查。

2020 年 2 月中旬，美国食品药品监督管理局（FDA）前局长戈特里博在向美国参议院提供的陈述材料中，强调美国应将医药供应链的安全掌握在自己手中。2020 年 4 月 9 日，美国白宫国家经济顾问库德洛建议，美国政府承担成本，鼓励美国企业从中国搬回美国。日本更是在 2020 年 4 月 8 日宣布了 22 亿美元的一揽子政策，以鼓励日本企业回流，强化本国供应链安全。2021 年 2 月 24 日，美国拜登政府发布关于《美国供应链行政命令》，提出加强美国供应链弹性的政策以实现弹性、多样化且安全的供应链，确保国家安全和经济繁荣。该命令主要包括：对半导体、关键矿物和材料（如稀土）、药

---

① 张茉楠. 后疫情时代全球经贸格局. 参考消息网，2020 - 07 - 02.

品及其成分、高能量电池四种关键产品开展为期 100 天的供应链审查；针对评估结果进行总结并提出加强供应链的政策建议。新冠肺炎疫情爆发以来，美国、日本、欧洲多国均对各自的供应链安全、产业链稳定采取了措施。

二、新冠肺炎疫情冲击全球产业链的经济逻辑

全球产业链使得各国经济的联系更加紧密，但同时也增大了全球系统性风险。经济、金融、自然灾害、技术冲击、经济波动、人口结构演变、管制变动等因素都可能通过全球产业链影响世界经济稳定。根据佟家栋和盛斌等（2020）的总结，新冠肺炎疫情主要通过关联效应、长鞭效应和二元边际效应影响全球产业链。[①]

首先，在关联效应方面，疫情从供给和需求两侧挤压全球产业链，造成局部断裂，并通过产业链前向关联和后向关联对经济体造成冲击。在需求层面，疫情导致的经济下行往往会推迟耐用品的消费；在供给层面，疫情造成的人员隔离、跨地区流动受限等会导致企业劳动力短缺、开工不足甚至关停；此外，各国采取的关闭边境、停航停运等措施导致国际物流迟滞、货物贸易成本增加，降低产业链运行效率。

一国通过向他国出口中间品（前向参与）或者从他国进口中间品（后向参与）嵌入全球产业链。如果该国发生较严重的疫情而他国无疫情，则该国通过价值链前向参与对下游国家造成供给冲击，通过价值链后向参与对上游国家造成需求冲击。相反，如果该国无疫情而他国疫情严重，则该国的下游国家对其造成需求冲击，上游国家对其造成供给冲击。

其次，疫情导致的下游市场需求萎缩将通过长鞭效应加大上游供

---

① 佟家栋，盛斌，蒋殿春，严兵，戴金平，刘程 . 新冠肺炎疫情冲击下的全球经济与对中国的挑战 . 国际经济评论，2020（3）.

应商的生产、销售和库存管理的风险，引起价值链贸易严重波动与混乱。由于市场不确定性与经营策略需要，在产业链中上游的供应商往往维持比下游厂商更高的库存水平，因此越往产业链上游生产与订货偏差就越大，这种由需求变异放大而导致的现象称为长鞭效应。

最后，疫情冲击可能导致价值链贸易在集约边际上的调整。一国的出口增长可分解为集约边际和广延边际，前者指贸易额增长中来源于现有出口企业和出口产品在单一方向上规模扩张的部分，后者指贸易额增长中来源于新的企业进入出口市场、出口产品种类的增加或者出口目标国的变更的部分。2008 年金融危机期间，价值链贸易的调整变化主要来源于集约的贸易边际，表现为危机后在原有种类与市场基础上出口量的大幅萎缩，这种情形在新冠肺炎疫情冲击下也会发生。

三、新冠肺炎疫情对全球产业链的冲击程度：模拟分析[①]

根据疫情发展形势，我们基于假设抽取方法[②]，分两个阶段模拟疫情对世界经济的影响。第一阶段，2020 年 1 月至 3 月中旬，假定疫情使中国大陆各行业中间品和最终品供给下降 50%。从绝对值看，GDP 损失最大的前 10 个经济体依次为澳大利亚、美国、韩国、日本、俄罗斯、德国、中国台湾、巴西、法国、英国；从相对值看，GDP 损失占国内增加值比重最高的前 10 个经济体依次是蒙古国、中国台湾、澳大利亚、韩国、新加坡、越南、俄罗斯、哈萨克斯坦、泰国、马来西亚。分行业来看，中国建筑业、电子电气设备制造业、

---

① 本部分根据亚洲开发银行编制的 2018 年世界投入产出表计算得到。

② 假设抽取方法（hypothetical extraction method，HEM）的基本原理是将一个产业部门从经济系统中抽走，通过对比抽取前后经济系统的变化来评估该部门的重要性和对整个经济系统的影响。为了解新冠肺炎疫情冲击的经济效应以及不同部门对经济影响的异质性，我们假定疫情发生国对外总出口或某个行业出口中断或者减少一定比例。抽取或削减贸易流造成的 GDP 损失，可以理解为全球价值链背景下，某经济体遭受疫情冲击停工停产通过国内和国际投入产出关联对本国及世界其他经济体可能造成的影响。

金属制品业、食品业和农林牧渔业产出下降对全球经济影响最大（见表 3－1）。

表 3－1　中国各行业出口下降 50%对各经济体 GDP 的影响（%）

行业	澳大利亚	韩国	日本	美国	德国	英国	法国
农林牧渔	0.184	0.116	0.034	0.017	0.035	0.017	0.022
采矿	0.471	0.177	0.057	0.017	0.065	0.033	0.033
食品	0.244	0.127	0.040	0.030	0.049	0.023	0.033
纺织	0.146	0.157	0.047	0.015	0.037	0.017	0.022
皮革制造	0.040	0.041	0.011	0.006	0.011	0.005	0.007
木材制品	0.063	0.041	0.013	0.006	0.015	0.007	0.009
造纸	0.073	0.066	0.023	0.009	0.023	0.010	0.012
石油燃料加工	1.176	0.148	0.048	0.019	0.056	0.042	0.034
化工	0.688	0.461	0.128	0.041	0.117	0.056	0.067
橡胶塑料制品	0.164	0.179	0.055	0.014	0.045	0.020	0.025
非金属矿物制造	0.465	0.179	0.062	0.018	0.064	0.032	0.033
金属制品	1.450	0.481	0.180	0.047	0.177	0.132	0.093
机械设备制造	0.358	0.462	0.150	0.030	0.151	0.064	0.065
电子电气设备制造	0.677	2.104	0.467	0.076	0.296	0.133	0.137
交通运输设备制造	0.371	0.489	0.198	0.034	0.246	0.077	0.103
其他制造业及废弃材料加工	0.039	0.035	0.011	0.003	0.010	0.005	0.006
电煤气水生产和供应	0.632	0.238	0.064	0.017	0.063	0.033	0.031
建筑	1.263	0.803	0.275	0.070	0.257	0.145	0.132
批发	0.119	0.139	0.037	0.015	0.061	0.022	0.034
零售	0.025	0.029	0.008	0.003	0.013	0.005	0.007
住宿和餐饮	0.065	0.038	0.012	0.008	0.015	0.007	0.010
内陆运输	0.144	0.068	0.025	0.007	0.031	0.013	0.015
水路运输	0.044	0.019	0.006	0.002	0.009	0.004	0.006
航空运输	0.039	0.020	0.007	0.006	0.009	0.006	0.010
其他支持性运输活动	0.050	0.025	0.008	0.004	0.009	0.005	0.006
邮政和电信	0.033	0.077	0.019	0.004	0.017	0.007	0.009
金融	0.057	0.057	0.016	0.007	0.024	0.012	0.015
房地产	0.019	0.017	0.005	0.002	0.007	0.003	0.004
其他商业服务	0.265	0.425	0.109	0.030	0.105	0.045	0.057
公共管理国防	0.117	0.103	0.032	0.015	0.037	0.022	0.027
教育	0.070	0.073	0.020	0.010	0.021	0.013	0.016
卫生和社会工作	0.163	0.119	0.035	0.012	0.038	0.017	0.022
其他社区社会及个人服务	0.089	0.125	0.035	0.010	0.036	0.016	0.021
总体	9.803	7.639	2.236	0.603	2.149	1.050	1.122

其中，电子电气设备制造业出口下降 50％导致 GDP 受损最大的经济体为韩国、中国台湾、日本、印度、德国，分别下降 2.1％，4.2％，0.47％，0.68％和 0.30％；机械设备制造业出口下降 50％导致 GDP 受损最大的经济体是日本、韩国、德国、澳大利亚、中国台湾，分别下降 0.15％，0.46％，0.15％，0.36％和 0.82％；交通运输设备业出口下降 50％导致 GDP 受损最大的经济体是日本、德国、韩国、英国和澳大利亚。

第二阶段，疫情向日韩、欧美地区扩散，通过需求下降和中间品、原材料供给中断反向影响中国经济。假定美、欧、日、韩各行业对世界各国出口下降 50％，模拟结果表明：中国对这四个经济体的依赖度从高到低依次为美、欧、韩和日，将分别导致中国 GDP 下降 0.948％，0.687％，0.527％，0.456％（见表 3-2）。从中间品供应链中断对中国影响较大的行业看，美国是运输设备、其他商业服务、公共管理国防、建筑业以及卫生和社会工作，欧盟是电子设备、运输设备、其他商业服务、建筑业、机械设备，韩国是电子设备、运输设备、金属制品、化工和建筑业，日本与韩国较为相似，但机械制造业替代了化工行业。

表 3-2　美欧日韩各行业出口下降 50％对中国 GDP 的影响（％）

行业	美国	行业	欧盟	行业	韩国	行业	日本
总体	0.948	总体	0.687	总体	0.527	总体	0.456
运输设备	0.118	电子设备	0.067	电子设备	0.138	电子设备	0.062
其他商业服务	0.084	运输设备	0.061	运输设备	0.056	运输设备	0.053
公共管理国防	0.078	其他商业服务	0.059	金属制品	0.046	建筑	0.049
建筑	0.075	建筑	0.057	化工	0.042	金属制品	0.042
卫生和社会工作	0.050	机械设备	0.045	建筑	0.042	机械制造	0.031
化工	0.046	金属制造	0.033	机械设备	0.029	电子设备	0.028
电子设备	0.045	批发	0.029	石油加工	0.019	卫生和社会工作	0.020
机械设备	0.041	化工	0.028	其他商业服务	0.015	汽车销售维修	0.016
邮政和电信	0.039	其他社会服务	0.024	其他社会服务	0.014	公共管理国防	0.014
金属制造	0.037	食品	0.023	电煤气水	0.013	石油加工	0.014

资料来源：根据 2018 年 ADB-MRIO 数据库测算。

第 4 章

新冠肺炎疫情后全球产业链
重构的四个趋势

　　新冠肺炎疫情与经济全球化的关系是评估未来全球产业链重构方向的基础。新冠肺炎疫情导致全球供给和需求同步下降、价值链断裂、各国意识形态和价值理念分化和对立，正在改变以要素资源跨国配置为特征的全球化发展基础，加剧"逆全球化"趋势。

　　对于疫情后全球化走向和趋势，目前有以下几个代表性观点：（1）有限全球化：各国收回更多经济主权，经济从以生产要素在全球范围内高速流动、优化配置为特征的"超级全球化"回归到 20 世纪 80 年代之前以商品和资本流动为特征的"有限全球化"。（2）再全球化：以"中心-外围"经济结构为基础，以中国为代表的新兴经济体由于全球治理意愿和治理能力的增加、国内市场的不断扩大，正逐步替代西方大国成为全球化的新动力，发达国家与发展中国家组成的全球化"二元格局"演变为发达国家、新兴国家和外围国家组成的"三元格局"，经济体之间对立程度下降。（3）慢全球化：随着商品、生产要素全球流动摩擦加剧、全球投资增速放缓以及跨国公司与母国利益冲突增强，全球化趋势放缓，区域内经济一体化程度进一步加深，全球价值链向区域内收缩。（4）数字全球化：数字经济和人工智能将替代商品贸易和金融活动，成为全球化的主要驱动力,全球化体现为线上互联性的增强和线下要素流动的趋缓。①

总的来说,发达国家主导的以生产要素在全球范围内高速流动、优化配置为特征的"超级全球化"已经退潮。但是,数字经济和人工智能的发展、新兴经济体参与全球治理能力和意愿的增强、发展中国家工业化进程及融入全球经济分工的客观需求等因素,将继续支撑全球化的发展。未来的全球化是多方力量相互博弈和权衡的全球化,全球产业链也将在技术、市场、成本、竞争和政府等多方因素的权衡下,寻找新的稳态。

一方面,市场、技术和成本因素将继续推动全球产业链的发展。从市场看,以中国为代表的发展中经济体的国内市场不断壮大,将继续吸引跨国公司围绕终端需求形成新的区域集聚模式。从技术和成本看,随着全球要素禀赋格局的变化,全球产业链将进一步知识化、数字化和资本化。另一方面,从政府和政策看,安全导向在全球产业布局中的影响显著增加。疫情冲击加速了2008年金融危机后已经出现的全球产业链区域化和本土化重构趋势,也促使跨国公司在产业链布局上开始实施多元化和集聚化战略。

未来的全球产业链将主要呈现以下四个趋势性特征。

一、数字化:全球产业链将更趋知识化、数字化和资本化

随着全球要素禀赋格局的变化,全球产业链将在中长期呈现知识化、数字化和资本化趋势。一方面,知识和无形资产对全球价值链的重要性不断提升。根据麦肯锡的测算,2000—2016年,全球价值链中研发和无形资产资本化支出占总营收比例从5.4%上升至13.1%。所有类型价值链活动的知识密集度均有不同程度提升,其中制药和医疗设备、机械设备、计算机和电子占比最高(依次为80.0%,36.4%和25.4%),且提升幅度最大(依次为66.3,29.3

---

① 严灏文.下一阶段全球化初探.华南理工大学公共政策研究院,2020-09-11.

和 17.4 个百分点）。与此相对应，价值链创造活动向研发和设计等上游活动、营销和售后等下游活动转移，而制造环节的价值占比下降（甚至直接外包给代工厂）。

另一方面，自动化和人工智能技术以及长期化的低利率环境，将使得制造的技术和资本密集度不断提高。从技术视角看，人工智能、3D 打印等新兴技术大多为技能偏向型，对中低技能劳动力存在明显替代。同时，新兴技术正逐步改变工业生产方式，增加发展中国家经济赶超的技术壁垒。从政策环境看，新冠肺炎疫情期间，主要发达经济体普遍推行非常规的财政政策和无限量宽松的货币政策。在全球经济增速偏低、政府债台高筑的背景下，主要经济体的央行难以退出低利率的政策环境，这使得资本相对劳动的价格下降，并促使产业链的数字化和资本化。未来，那些拥有较多高技能劳动力、较强的创新研发能力以及良好的知识产权保护的国家将在新的全球产业链格局中扮演更为重要的角色。

产业链的数字化、资本化，是未来中长期的一个发展趋势。在此过程中，全球分工的比较优势格局将被重新定义。一些国家虽然拥有劳动力成本比较优势，但是数字经济发展滞后，或者发展数字经济所需的基础设施面临瓶颈，对这些国家的比较优势需要再评估。对于发达国家而言，发展数字经济从而实现产业链数字化的最大障碍：首先是相关的公共基础设施建设面临短板；其次是对于个人隐私保护和商业效率的权衡面临更多困难；最后，大部分发达经济体原本就面临一定的产业空心化，要实现以实体产业链为基础的数字化整合也将面临更高成本。

相较而言，在推进产业链的数字化、资本化的过程中，中国具有明显优势。第一，中国的数字经济已经有了很好的发展基础，基础设施比较完善，商业模式创新处于世界前沿，在新兴技术领域也有一定竞争优势，独角兽企业数量仅次于美国，远远领先于其他国家。

第二，中国的产业链完整、生产配套网络发达，这为产业链数字化提供了很好的整合基础。不可否认的是，中国制造业部门与发达国家相比仍有一定差距，在某些具体领域还有一定的脆弱性。但是，中国目前的生产能力、交通物流水平、生产配套网络等，都为产业链的数字化、资本化提供了坚实基础。

产业链的数字化有可能改变甚至颠覆中国相对于其他发展中国家的劳动力成本劣势。不过，中国的资金成本还是高于其他主要发达经济体。但是中国企业可以通过境外融资、利用境外资本市场的低成本资金，增强国际竞争力。同时，中国也在积极探索打通货币政策传导机制，降低企业的融资成本，从中长期来看融资成本的下降值得期待。总体而言，产业链的数字化、资本化发展趋势，对中国而言是一个可以抓住而且必须抓住的历史机遇。

另一个似乎遥远但不得不早做思考的问题是：如果全球产业链的数字化、资本化成为发展趋势，那么国民收入的分配也将更多倾向于资本，而不是劳动者。在此背景下，收入差距甚至失业将成为一个更为严峻的全球挑战。中国有望在这一进程中走在世界前列，也将首先面临这些问题的考验。在此过程中，如何使得产业链的数字化、资本化发展具有更好的包容性、普惠性？政府如何在再分配过程中起到更好的平衡作用从而实现共同富裕？这些问题都值得思考。

二、多元化：通过多元化产业集聚增强产业链抗风险能力

为了保证供应链的韧性和灵活性，强化产业链的抗风险能力，跨国公司在产业链布局上将实施多元化和集聚化战略。多元化可以分散风险，减少对单个经济体或少数国外供应商的依赖；集聚化可以通过产业链集群降低运输成本，缩短物流时间，提高物流调度效率，最大限度地避免各种自然灾害、疫情灾难的冲击。

其中，产业集聚主要集中于国家战略性新兴制造业或国家支柱

产业等重点产业。各经济体为保证经济安全，提高这些产业的抗风险能力，倾向于建设从研发、设计到物流、金融等产业配套的全产业链集群。同时，市场规模巨大的产业链集群，可以增强经济体在全球产业生态中的话语权，用市场规模来有效避免关键技术被"卡脖子"所带来的经营风险。

产业链多元化布局主要体现在服务业和复杂价值链制造业。以日本汽车行业为例，其零部件对华依赖度很高，新冠肺炎疫情在中国集中爆发期间，由于中国工厂停工和物流中断，日本国内企业因零部件短缺也被迫停工停产。2020 年 3 月 5 日，日本首相安倍晋三在未来投资会议上表示，"日本必须考虑让对一个国家依存度较高的产品和附加价值高的产品，生产基地回归日本国内。如果做不到这一点，就尽量不要依赖于一个国家，向东南亚国家转移，实现生产基地的多元化"。9 月 3 日，日本宣布扩大补贴计划，将印度、孟加拉国等地列为承接中国产业转移的目标国。

在多元化的路径下，这可能会导致中国面临一定程度的产业外移，但这与纯粹的产业外移不同。因为其他国家也会发生疫情，也会和美国发生贸易冲突，所以将来的全球供应链布局，要通过多元化进行风险管理。而在过去几十年相安无事的全球化大潮中，这是未曾得到重视的一点。在这样的背景下，我们如何进一步改善营商环境，如何确保中国供应链体系的稳定性，给全球的下游生产商提供信心和保证，将关系到中国未来在全球供应链中的地位。

从人力资源和基础设施来看，中国、韩国、墨西哥、部分东南亚国家和少数东欧国家是产业链布局的主要候选地。在全球产业链重组过程中，中国依然是多元化选项中的一个，也是产业链变短的选择之一。中国作为新技术发展的重地，具有良好的基础设施、丰富的人力资源、强大的产业配套能力以及庞大的市场容量，这些条件和优势并未随疫情的冲击而发生根本性变化。长期来看，中国仍然能够在新的全球产业链中扮演重要角色，并不断向价值链上游攀升。日本贸易振兴机构 2020 年 4 月初对 710 家在华东地区的主要日本企业问卷调查结果显示：90％以上的日本企业表示，不会撤离中国和改变现有供应链。欧盟商会《商业信心调查报告 2020》显示：89％的受访欧企表示不会从中国转移投资，63％认为中国仍为前三大投资目的地之一。

同时，产业转移压力的释放需要一个过程，这为我们进行产业巩固提供了时间窗口。受疫情冲击最大的供应链，往往是汽车、电子等集成度较高、供应链较长的产业。疫情期间，汽车、手机行业的许多跨国企业生产、供货都受到冲击，有的生产线甚至停产。不过，中期来看，汽车、电子产业恰恰难以发生产业转移。这些产业的特征是：新建产能需要大量资本，对工人技术有一定要求，还需要供应链网络匹配。例如，一般的半导体晶圆厂的投入门槛就要以十亿美元计。可见，上述行业要重新配置全球供应链非常复杂，中短期内难以实现。另外，服装、玩具等集成度较低的制造业则可能较快发生转移。在此背景下，中国进行产业巩固仍然有一定的时间窗口。当前，中国经济运行机制、体制仍然存在诸多结构性问题，改革开放仍然大有可为，中国市场对全球企业的吸引力的提升仍然大有空间。通过化危机为改革动力，中国仍将在全球供应链中保持最为重要的地位。

三、制造业产业链的区域属性将增强，而全球化属性将减弱

20 世纪 90 年代到 21 世纪初，由于运输成本和通信技术的发展，全球价值链不断扩张，劳动力成本、人力资本、自然资源、是否邻近消费市场以及基础设施质量是跨国公司选址的主要考虑因素。但 2013 年以来，全球产业链开始向区域产业链转化。2013—2019 年，区域内货物贸易占全球货物贸易比重增长 2.7 个百分点，其中亚洲和欧盟 28 个成员的增长势头尤为突出，新兴市场消费增加是驱动因素之一。未来，在技术、政府、市场和成本驱动下，制造业产业链

尤其是汽车、电子产品、纺织服装等效率驱动价值链型的区域属性将进一步增强，而服务业的全球属性将进一步强化。

对于纺织、服装、玩具、鞋履和家具制造业等劳动密集型产业链，随着发展中国家劳动力成本上升以及自动化和人工智能技术对劳动力的替代，基于劳动力成本的套利空间进一步缩小，其生产或将转化为资本密集型产业链，向最终消费市场或者母国所在区域收缩。对于化工、汽车、计算机、电子以及机械设备等资本、技术密集型制造行业，人力资本、技术和政府是驱动跨国公司向区域内布局供应链的主要因素，其中自动化技术扩大了劳动密集型加工组装环节的选址空间，生产链条长、供应商数目多、生产过程紧密、对外部冲击敏感的特征促使跨国公司为达到准时生产（just in time，JIT）要求、降低社会成本和协调，对供应商进行备份，同时将部分产能布局于国内或区域内，而政府基于经济安全的考虑也迫使技术密集型的高附加值生产环节回归国内。对于金属制品、橡胶和塑料、纸张和印刷、食品和饮料等行业，由于产品的重量、体积及易腐性等特征，区域特征本身就比较显著，2/3 以上作为中间品投入资本、技术密集型产业链，尤其是区域产业链中。而对于农业、采矿、基础金属等资源密集型产业链，自然资源和运输便利性依然是选址的主要决定因素，更多遵循本地化的发展路径。同时，不同于部分制造业，受数字经济驱动，服务业将实现进一步全球化，产业分工更加细化，服务外包更加普遍。

新冠肺炎疫情之后，发达国家基于安全考虑，会加快完善国内或区域内的产业链条，甚至个别国家可能试图构建"去中国化"的全球产业链。为应对全球产业链发展新趋势，构建以国内循环为主、国内国际双循环的新发展格局成为"逆全球化"背景下提升中国产业链、供应链稳定性和竞争力，促进经济发展的必然选择。首先，在国际循环上，要加快商品和要素流动型开放以及规则等制度性开放的步伐，充分利用国际、国内两个市场，优化资源配置，进一步释放增长潜力。从区位选择来看，中国产业链布局的着力点应当放在东亚地区和"一带一路"沿线国家。其次，在国内循环上，要打破省区间市场壁垒，盘活国内资源，充分利用东中西部的比较优势，实现产业链的梯度转移和区域经济协调发展。最后，对于关键技术、零部件和原材料，政府要加大财政、制度等各方面支持力度，构建自主可控的产业链条，避免在全球分工体系中被边缘化。

四、生产方式的低碳化、绿色化

这一趋势将主要影响依赖能源出口或正处于工业化进程中的发展中国家。气候变化因素使得后发国家的赶超过程又增加了一个额外的约束条件。第二次世界大战以来，发展中经济体的升级转型都是以出口导向为主，无论是转型成功的"亚洲四小龙"，还是成长之后面临挫折的"亚洲四小虎"，以及今天的中国，都是通过招商引资、出口导向发展模式来破解"双缺口"（即外汇缺口、储蓄缺口）的难题。

但是在低碳化、绿色化的背景下，碳关税可能使出口导向模式的复制难度进一步上升。2021 年 3 月，欧盟议会通过了"碳边境调节机制"（CBAM）的决议。这项机制与 WTO 规则兼容，是主要经济体中率先通过的碳关税的正式决议。该机制对于最不发达国家和小岛屿国家给予特殊待遇，而其他国家包括发展中国家都属于 CBAM 执行对象。

作为一个参照，美国在 2008 年也对碳关税的立法进行了尝试，即《沃纳-利伯曼法案》。虽然该法案最终没有通过，但其第 1306 条款列出的免于征税的国家清单主要有三类：（1）如果国际气候变化委员会发现一国采取的气候变化减排措施与美国采取的减排措施具有可比性，那么该国可以免除购买义务；（2）如果联合国将一国确定为最不发达国家，那么该国可以免除购买义务；（3）如果一国所排放的二氧化碳总量低于全球总额的 0.5%，那么该国可以免除购买义务。这里的第（2）（3）条标准大体上与欧盟的 CBAM 思路一致。

这些享受豁免待遇的国家一般体量不大，对于全球生产网络的影响也较小。但是另一些在最不发达国家之上，且仍处于工业化扩张阶段的国家（例如越南、印度），其工业和制造业的发展将可能面临额外的约束。相对于这些国家而言，中国受到的影响较小。一方面，中国工业化进程已经从粗放型扩张进入创新驱动阶段，出口贸易内涵碳也已开始下降。另一方面，虽然中国传统工业会受到冲击，但是中国的绿色技术、绿色产业、绿色金融市场发展较快，这使得中国能够缓释低碳化带来的冲击。

对于能源出口国，特别是石油出口国而言，低碳化和绿色化将带来更为直接和持久的冲击。以撒哈拉以南非洲为例，根据 2021 年 4 月国际货币基金组织（IMF）发布的《世界经济展望》，石油出口国的人均 GDP 增速将显著低于其他国家组，而且直到 2025 年，该组国家的人均 GDP 仍将停滞在低于新冠肺炎疫情之前约 5% 的水平。总体上，石油等能源出口国将面临深刻的转型压力，原有的经济发展模式也将面临严峻挑战。

第二篇

中国和全球产业链的基本盘

二元悖论：产业链的国际竞争力和完全自主可控，两者难以兼得一国在全球产业链中的影响力与其在全球产业链中的脆弱性往往具有镜像关系。在经济全球化高歌猛进的时代，我们往往会忽略这种镜像关系，以及这种关系所蕴含的政治、经济风险。与此同时，我们也可以发现，即使包括美日欧在内的发达经济体、老牌工业强国和全球科技领域顶端的国家，实际上也同样强烈依赖于全球生产网络。本篇的第5~8章将从不同角度阐释如下的二元悖论：一国在某个产业链领域的全球影响力及其在这个产业链领域的完全自主可控，两者难以兼得。

　　在第5章我们将尝试给出产业链脆弱性的指标，并基于中国的进出口贸易中的中间产品进行分析，从而对中国产业链的脆弱性进行描述。同时，我们也将基于前面提到的镜像关系，对主要国家的产业链影响力进行分析。在此基础上，在第6章我们将使用相同的方法论，对包括美国在内的10个主要经济体的产业链脆弱性进行检查。第7章将跳出前两者中间品贸易的分析视角，基于世界投入产出表从行业视角进行研究。第8章虽然也是基于世界投入产出表的分析，但是加入了大国政治关系的视角，进一步丰富研究的角度，并尝试分析美国是如何解决前述二元悖论的。

‖第5章‖

各国产业链影响力和中国
产业链脆弱性：产品层面分析

在全球化格局经历深刻调整的背景下，产业链安全成为影响中国经济稳定发展的突出因素，是具有全局性和长远意义的重大问题。特别地，战略性新兴产业①的产业链安全问题也是中国"十四五"规划（2021—2025 年）的重点内容之一。"十四五"规划是中国全面建成小康社会之后，开启全面建设社会主义现代化国家新征程的第一个五年规划，对中国经济社会发展具有举足轻重的作用。"十四五"期间，中国的国内外环境将发生巨大转变。从国内看，中国经济从高速增长阶段向高质量发展阶段转变，正处在转变发展方式、优化经济结构、转换增长动力的攻关期。从国际看，世界处于百年未有之大变局，国际形势风云变幻，地区冲突不断升级，民粹主义、单边主义、贸易保护主义暗流涌动，大国间力量发生深刻变化，中美博弈加剧（张宇燕，2019）。在此背景下，保障战略性新兴产业产业链安全的重要性不言而喻。

---

① 根据国家统计局《战略性新兴产业分类（2018）》，战略性新兴产业是以重大技术突破和重大发展需求为基础，对经济社会全局和长远发展具有重大引领带动作用，知识技术密集、物质资源消耗少、成长潜力大、综合效益好的产业，包括：新一代信息技术产业、高端装备制造产业、新材料产业、生物产业、新能源汽车产业、新能源产业、节能环保产业、数字创意产业、相关服务业等九大领域。

在战略性新兴产业中，依靠全球分工的复杂产业链[①]的脆弱性最高。根据《2019 年全球价值链发展报告》，2002—2008 年和 2010—2011 年，当全球名义 GDP 快速增长时，复杂产业链活动在四类增加值创造经济活动中增速最快；2012—2016 年，当全球名义 GDP 增速下行时，复杂产业链活动在四类活动中降幅也最大。复杂产业链活动的脆弱性与其产业链较长、生产环节较多、牵涉国别利益较多密切相关。复杂产业链活动涉及中间产品的两次及以上跨境贸易，具体表现为 A 国出口至 B 国的中间产品，在 B 国组装加工后又以中间产品的形式出口到 C 国（也可能返回 A 国）。从贸易网络关系看，供应来源越集中的中间产品越关键，关键中间产品越多的产业链越复杂也越脆弱。进一步，可从出口和进口两个层面衡量中间产品的产业链脆弱性。一方面，出口越集中在少数国家的中间产品，供应链脆弱性越高；另一方面，进口越集中在少数国家的中间产品，供应链脆弱性越高。

基于以上分析，本章利用网络分析方法，从全球和国家两个视角构建产业链脆弱性的度量指标，进而用这些指标分析全球和中国产业链的特征和内在脆弱性。本章尝试构建产品、国家-产品两个层面的脆弱性指标。产品层面主要关注全球产业链中哪些中间品的出口集中在少数国家，即产品的出口中心度指数；国家-产品层面则关注一国进口的产品中哪些进口和出口都集中在少数国家，其中出口基于剔除该国出口后的产品的出口中心度指数度量，进口则基于该国各类产品的实际进口来源国的市场集中度进行衡量。产品脆弱性利用出口中心度（Barrat et al., 2004；蒋小荣等，2018）进行测度。

---

① 《2019 年全球价值链发展报告》第一章将全球增加值创造活动分为国内交易、传统产业链活动、简单产业链活动和复杂产业链活动四类。传统产业链活动指最终产品贸易，如葡萄酒等；简单产业链活动指一次跨境的中间品贸易，如中国出口到美国并用于当地建造房屋的钢铁产品；复杂产业链活动指两次及以上跨境贸易，比如韩国出口到中国并用于中国出口电脑的内存条。

该指标反映了贸易网络中因存在核心参与者而导致的供应链脆弱性。国家-产品层面脆弱性指标基于剔除本国出口后的出口中心度指数和进口市场集中度指数进行构建。2017—2018 年中间品贸易网络数据来自 UN Comtrade 数据库，产品分类基于 1992 年的《商品名称及编码协调制度》（简称 HS1992）。

一、全球供应链特征和各国在其中的影响力

一国出口的高中心度产品数目越多、金额越大，则该国在全球产业链上的话语权和影响力就越高。根据出口的高中心度产品数目和金额，全球出口国或地区自然地分为七组①（见图 5-1）。美国、中国大陆、德国位于第一梯队，出口的高中心度产品数量最多、金额最大。从产品数目上看，美国较中国和德国高出 30 多种，但这些产品散布在不同行业且出口金额较小（最大不超过 7 万美元），对其他国家的影响力有限。剔除这些产品后，三国出口的高中心度产品数目相当。日本、韩国、中国台湾以及英法等经济实力较强的欧洲国家列于第二梯队。其中，日本与第一梯队中的德国十分接近，反映出较强的中间品供应能力。韩国和中国台湾在高中心度产品的出口数目中与第一梯队国家存在一定差距，但出口金额与日本相当，呈现出一定的专业化特征。比如，韩国和中国台湾均在半导体产品上呈现较高的竞争力，但机械产品的竞争力不及日德。一些经济体量较小的发达经济体和除中国以外的新兴经济体多处于第三到第五梯队。出口产品单一但金额巨大的资源型国家，比如秘鲁、阿曼苏丹国、伊朗等，多位于第六梯队。其他风险产品出口数目小于 100 种，出口规模低于 32.7 亿美元（对数值低于 15）的国家列于第七梯队。

①　对应图 5-1 中纵横轴虚线交汇的 8 个格子，出口总额的对数在 15 以下归为一组。2017 年的分组情况与 2018 年基本一致。事实上，大多数指标在两年之间的差别均不大。

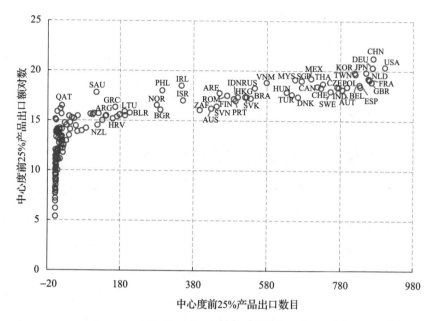

**图 5-1 主要经济体在中心度指数前 25% 产品上的
出口数目和规模（2018 年）**

注：图中散点标签为相应经济体英文名称的 ISO-3 位字母简称。
资料来源：崔晓敏. 中国与全球产业链：理论与实证. 上海：上海三联书店，2020.

中国在八成以上高中心度产品出口上享有绝对优势，供应链呈现较高韧性。作为世界工厂，中国制造的实力有目共睹。根据联合国工业发展组织的分类标准，中国是唯一拥有全部大、中、小工业门类的国家。2017—2018 年，全球共贸易 3 556 种中间产品，中国在其中 2 247 种上出口规模位列全球前三；全球贸易 858 种高中心度产品，中国在其中 693 种上出口规模位列全球前三（其中 444 种在 2017 和 2018 年均排名第一）。[①] 这意味着中国在 80.8% 的高中心度中间品贸易中，享有绝对的出口优势。这也印证了在 2020 年 2 月前后，中国在疫情防控期间对全球供应链的重要冲击，引发了国际社会的高度关注。2020 年 3 月联合国发布报告，估算疫情导致的中国

———————

① 为控制 2018 年中美贸易冲突可能对已有贸易网络关系产生的影响，这里将 2017—2018 年出口中心度均位于前 25% 的产品记作高中心度产品。

中间品供应收缩对全球贸易的影响。该报告指出全球约 20% 的制造业中间品贸易来自中国，如果中国中间品出口下降 2%，将导致 45 个主要经济体出口下降约 460 亿美元，占 2019 年全球出口总额的 0.27%，其中欧洲、美国、日本、韩国受影响最大。而 3 月以后海外疫情肆虐的影响主要表现为中国出口中间品外部需求的急剧萎缩。

从行业分布看，中心度指数排名前 25% 的产品（见图 5 - 2）具有三方面特征：（1）技术密集型行业占比较高。2018 年，从产品数目看，33% 和 11% 的产品来自机电、音像设备及其零附件（HS-2：84～85），光学、医疗等仪器，钟表，乐器（HS-2：90～92）两大行业。与此相比，在全部中间产品中，这两个行业分别占 19% 和 5%。（2）技术密集型行业的价值较高。从产品价值看，来自机电、音像设备及其零附件行业的高中心度产品占比为 52%，既高于在全部行业中的价值占比（33%），又高于基于产品数目统计的占比（33%）。这反映了机电、音像设备及其零附件行业产品的价值总体较高。相反，贱金属及其制品行业（HS-2：72～83）基于价值统计的占比较基于数目统计的占比下降 10 个百分点，则反映这类产品的价值总体较低。（3）与全部产品相比，中心度前 25% 的产品的平均单价更高。将各行业进口规模除以产品数目，可发现各行业高中心度产品的平均单价均高于全部产品的平均水平，即高中心度产品平均竞争力更强、卖价更高，这主要是由于这些产品的供应国集中（买方垄断力强）且许多为技术密集型行业。高中心度产品在行业层面的分布特征表明：新冠肺炎疫情在欧洲、美国以及除中国以外的新兴经济体的全面暴发，叠加各国防控措施不断加码，全球机电、音像设备及其零附件，光学、医疗等仪器，钟表，乐器中间品的供应链风险最高，影响也最大。

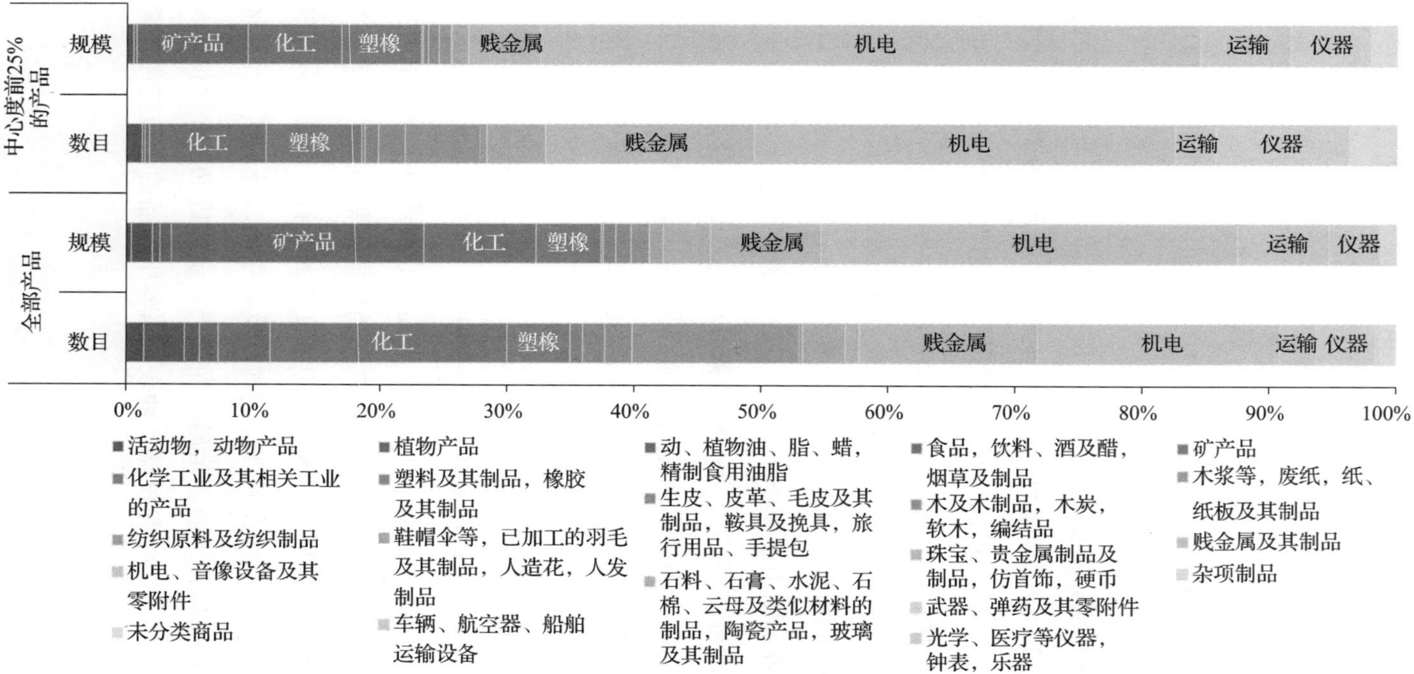

图5-2 中心度指数前25%中间产品的行业分布（2018年）

注：数目指每一行业下HS-6位产品的数目，规模则指每一行业下HS-6位产品的出口金额。条形图从左到右依次显示第1～22类HS大类行业相应占比情况。图例则从左到右，从上到下对应行业名称。图中标记名称的行业为中心度前25%的产品聚集较多的行业。

资料来源：UN Comtrade和作者整理。

二、中国在全球供应链中的脆弱性

中国供应链仍有脆弱性。一方面，仍有两成左右高中心度产品，中国出口并未享有绝对优势；另一方面，中国外贸呈现"大进大出"特点，生产的产品同时需要进口中间产品作为投入。下面进一步从两个角度讨论中国供应链的脆弱性①：（1）中国进口产品在全球由哪些经济体供应？是否集中在少数经济体？（2）中国实际从哪些经济体进口产品？是否集中在少数经济体？这两个角度依次对应出口中心度指数和进口市场集中度指数。

1. 总体情况

从 HS-6 位产品的市场集中度指数看（见图 5-3），中国在 1/4 的产品进口上呈现高度集中特征。2017 年，在进口的 3 285 种中间品②中，市场集中度指数最低仅为 0.1，最高则为 1，75%以上的产品的市场集中度指数在 0.45 以下。根据我们的测算，中国台湾、韩国、日本、美国和德国是机电、音像设备及其零附件，光学、医疗等仪器，钟表，乐器进口最重要的来源地，2017 年占比分别为 21.2%，19.9%，14.6%，7.3%和 6.9%。特别地，在 144 种高中心度产品上从单个经济体进口占比超过 50%，即存在对单个经济体过度依赖的情况。其中，日本、德国、美国和中国台湾分别为 33 种、29 种、18 种和 18 种，涉及涡轮喷气发动机（飞机发动机，美国）、非卷纸和平张纸进料式胶印机（德国）、含非稠合吡啶环的化合物（医药中间体，美国）、人用疫苗（美国）、复印和摄影用化学制剂（日本）等多种技术复杂型产品。

图 5-3 进一步基于非源于中国的产品出口中心度指数、进口市场集中度指数以及两个指标的样本 75%分位数，将中国进口中间产

---

① 基于 2017 年数据，以避免中美贸易冲突的干扰。

② 分析时不考虑中国进口为 0，而其他国家存在出口的产品。

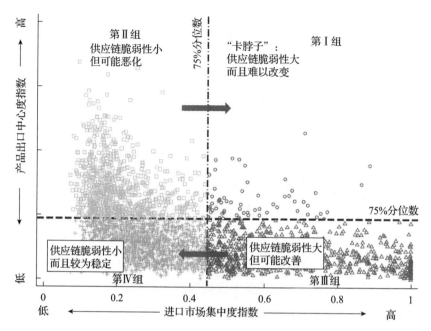

图 5-3 中国 HS-6 位产品出口中心度和进口市场集中度指数分布（2017 年）
注：水平和垂直虚线分别为相应指标的样本 75％分位数。
资料来源：UN Comtrade 和作者整理。

品分为四组。总体上看，两类指标在产品脆弱性的识别上同中有异，对近一半中间产品的脆弱性判断一致，对另一半则存在分歧，即两类指标在统计上并非完全相关。具体来看，第 I 组为出口中心度和进口集中度均高于样本 75％分位数的产品。这类产品被"卡脖子"，供应链脆弱性大，而且难以改变。2017 年，62 种产品属于该组，进口金额占 1.1％。其中，17 种来自机电、音像设备及其零附件行业，进口金额占该组的 40.8％。第 II 组为出口中心度高于样本 75％分位数，而进口集中度均低于样本 75％分位数的产品。这类产品供应链脆弱性小（进口来源分散化），但可能恶化（出口层面呈现聚集倾向）。2017 年，812 种产品属于该组，进口金额占 45.6％。第 III 组为出口中心度低于样本 75％分位数，而进口集中度高于样本 75％分位数的产品。这类产品供应链脆弱性大（进口来源呈现聚集倾向），但可能改善（出口供应仍有调整空间）。2017 年，759 种产品属于该组，进口金额占 5.1%。第Ⅳ组为出口中心度和进口集中度均低于样本 75% 分位数的产品。这类产品供应链脆弱性小，而且较为稳定（在进口和出口两个层面均不呈现聚集倾向）。2017 年，1 652 种产品属于该组，进口金额占 48.2%。

2. 行业差异

下面进一步基于中国-产品层面复合脆弱性指标，比较不同组别（图 5-3 中相应四组）和不同行业间产品的相对脆弱性。复合脆弱性指标是对某种进口产品供应链脆弱性的一种定量描述，这一指标既能反映某种进口产品在需求端、购买环节的脆弱性，又能反映这种进口产品在供给方、出售环节的脆弱性。对于前者而言，对应于进口产品来源的市场集中度；对后者而言，对应于出口国家或地区的中心度。

（1）HS-2 位行业脆弱性评估。中国-产品层面复合脆弱性指标在行业层面的分布情况（见图 5-4），分别基于中国各 HS-6 位产品进口占所有产品进口份额、从发达经济体进口的 HS-6 位产品额占从发达经济体总进口额的比重作为权重，对中国-产品（HS-6）复合脆弱性指数进行加总，并得到中国-行业（HS-2）复合脆弱性指数。中国脆弱性最高的三个行业为电机、电气、音像设备及其零附件（HS-2：85），核反应堆、锅炉、机械器具及零件（HS-2：84）和光学、照相、医疗等设备及零附件（HS-2：90）。其中，电机、电气、音像设备及其零附件行业（HS-2：85）的复合脆弱性指数是后两个行业的 3 倍以上。此外，脆弱性排名前十的行业还有矿砂、矿渣及矿灰（HS-2：26），塑料及其制品（HS-2：39），车辆及其零附件（铁道车辆除外）（HS-2：87），天然或养殖珍珠、贵金属及制品，仿首饰，硬币（HS-2：71），有机化学品（HS-2：29），矿物燃料、矿物油及其产品，沥青等（HS-2：27），油籽，子仁，工业或药用植物，饲料（HS-2：12），航空器、航天器及其零件（HS-2：88）等。

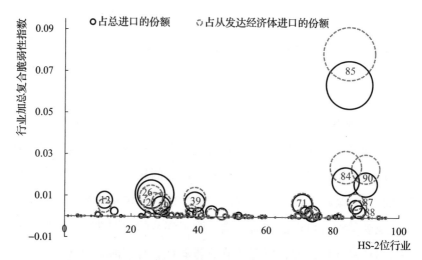

图 5－4　中国 HS-2 位行业加总复合脆弱性指数（2017 年）

注："占总进口的份额"表示采用 HS-6 位产品占总进口份额加总，"占从发达经济体进口的份额"表示采用从发达经济体进口的 HS-6 位产品占从发达经济体总进口加总。气泡大小表示相应行业的进口份额大小。各编码对应的行业名称详见本章附录。纵轴值越大，代表对应行业脆弱性越高。总体上，脆弱性越高、气泡越大，这类行业越值得关注。

资料来源：UN Comtrade 和作者整理。

复合脆弱性排名靠前的行业具有四个特征：（1）出口中心度高；（2）进口集中度高；（3）产品种类多；（4）进口份额大。以电机、电气、音像设备及其零附件行业（HS-2：85）为例：（1）该行业 68 种 HS-6 位产品位于样本脆弱性排名前 25%，其中 51 种产品的出口中心度指数位于样本前 25%，16 种产品的进口市场集中度指数位于样本前 25%；（2）该行业的进口金额较高，占中国 2017 年总进口金额的 23.8%，且其中相当比重来自发达经济体，2017 年该行业从发达经济体的进口占比为 29.7%。类似地，核反应堆、锅炉、机械器具及零件（HS-2：84），光学、照相、医疗等设备及零附件（HS-2：90），车辆及其零附件（铁道车辆除外）（HS-2：87），航空器、航天器及其零件（HS-2：88），基于从发达经济体进口份额加权的脆弱性指数均显著高于基于总进口份额加权的脆弱性指数。相反，其他行业两种加权的结果差距不大，矿物燃料、矿物油及其产品，沥青等（HS-2：27），油籽，子仁，工业或药用植物，饲料（HS-2：12）以及动、植物油、脂、蜡，精制食用油脂（HS-2：15），基于从发达经济体进口份额加权的脆弱性指数甚至较前者有所下降。特别地，矿物燃料、矿物油及其产品，沥青等（HS-2：27）2017 年占总进口的 16.5%，但仅占从发达经济体进口的 5.2%。

（2）HS-6 位产品脆弱性评估。表 5 - 1 列示了机电、音像设备及其零附件（HS-2：84～85），矿产品（HS-2：25～27），化学工业及其相关工业的产品（HS-2：28～38），车辆、航空器、船舶及运输设备（HS-2：86～89），光学、医疗等仪器，钟表，乐器（HS-2：90～92），塑料及其制品，橡胶及其制品（HS-2：39～40），贱金属及其制品（HS-2：72～83）脆弱性排名前十的产品。根据产品的出口中心度指数、进口市场集中度指数以及主要进口来源国及占比信息，这些产品总体可划分为两类：（1）对发达经济体进口依赖高（超过 50%），且出口集中度指数和进口市场集中度指数呈现出双高的产品。这些产品普遍为资本密集型或技术密集型，或与技术密集型行业挂钩的资源型产品，涉及机电、音像设备及其零附件（HS-2：84～85），化学工业及其相关工业的产品（HS-2：28～38），车辆、航空器、船舶及运输设备（HS-2：86～89），光学、医疗等仪器，钟表，乐器（HS-2：90～92）等行业。总体上看，这类产品与传统的由发达国家掌握核心技术甚至被“卡脖子”的产品较为一致，是涉及国计民生的重要产品。（2）对发展中经济体进口依赖高（超过 50%），进口市场集中度指数较高，但出口集中度指数多数明显低于第一类产品。这类产品存在两种情况：一是发达经济体企业在发展中经济体投资设厂；二是发展中经济体具有绝对禀赋和价格优势的自然资源型产品。

表 5 - 1　中国七类典型行业脆弱性排名前十的产品

HS1992编码	产品名称	h①	C②	前三大进口来源地及占比
机电、音像设备及其零附件 (52%)				
851830	耳机和组合式麦克风	0.86	75	越南 (93%)，菲律宾 (2.1%)，泰国 (1.2%)
847890	烟草加工及制作机器用的零件	0.74	68	德国 (84.6%)，意大利 (15.3%)，荷兰 (0.06%)
843290	整地或耕作机械、滚压机零件	0.67	66	日本 (81.3%)，意大利 (6.4%)，韩国 (3.3%)
850810	手持式电钻	0.55	76	马来西亚 (72.9%)，德国 (12.3%)，日本 (6.3%)
844319	胶印机	0.58	66	德国 (72.5%)，日本 (23.8%)，美国 (2.2%)
842940	自行式捣固机和压路机	0.64	57	德国 (78.7%)，瑞典 (11.8%)，印度 (3.8%)
847910	公共工程用机器、如摊铺机等	0.47	86	德国 (64.5%)，意大利 (21.3%)，美国 (6.4%)
846591	加工木材等材料的锯床	0.57	55	德国 (74.5%)，中国台湾 (12.2%)，奥地利 (5.3%)
841191	涡轮喷气发动机或涡轮螺旋桨的零件	0.45	82	美国 (65.0%)，法国 (15.1%)，英国 (6.1%)
843143	钻探机或凿井机用零件	0.44	96	美国 (65.0%)，新加坡 (7.0%)，英国 (4.7%)
矿产品 (8.8%)				
250700	高岭土和其他高岭土	0.49	48	美国 (68.4%)，日本 (10.7%)，英国 (6.8%)
253090	其他矿物物质	0.72	36	澳大利亚 (84.5%)，俄罗斯 (4.0%)，智利 (3.3%)
250810	膨润土	0.52	38	美国 (70.2%)，印度 (14.8%)，意大利 (3.4%)
270300	泥炭（包括泥炭垃圾）	0.46	40	拉脱维亚 (63.8%)，立陶宛 (21.8%)，爱沙尼亚 (6.6%)
250100	盐和纯氯化钠	0.37	49	印度 (54.7%)，澳大利亚 (22.3%)，美国 (14.4%)
271500	基于天然沥青的沥青混合物	0.69	27	马来西亚 (81.6%)，印度尼西亚 (14.8%)，新加坡 (3.1%)
271210	凡士林	0.37	41	美国 (55.9%)，德国 (21.5%)，荷兰 (9.0%)
250610	石英	0.55	26	美国 (73.6%)，日本 (6.8%)，印度 (5.9%)

续表

HS1992编码	产品名称	h①	C②	前三大进口来源地及占比
252390	其他水硬性水泥等	0.8	22	美国（89.4%）、德国（4.9%）、日本（3.1%）
252890	天然硼酸盐（钠除外）和浓缩物	0.83	21	土耳其（90.4%）、玻利维亚（8.4%）、智利（1.1%）
化学工业及其相关工业的产品（7.4%）				
370790	其他摄影用化学制剂	0.55	89	日本（72.9%）、韩国（9.8%）、美国（6.3%）
292429	环酰胺及其衍生物	0.77	53	挪威（87.6%）、意大利（5.8%）、日本（1.9%）
283321	硫酸镁	0.76	48	日本（87.0%）、捷克（7.6%）、德国（3.3%）
292520	亚胺及其衍生物	0.61	53	法国（77.4%）、巴西（6.1%）、韩国（4.7%）
283620	碳酸二钠	0.82	44	美国（90.4%）、土耳其（2.8%）、保加利亚（2.6%）
293290	具有氧杂原子的杂环化合物	0.59	50	德国（75.9%）、瑞士（6.7%）、美国（6.0%）
300239	其他兽用疫苗	0.54	52	美国（72.4%）、荷兰（10.4%）、西班牙（8.0%）
382100	微生物培养基	0.41	83	美国（62.6%）、瑞典（12.1%）、以色列（3.6%）
290543	甘露醇	0.73	41	法国（85.1%）、日本（9.3%）、德国（3.2%）
300650	药品、急救箱	0.53	47	德国（68.7%）、美国（24.3%）、英国（2.6%）
车辆、航空器、船舶及运输设备（7.1%）				
871491	非机动脚踏车车架、轮叉及其零件	0.89	89	中国台湾（94.1%）、越南（2.3%）、法国（1.7%）
870421	8704.1 中未列明的、总重量不超过 5 吨货物的压燃活塞式发动机	0.69	54	意大利（82.6%）、美国（8.4%）、德国（2.8%）
860900	货物集装箱	0.59	56	韩国（75.8%）、中国台湾（8.0%）、美国（5.6%）
870510	移动式起重机	1	44	德国（100%）
871495	自行车座垫	0.49	54	中国台湾（65.8%）、意大利（20.4%）、越南（13.3%）

续表

HS1992编码	产品名称	h①	C②	前三大进口来源地及占比
870210	10人以上柴油动力客车	0.85	39	葡萄牙（92.3%），英国（4.6%），德国（1.3%）
880320	飞机起落架及其零件	0.42	68	美国（62.4%），法国（13.7%），俄罗斯（5.3%）
871639	油轮类型除外的拖车和半拖车	0.41	67	德国（54.9%），波兰（31.8%），美国（10.3%）
870892	汽车消声器和排气管	0.37	83	德国（58.2%），日本（11.0%），南非（7.1%）
880390	气球、飞船和宇宙飞船的零件	0.39	59	德国（57.6%），美国（17.3%），新西兰（17.1%）
光学、医疗等仪器，钟表，乐器（6.3%）				
900311	塑料制眼镜架	0.47	93	意大利（67.0%），日本（9.1%），韩国（7.9%）
901190	光学显微镜的零件和配件	0.44	75	日本（63.5%），德国（17.0%），美国（6.3%）
900219	其他物镜	0.44	66	中国台湾（64.5%），越南（10.6%），日本（7.9%）
901530	水平仪	0.46	59	德国（64.3%），新加坡（20.0%），日本（6.5%）
901841	牙钻机	0.69	42	日本（82.3%），德国（8.0%），瑞士（3.8%）
900211	相机、投影仪或摄影用物镜	0.39	95	日本（59.3%），泰国（15.7%），菲律宾（9.0%）
901510	测距仪	0.49	52	德国（68.8%），日本（9.2%），美国（6.3%）
911490	其他钟表零件	0.37	78	日本（57.9%），瑞士（15.1%），马来西亚（8.2%）
910400	仪表板时钟和类似的时钟	0.54	41	德国（72.4%），荷兰（10.4%），日本（8.1%）
901420	航空或航天导航仪	0.36	70	美国（58.3%），法国（9.3%），德国（8.1%）
塑料及其制品，橡胶及其制品（6.3%）				
401511	硫化橡胶制外科用手套	0.66	79	马来西亚（79.5%），印度尼西亚（15.0%），美国（4.3%）
401390	其他用橡胶内胎	0.69	46	越南（83.0%），美国（5.3%），泰国（2.6%）
390519	醋酸乙烯酯的聚物	0.48	60	德国（68.4%），荷兰（8.3%），日本（7.2%）
400700	硫化橡胶线及绳	0.53	50	泰国（65.7%），马来西亚（30.6%），印度尼西亚（1.6%）

续表

HS1992 编码	产品名称	h①	C②	前三大进口来源地及占比
391290	纤维素及其化学衍生物	0.47	56	美国（67.0%）、德国（10.3%）、泰国（6.6%）
401220	二手橡胶充气轮胎	0.78	38	日本（88.0%）、俄罗斯（4.8%）、法国（4.6%）
400249	氯丁二烯橡胶	0.62	37	日本（75.0%）、德国（23.4%）、中国台湾（0.8%）
401210	机动客车或货运车用翻新橡胶轮胎	0.68	32	泰国（81.7%）、美国（8.0%）、法国（7.8%）
392059	非丙烯酸其他丙烯酸类聚合物	0.57	35	韩国（73.9%）、日本（11.7%）、中国台湾（6.4%）
400520	橡胶溶液	0.87	30	泰国（93.1%）、马来西亚（3.6%）、日本（1.2%）
贱金属及其制品（5.7%）				
820420	包括裸轮手柄的扳手套筒	0.71	114	中国台湾（83.9%）、德国（5.4%）、日本（3.6%）
820299	8202 中未列的锯片或工具	0.68	70	日本（81.5%）、美国（10.0%）、瑞士（3.4%）
731590	非铰接链零件	0.66	65	德国（80.6%）、意大利（5.1%）、波兰（4.1%）
820711	特定凿岩或掘土工具	0.75	52	德国（86.1%）、美国（11.0%）、印度（1.2%）
731582	其他焊接链	0.74	49	德国（85.8%）、波兰（7.7%）、奥地利（2.7%）
760720	铝箔背衬铝箔，厚度不超过 0.2mm	0.56	52	日本（73.4%）、韩国（10.2%）、美国（5.4%）
741820	铜卫生洁具及其零件	0.48	61	德国（64.9%）、法国（23.1%）、意大利（2.7%）
820160	修枝等双手操作农用剪	0.8	42	中国台湾（89.5%）、法国（4.5%）、德国（2.2%）
732429	其他钢铁制浴缸	0.87	40	德国（93.3%）、西班牙（4.7%）、葡萄牙（0.9%）
760719	无衬背铝箔	0.49	52	韩国（63.4%）、日本（29.0%）、中国台湾（3.1%）

①h 是某个产品的进口市场集中度指数。
②C 是某个产品的全球进口中心度指数。
注：大类行业名称右侧数字为以规模计算相应行业高脆弱性产品占比，七类行业的选取也依据该指标。
资料来源：UN Comtrade 和作者整理。

三、结论及政策启示

从全球贸易网络看，中国在八成以上高中心度产品出口上具有绝对优势，供应链安全性存在一定保障。然而，中国供应链仍有脆弱性。一方面，仍有两成左右高中心度产品，中国出口并不具有绝对优势；另一方面，中国外贸呈现"大进大出"特点，生产产品的同时需要进口中间产品作为投入。根据中国-产品层面复合脆弱性指标，电机、电气、音像设备及其零附件（HS-2：85），核反应堆、锅炉、机械器具及零件（HS-2：84）以及光学、照相、医疗等设备及零附件（HS-2：90）是中国供应链脆弱性最高的三个行业。特别地，电机、电气、音像设备及其零附件行业（HS-2：85）的复合脆弱性指数是后两个行业的3倍以上，是中国供应链安全性值得高度关注的行业。

我们基于出口中心度和进口集中度指标构建的产业链安全体系，可以识别出中国产业链中较为脆弱的产品，且具有明确的政策含义。以下以2017年中国进口的3 285种中间品为研究对象的四组产品分类进行分析。

第Ⅰ组：62种中间品出口中心度和进口集中度双高，这类中间品面临中美贸易冲突和新冠肺炎疫情等外部冲击时脆弱性最高，进行供应链备份的难度也最大。对于这类中间品应重点关注和评估，特别是涉及国家安全和国家发展战略的，应考虑制定国家和产业层面的产业链安全规划，保障供应链安全。

第Ⅱ组：812种中间品的进口集中度较低，从现实来看，这类产品的供应链脆弱性较小。但是，这些产品的全球出口中心度较高，因此未来存在恶化的可能性，需要关注其潜在风险，区分低进口集中度背后的情况。如果仅是一个小的产品门类且对上下游辐射影响小，则可以保持现状；如果涉及的是关键产品和技术，虽然目前可能因为进口规模较小而容易降低进口集中度，但在中长期假如这类产品进口规模明显上升，则其市场集中度也将不可避免地上升。在这种情况下，这类产品可能会转变为第一类脆弱度最高的中间产品。

对于这类产品,仍需着眼于长期视角,加强产业链安全规划。

第Ⅲ组:759 种中间品在进口集中度上呈现聚集倾向,而在出口中心度上仍有分散空间。对于这类产品,还存在较大空间降低其市场集中度,因此对应的产业链安全性较高。基于此,可以考虑进一步分散进口来源,培育需求引致的更多延伸性价值链。特别地,中国约 39.8% 的高脆弱性产品进口市场集中度指数在 0.45 以上,但出口中心度指数低于样本 75% 分位数,其中不乏电机、电气、音像及其零附件(HS-2:85)、核反应堆、锅炉、机械器具及零件(HS-2:84)和光学、照相、医疗等设备及零附件(HS-2:90)产品。中国在这些产品上存在一定的产业链多元化空间。

第Ⅳ组:有 1 652 种中间品,出口中心度和进口集中度均较低。这类产品的供应链脆弱性较小,而且地位较为稳定。这类产品超过全部中间品进口种类的 50% 以及进口金额的 48.2%,是中国进口供应链的稳定因素。

对于这四类中间品的产业链脆弱性问题,应当根据其在出口中心度和进口集中度上的不同特征加以区分。具体而言,第Ⅰ和第Ⅱ组产品,在出口层面有较高的聚集倾向,优先考虑通过供给侧补短板的方式来应对产业链脆弱性问题,包括在坚持市场机制和企业主体作用下,强化国家战略引领,加大对基础研究的支持力度,不断完善知识产权保护制度,推动关键核心技术攻关等。第Ⅲ组产品在进口层面呈现聚集倾向,但外部有调整改善的空间,可通过需求端进口战略和国际协调合作等方式应对其产业链脆弱性问题,包括不断扩大开放,大力培育各类进口渠道和平台,鼓励企业引进、消化、吸收、再创新,通过国际合作的多元化提高产业链韧性。同时,这类方法也适用于第Ⅰ和第Ⅱ组中进口集中度偏高而出口中心度仍有改善空间的产品。第Ⅳ组中大多数产品供应链脆弱性较小,仅需重点关注两类指标靠近临界水平的产品。

附录： HS-2位行业全称

第一类 活动物，动物产品

1 活动物

2 肉及食用杂碎

3 鱼甲壳动物软体动物及其他水生无脊椎动物

4 乳，蛋，蜂蜜，其他食用动物产品

5 其他动物产品

第二类 植物产品

6 活植物，茎、根，插花、簇叶

7 食用蔬菜、根及块茎

8 食用水果及坚果，甜瓜等水果的果皮

9 咖啡、茶、马黛茶及调味香料

10 谷物

11 制粉工业产品，麦芽，淀粉等，面筋

12 油籽，子仁，工业或药用植物，饲料

13 虫胶，树胶、树脂及其他植物液、汁

14 编结用植物材料，其他植物产品

第三类 动、植物油、脂、蜡，精制食用油脂

15 动、植物油、脂、蜡，精制食用油脂

第四类 食品，饮料、酒及醋，烟草及制品

16 肉、鱼及其他水生无脊椎动物的制品

17 糖及糖食

18 可可及可可制品

19 谷物粉、淀粉等或乳的制品，糕饼

20 蔬菜、水果等或植物其他部分的制品

21 杂项食品

22 饮料、酒及醋

23 食品工业的残渣及废料，配制的饲料

24 烟草、烟草及烟草代用品的制品

第五类 矿产品

25 盐，硫磺，土及石料，石灰及水泥等

26 矿砂、矿渣及矿灰

27 矿物燃料、矿物油及其产品，沥青等

第六类 化学工业及其相关工业的产品

28 无机化学品，贵金属等的化合物

29 有机化学品

30 药品

31 肥料

32 鞣料，着色料，涂料，油灰，墨水等

33 精油及香膏，芳香料制品及化妆盥洗品

34 洗涤剂、润滑剂、人造蜡、塑型膏等

35 蛋白类物质，改性淀粉，胶，酶

36 炸药，烟火制品，火柴，引火合金，易燃材料制品

37 照相及电影用品

38 杂项化学产品

第七类 塑料及其制品，橡胶及其制品

39 塑料及其制品

40 橡胶及其制品

第八类 生皮、皮革、毛皮及其制品，鞍具及挽具，旅行用品、手提包

41 生皮（毛皮除外）及皮革

42 皮革制品，旅行箱包，动物肠线制品

43 毛皮、人造毛皮及其制品

第九类 木及制品，木炭，软木，编结品

44 木及木制品，木炭

45 软木及软木制品

46 稻草、秸秆、针茅或其他编结材料制品，篮筐及柳条编结品

第十类 木浆等，废纸，纸、纸板及其制品

47 木浆及其他纤维状纤维素浆，纸及纸板的废碎品

48 纸及纸板，纸浆、纸或纸板制品

49 书籍、报纸、印刷图画及其他印刷品，手稿、打字稿及设计图纸

第十一类 纺织原料及纺织制品

50 蚕丝

51 羊毛、动物细毛或粗毛，马毛纱线及其机织物

52 棉花

53 其他植物纺织纤维，纸纱线及其机织物

54 化学纤维长丝

55 化学纤维短纤

56 絮胎、毡呢及无纺织物，线绳索缆及其制品

57 地毯及纺织材料的其他铺地制品

58 特种机织物，簇绒织物，花边，装饰毯，装饰带，刺绣品

59 浸渍、涂布、包覆或层压的纺织物，工业用纺织制品

60 针织物及钩编织物

61 针织或钩编的服装及衣着附件

62 非针织或非钩编的服装及衣着附件

63 其他纺织制成品，成套物品，旧衣着及旧纺织品，碎织物

第十二类 鞋帽伞等，已加工的羽毛及其制品，人造花，人发制品

64 鞋靴、护腿和类似品及其零件

65 帽类及其零件

66 雨伞、阳伞、手杖、坐登式手杖、鞭子及其零件

67 已加工羽毛、羽绒及其制品，人造花，人发制品

第十三类 石料、石膏、水泥、石棉、云母及类似材料的制品，陶瓷产品，玻璃及其制品

68 石料、石膏、水泥、石棉、云母及类似材料的制品

69　陶瓷产品

70　玻璃及其制品

第十四类　珠宝、贵金属及制品，仿首饰，硬币

71　天然或养殖珍珠、贵金属及制品，仿首饰，硬币

第十五类　贱金属及其制品

72　钢铁

73　钢铁制品

74　铜及其制品

75　镍及其制品

76　铝及其制品

78　铅及其制品

79　锌及其制品

80　锡及其制品

81　其他贱金属、金属陶瓷及其制品

82　贱金属工具、器具、利口器、餐匙、餐叉及其零件

83　贱金属杂项制品

第十六类　机电、音像设备及其零附件

84　核反应堆、锅炉、机械器具及零件

85　电机、电气、音像设备及其零附件

第十七类　车辆、航空器、船舶及运输设备

86　铁道车辆，轨道装置，信号设备

87　车辆及其零附件，但铁道车辆除外

88　航空器、航天器及其零件

89　船舶及浮动结构体

第十八类　光学、医疗等仪器，钟表，乐器

90　光学、照相、医疗等设备及零附件

91　钟表及其零件

92　乐器及其零附件

第6章

十个主要发达经济体的产业链脆弱性评估

一、美国的产业链脆弱性

（一）总体情况：HS-2位行业脆弱性评估

分别基于美国各HS-6位产品进口占所有产品进口份额、从发达经济体进口的HS-6位产品额占从发达经济体总进口额的比重作为权重，对美国-产品（HS-6）复合脆弱性指数进行加总，得到美国-行业（HS-2）复合脆弱性指数（见图6-1）。美国脆弱性最高的三个行业为电机、电气、音像设备及其零附件（HS-2：85），核反应堆、锅炉、机械器具及零件（HS-2：84）和车辆及其零附件（铁道车辆除外）（HS-2：87）。其中，电机、电气、音像设备及其零附件行业（HS-2：85）的复合脆弱性指数分别是后两个行业的1.1和4.0倍。此外，脆弱性排名前十的行业还有玩具、游戏或运动用品及其零附件（HS-2：95），家具，寝具等，灯具，活动房（HS-2：94），矿物燃料、矿物油及其产品，沥青等（HS-2：27），光学、照相、医疗等设备及零附件（HS-2：90），有机化学品（HS-2：29），塑料及其制品（HS-2：39），药品（HS-2：30）等。

复合脆弱性排名靠前的行业具有四个特征：一是出口中心度高；二是进口集中度高；三是产品种类多；四是进口份额大。以电机、电气、音像设备及其零附件行业（HS-2：85）为例：（1）该行业110种

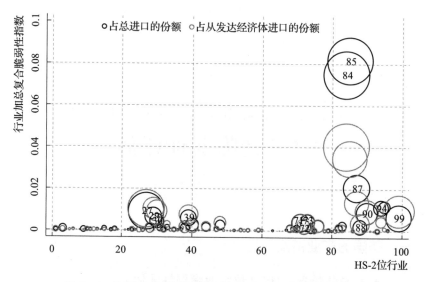

图 6 - 1   美国 HS-2 位行业加总复合脆弱性指数（2017 年）

注："总进口份额"表示采用 HS-6 位产品占总进口份额加总，"从发达经济体进口份额"表示采用从发达经济体进口的 HS-6 位产品占从发达经济体总进口加总。气泡大小表示相应行业的进口份额大小。各编码对应的行业名称详见第 5 章附录。纵轴值越大，代表对应行业脆弱性越高。总体上，脆弱性越高、气泡越大，这类行业越值得关注。

资料来源：UN Comtrade、中国海关总署和作者整理。

HS-6 位产品位于样本脆弱性排名前 25%，166 种产品的出口中心度指数位于样本前 25%（出口层面高度集聚），28 种产品的进口市场集中度指数位于样本前 25%；（2）该行业的进口金额较高，占美国 2017 年总进口的 19.2%，占自发达经济体总进口的 10.9%。与中国情况相反，美国从发达经济体进口份额加权的脆弱性指数多数低于基于总进口份额加权的脆弱性指数。这反映了以中国、东南亚国家以及墨西哥为代表的发展中经济体对美国中间品供应链的重要性。核反应堆、锅炉、机械器具及零件（HS-2：84），玩具、游戏或运动用品及其零附件（HS-2：95）以及车辆及其零附件（铁道车辆除外）（HS-2：87）行业也呈现出类似特征。值得注意的是，对发展中经济体的供应链依赖往往主要来自资源禀赋优势而非技术优势。

（二）细分情况：HS-6 位产品脆弱性评估

基于非源于美国的产品出口中心度指数、进口市场集中度指数以及两个指标的样本75%分位数，将美国进口中间产品分为四组（见图6-2）。第Ⅰ组为出口中心度和进口集中度均高于样本75%分位数的产品。这类产品被"卡脖子"，供应链脆弱性大，而且难以改变。2017年，美国进口的110种产品属于该组，进口金额占13.7%。其中，32种来自机电、音像设备及其零附件行业（HS-2：84～85），进口金额占该组的72.3%。第Ⅱ组为出口中心度高于样本75%分位数，而进口集中度均低于样本75%分位数的产品。这类产品供应链脆弱性小（进口来源有所分散），但可能恶化（出口层面呈现聚集倾向）。2017年，美国进口的872种产品属于该组，进口金额占52.0%。第Ⅲ组为出口中心度低于样本75%分位数，而进口集中度均高于样本75%分位数的产品。这类产品供应链脆弱性大（进口来源呈现聚集倾向），但可能改善（出口供应仍有调整空间）。2017年，美国进口的872种产品属于该组，进口金额占6.7%。第Ⅳ组为出口中心度和进口

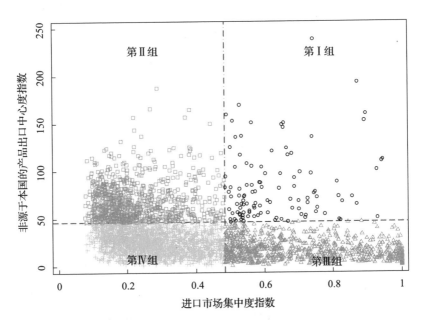

图6-2 美国HS-6位产品出口中心度和进口市场集中度指数分布（2017年）

注：水平和垂直虚线分别为相应指标的样本75%分位数。

资料来源：UN Comtrade、中国海关总署和作者整理。

集中度均低于样本 75％分位数的产品。这类产品供应链脆弱性小，而且较为稳定（在进口和出口两个层面均不呈现聚集倾向）。2017 年，美国进口的 2 073 种产品属于该组，进口金额占 27.6％。

二、德国的产业链脆弱性

（一）总体情况：HS-2 位行业脆弱性评估

德国-产品层面复合脆弱性指标在行业层面的分布情况如图 6－3 所示。分别基于德国各 HS-6 位产品进口占所有产品进口份额、从发达经济体进口的 HS-6 位产品额占从发达经济体总进口额的比重作为权重，对德国-产品（HS-6）复合脆弱性指数进行加总，得到德国-行业（HS-2）复合脆弱性指数。德国脆弱性最高的三个行业为核反应堆、锅炉、机械器具及零件（HS-2：84），电机、电气、音像设备及其零附件（HS-2：85）和矿物燃料、矿物油及其产品，沥青等（HS-2：27）。其中，核反应堆、锅炉、机械器具及零件行业（HS-2：84）的复合脆弱性指数分别是后两个行业的 1.2 和 2.9 倍。此外，脆弱性排名前十的行业还有有机化学品（HS-2：29），车辆及其零附件（铁道车辆除外）（HS-2：87），光学、照相、医疗等设备及零附件（HS-2：90），药品（HS-2：30），塑料及其制品（HS-2：39），航空器、航天器及其零件（HS-2：88），家具，寝具等，灯具，活动房（HS-2：94）。

复合脆弱性排名靠前的行业具有四具特征：一是出口中心度高；二是进口集中度高；三是产品种类多；四是进口份额大。以核反应堆、锅炉、机械器具及零件行业（HS-2：84）为例：（1）该行业 147 种 HS-6 位产品位于样本脆弱性排名前 25％，186 种产品的出口中心度指数位于样本前 25％（出口层面高度聚集），90 种产品的进口市场集中度指数位于样本前 25％；（2）该行业的进口金额较高，占德国 2017 年总进口的 15.9％，占自发达经济体进口的 15.4％。与中国情况不同，德国电机、电气、音像设备及其零附件（HS-2：85），核反应堆、锅炉、机械器具及零件（HS-2：84）等行业从发达经济体进口份额加权的脆弱性指数均低于基于总进口份额加权的脆弱性指数。这反映了以中国为首的发展中经济体对德国中间品供应链的重要性。相反，有机化学品行业（HS-2：29）基于从发达经济体进口份额加权的脆弱性指数更高，反映了德国该行业对以意大利和荷兰为代表的发达经济体依赖更大。

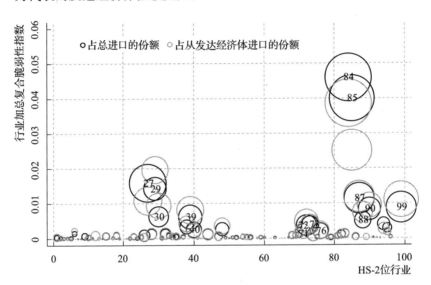

图 6-3 德国 HS-2 位行业加总复合脆弱性指数（2017 年）

注："占总进口份额"表示采用 HS-6 位产品占总进口份额加总，"占从发达经济体进口份额"表示采用从发达经济体进口的 HS-6 位产品占从发达经济体总进口加总。气泡大小表示相应行业的进口份额大小。各编码对应的行业名称详见第 5 章附录。纵轴值越大，代表对应行业脆弱性越高。总体上，脆弱性越高、气泡越大，这类行业越值得关注。

资料来源：UN Comtrade、中国海关总署和作者整理。

（二）细分情况：HS-6 位产品脆弱性评估

如图 6-4 所示，基于非源于德国的产品出口中心度指数、进口市场集中度指数以及两个指标的样本 75% 分位数，将德国进口中间产品分为四组。第 I 组为出口中心度和进口集中度均高于样本 75% 分位数的产品。这类产品被"卡脖子"，供应链脆弱性大，而且难以改变。2017 年，德国进口的 76 种产品属于该组，进口金额占

5.5%。其中，22 种来自电机、电气、音像设备及其零附件行业
（HS-2：85），进口金额占该组的 63.4%。第 II 组为出口中心度高于样
本 75% 分位数，而进口集中度均低于样本 75% 分位数的产品。这类产
品供应链脆弱性小（进口来源有所分散），但可能恶化（出口层面呈现
聚集倾向）。2017 年，德国进口的 906 种产品属于该组，进口金额占
58.2%。第 III 组为出口中心度低于样本 75% 分位数，而进口集中度高
于样本 75% 分位数的产品。这类产品供应链脆弱性大（进口来源呈现
聚集倾向），但可能改善（出口供应仍有调整空间）。2017 年，德国进
口的 906 种产品属于该组，进口金额占 8.8%。第 IV 组为出口中心度和
进口集中度均低于样本 75% 分位数的产品。这类产品供应链脆弱性
小，而且较为稳定（在进口和出口两个层面均不呈现聚集倾向）。2017
年，德国进口的 2 040 种产品属于该组，进口金额占 27.5%。

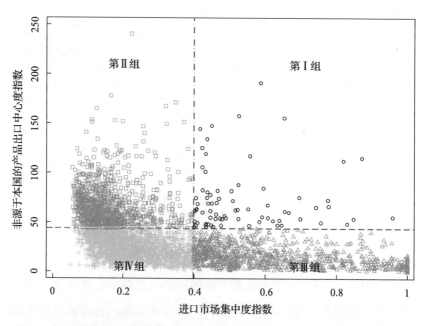

图 6 - 4 德国 HS-6 位产品出口中心度和进口市场集中度指数分布（2017 年）
注：水平和垂直虚线分别为相应指标的样本 75% 分位数。
资料来源：UN Comtrade、中国海关总署和作者整理。

三、英国的产业链脆弱性

(一) 总体情况：HS-2 位行业脆弱性评估

英国-产品层面复合脆弱性指标在行业层面的分布情况如图 6-5 所示。分别基于英国各 HS-6 位产品进口占所有产品进口份额、从发达经济体进口的 HS-6 位产品额占从发达经济体总进口额的比重作为权重，对英国-产品（HS-6）复合脆弱性指数进行加总，得到英国-行业（HS-2）复合脆弱性指数。英国脆弱性最高的三个行业为核反应堆、锅炉、机械器具及零件（HS-2：84），电机、电气、音像设备及其零附件（HS-2：85）和矿物燃料、矿物油及其产品，沥青等（HS-2：27）。其中，核反应堆、锅炉、机械器具及零件行业（HS-2：84）的复合脆弱性指数分别是后两个行业的 1.7 和 3.0 倍。此外，脆弱性排名前十的行业还有车辆及其零附件（铁道车辆

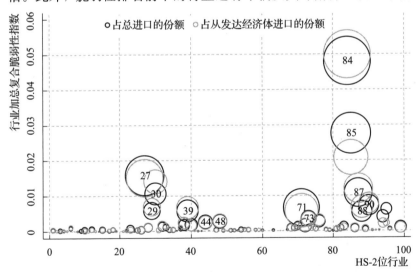

图 6-5　英国 HS-2 位行业加总复合脆弱性指数（2017 年）

注："占总进口份额"表示采用 HS-6 位产品占总进口份额加总，"占从发达经济体进口份额"表示采用从发达经济体进口的 HS-6 位产品占从发达经济体总进口加总。气泡大小表示相应行业的进口额大小。各编码对应的行业名称详见第 5 章附录。纵轴值越大，代表对应行业脆弱性越高。总体上，脆弱性越高、气泡越大，这类行业越值得关注。

资料来源：UN Comtrade、中国海关总署和作者整理。

除外）（HS-2：87），药品（HS-2：30），光学、照相、医疗等设备及零附件（HS-2：90），天然或养殖珍珠、贵金属及制品，仿首饰，硬币（HS-2：71），玩具、游戏或运动用品及其零附件（HS-2：95），有机化学品（HS-2：29），塑料及其制品（HS-2：39）。

复合脆弱性排名靠前的行业具有四个特征：一是出口中心度高；二是进口集中度高；三是产品种类多；四是进口份额大。以核反应堆、锅炉、机械器具及零件行业（HS-2：84）为例：（1）该行业130 种 HS-6 位产品位于样本脆弱性排名前 25％，195 种产品的出口中心度指数位于样本前 25％（出口层面高度聚集），67 种产品的进口市场集中度指数位于样本前 25％；（2）该行业的进口金额较高，占英国 2017 年总进口的 17.6％，占自发达经济体进口的 18.9％。除电机、电气、音像设备及其零附件（HS-2：85）外，英国多数行业从发达经济体进口份额加权的脆弱性指数与基于总进口份额加权的脆弱性指数相当，这反映了发展中经济体和发达经济体对英国中间品供应链同等重要。基于总进口份额与基于从发达经济体进口份额加权的脆弱性指数的差异，反映了在药品行业（HS-2：30）英国对以德国和美国为代表的发达经济体依赖更大，而在电机、电气、音像设备及其零附件（HS-2：85），玩具、游戏或运动用品及其零附件行业（HS-2：95）对以中国为代表的发展中经济体依赖更大。

（二）细分情况：HS-6 位产品脆弱性评估

如图 6-6 所示，基于非源于英国的产品出口中心度指数、进口市场集中度指数以及两个指标的样本 75％分位数，将英国进口中间产品分为四组。第 I 组为出口中心度和进口集中度均高于样本 75％分位数的产品。这类产品被"卡脖子"，供应链脆弱性大，而且难以改变。2017 年，英国进口的 38 种产品属于该组，进口金额占 0.8％。其中，8 种来自电机、电气、音像设备及其零附件行业（HS-2：85），进口金额占该组的 8.0％。第II组为出口中心度高于样本 75％分位数，而进口集中度低于样本 75％分位数的产品。这类产品供应链脆弱性小

（进口来源有所分散），但可能恶化（出口层面呈现聚集倾向）。2017年，英国进口的944种产品属于该组，进口金额占53.7%。第Ⅲ组为出口中心度低于样本75%分位数，而进口集中度高于样本75%分位数的产品。这类产品供应链脆弱性大（进口来源呈现聚集倾向），但可能改善（出口供应仍有调整空间）。2017年，英国进口的944种产品属于该组，进口金额占10.2%。第Ⅳ组为出口中心度和进口集中度均低于样本75%分位数的产品。这类产品供应链脆弱性小，而且较为稳定（在进口和出口两个层面均不呈现聚集倾向）。2017年，英国进口的2 002种产品属于该组，进口金额占35.2%。

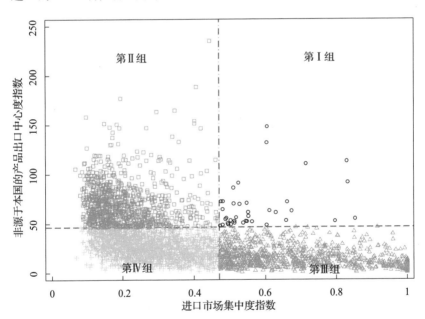

图 6-6　英国 HS-6 位产品出口中心度和进口市场集中度指数分布（2017 年）
注：水平和垂直虚线分别为相应指标的样本75%分位数。
资料来源：UN Comtrade、中国海关总署和作者整理。

四、法国的产业链脆弱性

（一）总体情况：HS-2 位行业脆弱性评估

法国-产品层面复合脆弱性指标在行业层面的分布情况如图 6-7

所示。分别基于法国各 HS-6 位产品进口占所有产品进口份额、从
发达经济体进口的 HS-6 位产品额占从发达经济体总进口额的比重
作为权重，对法国-产品（HS-6）复合脆弱性指数进行加总，得到
法国-行业（HS-2）复合脆弱性指数。法国脆弱性最高的三个行业为
核反应堆、锅炉、机械器具及零件（HS-2：84），电机、电气、音像设
备及其零附件（HS-2：85）和航空器、航天器及其零件（HS-2：88）。
其中，核反应堆、锅炉、机械器具及零件行业（HS-2：84）的复合
脆弱性指数分别是后两个行业的 1.6 和 2.8 倍。此外，脆弱性排名前
十的行业还有车辆及其零附件（铁道车辆除外）（HS-2：87），矿物燃
料、矿物油及其产品，沥青等（HS-2：27），有机化学品（HS-2：29），
塑料及其制品（HS-2：39），光学、照相、医疗等设备及其零附件
（HS-2：90），玩具、游戏或运动用品及其零附件（HS-2：95），药品
（HS-2：30）等。

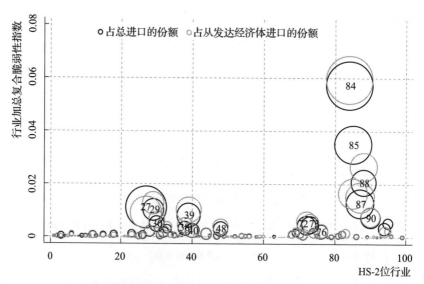

图 6-7　法国 HS-2 位行业加总复合脆弱性指数（2017 年）

注："占总进口份额"表示采用 HS-6 位产品占总进口份额加总，"占从发达经济体进口份额"表示采用从发达经济体进口的 HS-6 位产品占从发达经济体总进口加总。气泡大小表示相应行业的进口份额大小。各编码对应的行业名称详见第 5 章附录。纵轴值越大，代表对应行业脆弱性越高。总体上，脆弱性越高、气泡越大，这类行业越值得关注。

资料来源：UN Comtrade、中国海关总署和作者整理。

复合脆弱性排名靠前的行业具有四个特征：一是出口中心度高；二是进口集中度高；三是产品种类多；四是进口份额大。以核反应堆、锅炉、机械器具及零件行业（HS-2：84）为例：（1）该行业176种HS-6位产品位于样本脆弱性排名前25%，197种产品的出口中心度指数位于样本前25%（出口层面高度聚集），98种产品的进口市场集中度指数位于样本前25%；（2）该行业的进口金额较高，占法国2017年总进口的18.5%，占自发达经济体进口的20.3%。根据基于总进口份额和从发达经济体进口份额加权的脆弱性指数看，法国与英国类似，在电机、电气、音像设备及其零附件（HS-2：85）和玩具、游戏或运动用品及其零附件行业（HS-2：95）对以中国为代表的发展中经济体依赖更大，而在航空器、航天器及其零件行业（HS-2：88）对以德国、意大利和比利时为代表的发达经济体依赖更大。

（二）细分情况：HS-6位产品脆弱性评估

如图6-8所示，基于非源于法国的产品出口中心度指数、进口市场集中度指数以及两个指标的样本75%分位数，将法国进口中间产品分为四组。第Ⅰ组为出口中心度和进口集中度均高于样本75%分位数的产品。这类产品被"卡脖子"，供应链脆弱性大，而且难以改变。2017年，法国进口的51种产品属于该组，进口金额占6.1%。其中，17种来自电机、电气、音像设备及其零附件行业（HS-2：85），进口金额占该组的74.3%。第Ⅱ组为出口中心度高于样本75%分位数，而进口集中度低于样本75%分位数的产品。这类产品供应链脆弱性小（进口来源有所分散），但可能恶化（出口层面呈现聚集倾向）。2017年，法国进口的944种产品属于该组，进口金额占52.6%。第Ⅲ组为出口中心度低于样本75%分位数，而进口集中度高于样本75%分位数的产品。这类产品供应链脆弱性大（进口来源呈现聚集倾向），但可能改善（出口供应仍有调整空间）。2017年，法国进口的944种产品属于该组，进口金额占12.8%。第Ⅳ组为出口中心度和进口集中度均低于样本75%分位数的产品。这类产品供应链脆弱性小，而且较为稳定（在进口和出口两个层面均不呈现聚集倾向）。2017年，法国进口的2 040种产品属于该组，进口金额占28.5%。

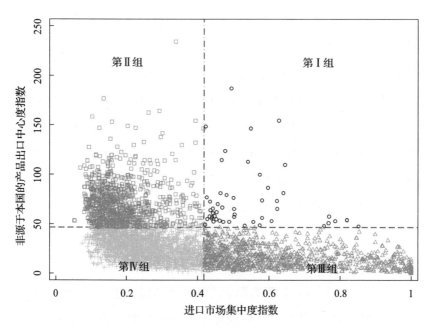

图6-8　法国HS-6位产品出口中心度和进口市场集中度指数分布（2017年）
注：水平和垂直虚线分别为相应指标的样本75%分位数。
资料来源：UN Comtrade、中国海关总署和作者整理。

五、荷兰的产业链脆弱性

（一）总体情况：HS-2位行业脆弱性评估

　　荷兰–产品层面复合脆弱性指标在行业层面的分布情况如图6–9所示。分别基于荷兰各HS-6位产品进口占所有产品进口份额、从发达经济体进口的HS-6位产品额占从发达经济体总进口额的比重作为权重，对荷兰–产品（HS-6）复合脆弱性指数进行加总，得到荷兰–行业（HS-2）复合脆弱性指数。荷兰脆弱性最高的三个行业为电机、电气、音像设备及其零附件（HS-2：85），核反应堆、锅炉、机械器具及零件（HS-2：84）和光学、照相、医疗等设备及零附件（HS-2：90）。其中，电机、电气、音像设备及其零附件行业（HS-2：85）的复合脆弱性指数分别是后两个行业的 1.1 和 2.8 倍。此外，脆弱性排名前十的行业还有矿物燃料、矿物油及其产品，沥青等（HS-2：27），车辆及其零附件（铁道车辆除外）（HS-2：87），有机化学品（HS-2：29），塑料及其制品（HS-2：39），钢铁（HS-2：72），药品（HS-2：30），钢铁制品（HS-2：73）等。

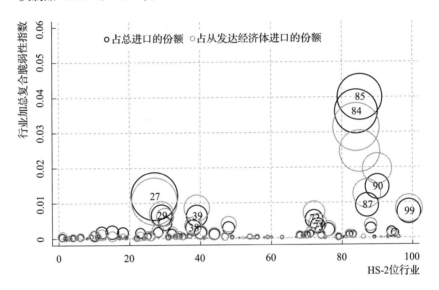

图 6-9　荷兰 HS-2 位行业加总复合脆弱性指数（2017 年）

注："占总进口份额"表示采用 HS-6 位产品占总进口份额加总，"占从发达经济体进口份额"表示采用从发达经济体进口的 HS-6 位产品占从发达经济体进口加总。气泡大小表示相应行业的进口份额大小。各编码对应的行业名称详见第 5 章附录。纵轴值越大，代表对应行业脆弱性越高。总体上，脆弱性越高、气泡越大，这类行业越值得关注。

资料来源：UN Comtrade、中国海关总署和作者整理。

复合脆弱性排名靠前的行业具有四个特征：一是出口中心度高；二是进口集中度高；三是产品种类多；四是进口份额大。以电机、电气、音像设备及其零附件行业（HS-2：85）为例：（1）该行业 79 种 HS-6 位产品位于样本脆弱性排名前 25％，165 种产品的出口中心度指数位于样本前 25％（出口层面高度聚集），13 种产品的进口市场集中度指数位于样本前 25％；（2）该行业的进口金额较高，占荷兰 2017 年总进口的 16.0%，占自发达经济体进口的 11.4%。与英、法不同，荷兰在核反应堆、锅炉、机械器具及零件（HS-2：84），电机、电气、音像设备及其零附件行业（HS-2：85）对以中国为首的发展中经济体依赖更大，而在光学、照相、医疗等设备及零附件（HS-2：90），车辆及其零附件（铁道车辆除外）（HS-2：87）行业，对以德国和比利时为代表的发达经济体依赖更大。

（二）细分情况：HS-6 位产品脆弱性评估

基于非源于荷兰的产品出口中心度指数、进口市场集中度指数以及两个指标的样本 75% 分位数，将荷兰进口中间产品分为四组（见图 6-10）。第 I 组为出口中心度和进口集中度均高于样本 75% 分位数的产品。这类产品被"卡脖子"，供应链脆弱性大，而且难以改变。2017 年，荷兰进口的 32 种产品属于该组，进口金额占 2.6%。其中，11 种来自电机、电气、音像设备及其零附件行业（HS-2：85），

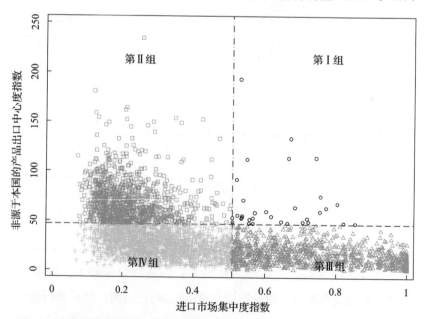

图 6-10　荷兰 HS-6 位产品出口中心度和进口市场集中度指数分布（2017 年）
注：水平和垂直虚线分别为相应指标的样本 75% 分位数。
资料来源：UN Comtrade、中国海关总署和作者整理。

进口金额占该组的 81.6%。第Ⅱ组为出口中心度高于样本 75% 分位数，而进口集中度低于样本 75% 分位数的产品。这类产品供应链脆弱性小（进口来源有所分散），但可能恶化（出口层面呈现聚集倾向）。2017 年，荷兰进口的 947 种产品属于该组，进口金额占 55.5%。第Ⅲ组为出口中心度低于样本 75% 分位数，而进口集中度高于样本 75% 分位数的产品。这类产品供应链脆弱性大（进口来源呈现聚集倾向），但可能改善（出口供应仍有调整空间）。2017 年，荷兰进口的 947 种产品属于该组，进口金额占 5.8%。第Ⅳ组为出口中心度和进口集中度均低于样本 75% 分位数的产品。这类产品供应链脆弱性小，而且较为稳定（在进口和出口两个层面均不呈现聚集倾向）。2017 年，荷兰进口的 1 991 种产品属于该组，进口金额占 36.1%。

六、意大利的产业链脆弱性

（一）总体情况：HS-2 位行业脆弱性评估

意大利-产品层面复合脆弱性指标在行业层面的分布情况如图 6 - 11 所示。分别基于意大利各 HS-6 位产品进口占所有产品进口份额、从发达经济体进口的 HS-6 位产品额占从发达经济体总进口额的比重作为权重，对意大利-产品（HS-6）复合脆弱性指数进行加总，得到意大利-行业（HS-2）复合脆弱性指数。意大利脆弱性最高的三个行业为核反应堆、锅炉、机械器具及零件（HS-2：84），电机、电气、音像设备及其零附件（HS-2：85）和矿物燃料、矿物油及其产品，沥青等（HS-2：27）。其中，核反应堆、锅炉、机械器具及零件行业（HS-2：84）的复合脆弱性指数分别是后两个行业的 1.3 和 2.7 倍。此外，脆弱性排名前十的行业还有有机化学品（HS-2：29），车辆及其零附件（铁道车辆除外）（HS-2：87），光学、照相、医疗等设备及零附件（HS-2：90），塑料及其制品（HS-2：39），药品（HS-2：30），钢铁（HS-2：72），杂项化学产品（HS-2：38）等。

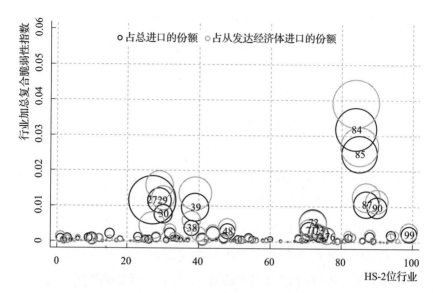

图 6 - 11　意大利 HS-2 位行业加总复合脆弱性指数 (2017 年)

注："占总进口份额"表示采用 HS-6 位产品占总进口份额加总，"占从发达经济体进口份额"表示采用从发达经济体进口的 HS-6 位产品占从发达经济体总进口加总。气泡大小表示相应行业的进口份额大小。各编码对应的行业名称详见第 5 章附录。纵轴值越大，代表对应行业脆弱性越高。总体上，脆弱性越高、气泡越大，这类行业越值得关注。

资料来源：UN Comtrade、中国海关总署和作者整理。

复合脆弱性排名靠前的行业具有四个特征：一是出口中心度高；二是进口集中度高；三是产品种类多；四是进口份额大。以核反应堆、锅炉、机械器具及零件行业（HS-2：84）为例：（1）该行业 172 种 HS-6 位产品位于样本脆弱性排名前 25%，194 种产品的出口中心度指数位于样本前 25%（出口层面高度聚集），108 种产品的进口市场集中度指数位于样本前 25%；（2）该行业的进口金额较高，占意大利 2017 年总进口的 13.0%，占自发达经济体进口的 16.1%。与中国类似，意大利在核反应堆、锅炉、机械器具及零件（HS-2：84），药品（HS-2：30）以及塑料及其制品行业（HS-2：39）对以德国和法国为代表的发达经济体依赖更大，而在矿物燃料、矿物油及其产品，沥青等行业（HS-2：27）对发展中经济体（主要来自资源禀赋优势）依赖更大。

（二）细分情况：HS-6 位产品脆弱性评估

基于非源于意大利的产品出口中心度指数、进口市场集中度指数以及两个指标的样本 75％分位数，将意大利进口中间产品分为四组（见图 6－12）。第 Ⅰ 组为出口中心度和进口集中度均高于样本 75％分位数的产品。这类产品被"卡脖子"，供应链脆弱性大，而且难以改变。2017 年，意大利进口的 74 种产品属于该组，进口金额占 1.7％。其中，25 种来自电机、电气、音像设备及其零附件行业（HS-2：85），进口金额占该组的 32.0％。第 Ⅱ 组为出口中心度高于样本 75％分位数，而进口集中度低于样本 75％分位数的产品。这类产品供应链脆弱性小（进口来源有所分散），但可能恶化（出口层面呈现聚集倾向）。2017 年，916 种产品属于该组，进口金额占 45.8％。第 Ⅲ 组为出口中心度低于样本 75％分位数，而进口集中度高于样本 75％分位数的产品。这类产品供应链脆弱性大（进口来源

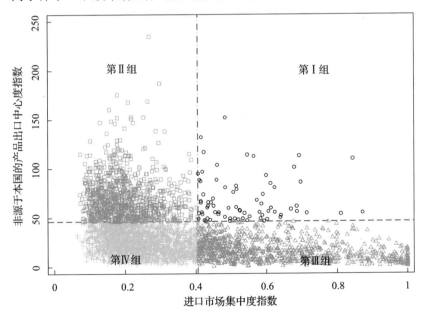

图 6－12　意大利 HS-6 位产品出口中心度和进口市场集中度指数分布（2017 年）
注：水平和垂直虚线分别为相应指标的样本 75％分位数。
资料来源：UN Comtrade、中国海关总署和作者整理。

呈现聚集倾向），但可能改善（出口供应仍有调整空间）。2017 年，意大利进口的 916 种产品属于该组，进口金额占 7.3%。第Ⅳ组为出口中心度和进口集中度均低于样本 75% 分位数的产品。这类产品供应链脆弱性小，而且较为稳定（在进口和出口两个层面均不呈现聚集倾向）。2017 年，意大利进口的 2 054 种产品属于该组，进口金额占 45.2%。

七、日本的产业链脆弱性

（一）总体情况：HS-2 位行业脆弱性评估

日本-产品层面复合脆弱性指标在行业层面的分布情况如图 6 - 13 所示。分别基于日本各 HS-6 位产品进口占所有产品进口份额、从发达经济体进口的 HS-6 位产品额占从发达经济体总进口额的比重作为权重，对日本-产品（HS-6）复合脆弱性指数进行加总，得到日本-行业

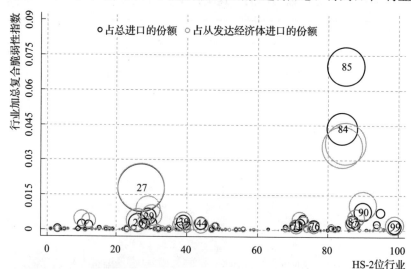

图 6 - 13 日本 HS-2 位行业加总复合脆弱性指数（2017 年）

注："占总进口份额"表示采用 HS-6 位产品占总进口份额加总，"占从发达经济体进口份额"表示采用从发达经济体进口的 HS-6 位产品占从发达经济体总进口加总。气泡大小表示相应行业的进口份额大小。各编码对应的行业名称详见第 5 章附录。纵轴值越大，代表对应行业脆弱性越高。总体上，脆弱性越高、气泡越大，这类行业越值得关注。

资料来源：UN Comtrade、中国海关总署和作者整理。

（HS-2）复合脆弱性指数。日本脆弱性最高的三个行业为电机、电气、音像设备及其零附件（HS-2：85），核反应堆、锅炉、机械器具及零件（HS-2：84）和矿物燃料、矿物油及其产品，沥青等（HS-2：27）。其中，电机、电气、音像设备及其零附件行业（HS-2：85）的复合脆弱性指数分别是后两个行业的1.6和3.9倍。此外，脆弱性排名前十的行业还有光学、照相、医疗等设备及零附件（HS-2：90），玩具、游戏或运动用品及其零附件（HS-2：95），有机化学品（HS-2：29），钢铁制品（HS-2：73），车辆及其零附件（铁道车辆除外）（HS-2：87），塑料及其制品（HS-2：39），矿砂、矿渣及矿灰（HS-2：26）等。

　　复合脆弱性排名靠前的行业具有四个特征：一是出口中心度高；二是进口集中度高；三是产品种类多；四是进口份额大。以电机、电气、音像设备及其零附件行业（HS-2：85）为例：（1）该行业98种HS-6位产品位于样本脆弱性排名前25％，161种产品的出口中心度指数位于样本前25％（出口层面高度聚集），29种产品的进口市场集中度指数位于样本前25％；（2）该行业的进口金额较高，占日本2017年总进口的17.7％，占自发达经济体进口的14.4％。与英、法情况类似，日本在核反应堆、锅炉、机械器具及零件（HS-2：84），电机、电气、音像设备及其零附件（HS-2：85）以及玩具、游戏或运动用品及其零附件行业（HS-2：95）对发展中经济体依赖更大，而在光学、照相、医疗等设备及零附件（HS-2：90），药品行业（HS-2：30）对发达经济体依赖更大。

（二）细分情况：HS-6位产品脆弱性评估

　　基于非源于日本的产品出口中心度指数、进口市场集中度指数以及两个指标的样本75％分位数，将日本进口中间产品分为四组（见图6-14）。第Ⅰ组为出口中心度和进口集中度均高于样本75％分位数的产品。这类产品被"卡脖子"，供应链脆弱性大，而且难以改变。2017年，日本进口的101种产品属于该组，进口金额占7.1%。其中，30种来自电机、电气、音像设备及其零附件行业（HS-2：85），进口金额占该组的74.9%。第Ⅱ组为出口中心度高于样本75%分位数，而进口集中度低于样本75%分位数的产品。这类产品供应链脆弱性小（进口来源有所分散），但可能恶化（出口层面呈现聚集倾向）。2017年，日本进口的847种产品属于该组，进口金额占39.4%。第Ⅲ组为出口中心度低于样本75%分位数，而进口集中度高于样本75%分位数的产品。这类产品供应链脆弱性大（进口来源呈现聚集倾向），但可能改善（出口供应仍有调整空间）。2017年，日本进口的847种产品属于该组，进口金额占5.1%。第Ⅳ组为出口中心度和进口集中度均低于样本75%分位数的产品。这类产品供应链脆弱性小，而且较为稳定（在进口和出口两个层面均不呈现聚集倾向）。2017年，日本进口的1 997种产品属于该组，进口金额占48.4%。

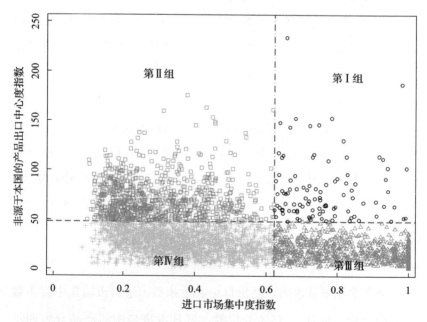

图6-14 日本HS-6位产品出口中心度和进口市场集中度指数分布（2017年）
注：水平和垂直虚线分别为相应指标的样本75%分位数。
资料来源：UN Comtrade、中国海关总署和作者整理。

八、韩国的产业链脆弱性

（一）总体情况：HS-2 位行业脆弱性评估

韩国-产品层面复合脆弱性指标在行业层面的分布情况如图 6-15 所示。分别基于韩国各 HS-6 位产品进口占所有产品进口份额、从发达经济体进口的 HS-6 位产品额占从发达经济体总进口额的比重作为权重，对韩国-产品（HS-6）复合脆弱性指数进行加总，得到韩国-行业（HS-2）复合脆弱性指数。韩国脆弱性最高的三个行业为电机、电气、音像设备及其零附件（HS-2：85），核反应堆、锅炉、机械器具及零件（HS-2：84）和光学、照相、医疗等设备及零附件（HS-2：90）。其中，电机、电气、音像设备及其零附件行业（HS-2：85）的复合脆弱性指数分别是后两个行业的 2.1 和 5.6 倍。此外，脆弱性排名前十的行业还有矿物燃料、矿物油及其产品，沥

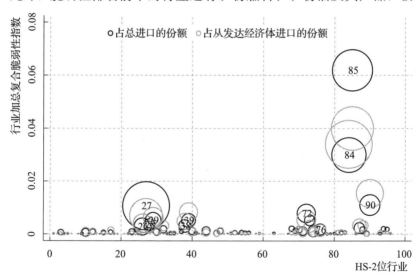

图 6-15　韩国 HS-2 位行业加总复合脆弱性指数（2017 年）

注："占总进口份额"表示采用 HS-6 位产品占总进口份额加总，"占从发达经济体进口份额"表示采用从发达经济体进口的 HS-6 位产品占从发达经济体总进口加总。气泡大小表示相应行业的进口份额大小。各编码对应的行业名称详见第 5 章附录。纵轴值越大，代表对应行业脆弱性越高。总体上，脆弱性越高、气泡越大，这类行业越值得关注。

资料来源：UN Comtrade、中国海关总署和作者整理。

青等（HS-2：27），钢铁（HS-2：72），钢铁制品（HS-2：73），有机化学品（HS-2：29），塑料及其制品（HS-2：39），无机化学品（HS-2：28），杂项化学产品（HS-2：38）等。

复合脆弱性排名靠前的行业具有四个特征：一是出口中心度高；二是进口集中度高；三是产品种类多；四是进口份额大。以电机、电气、音像设备及其零附件行业（HS-2：85）为例：（1）该行业88种HS-6位产品位于样本脆弱性排名前25％，164种产品的出口中心度指数位于样本前25％（出口层面高度聚集），24种产品的进口市场集中度指数位于样本前25％；（2）该行业的进口金额较高，占韩国2017年总进口的19.3％，占自发达经济体进口的18.9％。从对发达和发展中经济体的依赖度看，韩国介于中国和日本之间：在电机、电气、音像设备及其零附件（HS-2：85）和矿物燃料、矿物油及其产品，沥青等（HS-2：27）行业对发展中经济体依赖更大，而在核反应堆、锅炉、机械器具及零件（HS-2：84），光学、照相、医疗等设备及零附件（HS-2：90），塑料及其制品（HS-2：39）行业对发达经济体依赖更大。

（二）细分情况：HS-6 位产品脆弱性评估

基于非源于韩国的产品出口中心度指数、进口市场集中度指数以及两个指标的样本75％分位数，将韩国进口中间产品分为四组（见图6-16）。第Ⅰ组为出口中心度和进口集中度均高于样本75％分位数的产品。这类产品被"卡脖子"，供应链脆弱性大，而且难以改变。2017年，韩国进口的中间品中有102种产品属于该组，进口金额占3.0％。其中，23种来自电机、电气、音像设备及其零附件行业（HS-2：85），进口金额占该组的59.5％。第Ⅱ组为出口中心度高于样本75％分位数，而进口集中度低于样本75％分位数的产品。这类产品供应链脆弱性小（进口来源有所分散），但可能恶化（出口层面呈现聚集倾向）。2017年，韩国进口的中间品中有870种产品属于该组，进口金额占38.7％。第Ⅲ组为出口中心度低于样本

75％分位数，而进口集中度高于样本 75％分位数的产品。这类产品供应链脆弱性大（进口来源呈现聚集倾向），但可能改善（出口供应仍有调整空间）。2017 年，韩国进口的中间品中有 870 种产品属于该组，进口金额占 5.6％。第Ⅳ组为出口中心度和进口集中度均低于样本 75％分位数的产品。这类产品供应链脆弱性小，而且较为稳定（在进口和出口两个层面均不呈现聚集倾向）。2017 年，韩国进口的中间品中有 2 046 种产品属于该组，进口金额占 52.8％。

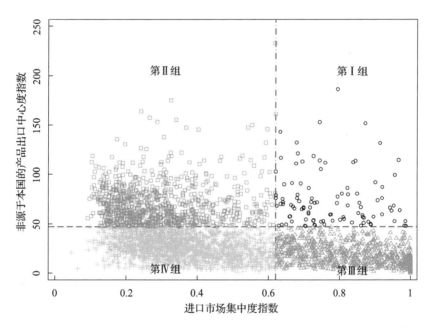

图 6 - 16 韩国 HS-6 位产品出口中心度和进口市场集中度指数分布（2017 年）
注：水平和垂直虚线分别为相应指标的样本 75％分位数。
资料来源：UN Comtrade、中国海关总署和作者整理。

九、澳大利亚的产业链脆弱性

（一）总体情况：HS-2 位行业脆弱性评估

澳大利亚-产品层面复合脆弱性指标在行业层面的分布情况如图 6 - 17 所示。分别基于澳大利亚各 HS-6 位产品进口占所有产品进口份额、从发达经济体进口的 HS-6 位产品额占从发达经济体总进口额的比重作为权重，对澳大利亚-产品（HS-6）复合脆弱性指数进行加总，得到澳大利亚-行业（HS-2）复合脆弱性指数。澳大利亚脆弱性最高的三个行业为核反应堆、锅炉、机械器具及零件（HS-2：84），电机、电气、音像设备及其零附件（HS-2：85）和车辆及其零附件（铁道车辆除外）（HS-2：87）。其中，核反应堆、锅炉、机械器具及零件行业（HS-2：84）的复合脆弱性指数分别是后两个行业的1.0 和 2.3 倍。此外，脆弱性排名前十的行业还有矿物燃料、矿物油及其产品，沥青等（HS-2：27），玩具、游戏或运动用品及其零附件（HS-2：95），钢铁制品（HS-2：73），光学、照相、医疗等设备及零附件（HS-2：90），家具，寝具等，灯具，活动房（HS-2：94），天然或养殖珍珠、贵金属及制品，仿首饰，硬币（HS-2：71），塑料及其制品（HS-2：39）等。

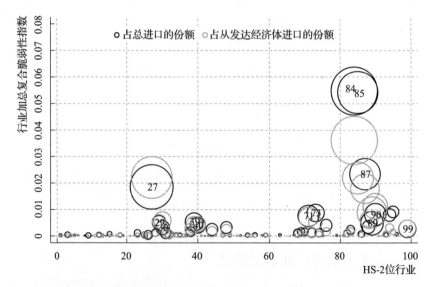

图 6-17 澳大利亚 HS-2 位行业加总复合脆弱性指数（2017 年）

注："占总进口份额"表示采用 HS-6 位产品占总进口份额加总，"占从发达经济体进口份额"表示采用从发达经济体进口的 HS-6 位产品占从发达经济体总进口加总。气泡大小表示相应行业的进口份额大小。各编码对应的行业名称详见第 5 章附录。纵轴值越大，代表对应行业脆弱性越高。总体上，脆弱性越高、气泡越大，这类行业越值得关注。

资料来源：UN Comtrade、中国海关总署和作者整理。

复合脆弱性排名靠前的行业具有四个特征：一是出口中心度高；二是进口集中度高；三是产品种类多；四是进口份额大。以核反应堆、锅炉、机械器具及零件行业（HS-2：84）为例：（1）该行业 90 种 HS-6 位产品位于样本脆弱性排名前 25％，184 种产品的出口中心度指数位于样本前 25％（出口层面高度聚集），68 种产品的进口市场集中度指数位于样本前 25％；（2）该行业的进口金额较高，占澳大利亚 2017 年总进口的 18.3％，占自发达经济体进口的 20.2％。与美国情况类似，澳大利亚从发达经济体进口份额加权的脆弱性指数低于基于总进口份额加权的脆弱性指数。这反映了以中国为首的发展中经济体对该国中间品供应链的重要性，其中较为突出的行业包括核反应堆、锅炉、机械器具及其零件（HS-2：84），电机、电气、音像设备及其零附件（HS-2：85），车辆及其零附件（铁道车辆除外）（HS-2：87），玩具、游戏或运动用品及其零附件行业（HS-2：95）。值得注意的是，澳大利亚在光学、照相、医疗等设备及零附件（HS-2：90），船舶及浮动结构体（HS-2：89）以及矿物燃料、矿物油及其产品，沥青等（HS-2：27）行业对发达经济体的依赖度更高。

（二）细分情况：HS-6 位产品脆弱性评估

基于非源于澳大利亚的产品出口中心度指数、进口市场集中度指数以及两个指标的样本 75％分位数，将澳大利亚进口中间产品分为四组（见图 6 - 18）。第 I 组为出口中心度和进口集中度均高于样本 75％分位数的产品。这类产品被"卡脖子"，供应链脆弱性大，而且难以改变。2017 年，澳大利亚进口的中间品中 66 种产品属于该组，进口金额占 8.8％。其中，20 种来自电机、电气、音像设备及其零附件行业，进口金额占该组的 74.0％。第 II 组为出口中心度高于样本 75％分位数，而进口集中度低于样本 75％分位数的产品。这类产品供应链脆弱性小（进口来源有所分散），但可能恶化（出口层面呈现聚集倾向）。2017 年，澳大利亚进口的中间品中 858 种产品属于该组，进口金额占 51.8%。第Ⅲ组为出口中心度低于样本 75% 分位数，而进口集中度高于样本 75% 分位数的产品。这类产品供应链脆弱性大（进口来源呈现聚集倾向），但可能改善（出口供应仍有调整空间）。2017 年，澳大利亚进口的中间品中 858 种产品属于该组，进口金额占 9.8%。第Ⅳ组为出口中心度和进口集中度均低于样本 75% 分位数的产品。这类产品供应链脆弱性小，而且较为稳定（在进口和出口两个层面均不呈现聚集倾向）。2017 年，澳大利亚进口的中间品中 1 914 种产品属于该组，进口金额占 29.7%。

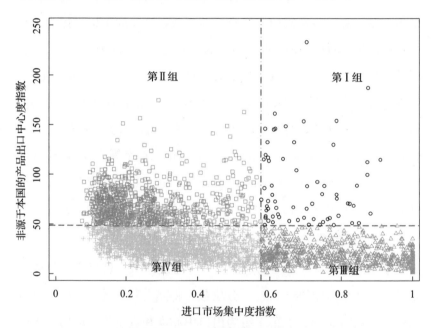

图 6 - 18　澳大利亚 HS-6 位产品出口中心度和进口市场集中度指数分布（2017 年）

注：水平和垂直虚线分别为相应指标的样本 75% 分位数。
资料来源：UN Comtrade、中国海关总署和作者整理。

十、加拿大的产业链脆弱性

（一）总体情况：HS-2 位行业脆弱性评估

加拿大-产品层面复合脆弱性指标在行业层面的分布情况如图 6 - 19 所示。分别基于加拿大各 HS-6 位产品进口占所有产品进口份额、从发达经济体进口的 HS-6 位产品额占从发达经济体总进口额的比重作为权重，对加拿大-产品（HS-6）复合脆弱性指数进行加总，得到加拿大-行业（HS-2）复合脆弱性指数。加拿大脆弱性最高的三个行业为核反应堆、锅炉、机械器具及零件（HS-2：84），车辆及其零附件（铁道车辆除外）（HS-2：87）和电机、电气、音像设备及其零附件（HS-2：85）。其中，核反应堆、锅炉、机械器具及零件行业（HS-2：84）的复合脆弱性指数分别是后两个行业的 1.1 和 1.7 倍。此外，脆弱性排名前十的行业还有塑料及其制品（HS-2：39），矿物燃料、矿物油及其产品，沥青等（HS-2：27），钢铁制品（HS-2：73），光学、照相、医疗等设备及其零附件（HS-2：90），纸及纸板，纸浆、纸或纸板制品（HS-2：48），玩具、游戏或运动用品及其零附件（HS-2：95），家具，寝具等，灯具，活动房（HS-2：94）等。

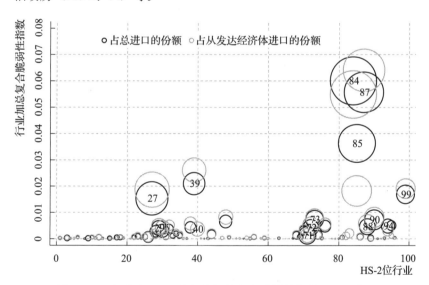

图 6 - 19　加拿大 HS-2 位行业加总复合脆弱性指数（2017 年）

注："占总进口份额"表示采用 HS-6 位产品占总进口份额加总，"占从发达经济体进口份额"表示采用从发达经济体进口的 HS-6 位产品占从发达经济体总进口加总。气泡大小表示相应行业的进口份额大小。各编码对应的行业名称详见第 5 章附录。纵轴值越大，代表对应行业脆弱性越高。总体上，脆弱性越高、气泡越大，这类行业越值得关注。

资料来源：UN Comtrade、中国海关总署和作者整理。

复合脆弱性排名靠前的行业具有四个特征：一是出口中心度高；

二是进口集中度高；三是产品种类多；四是进口份额大。以核反应堆、锅炉、机械器具及零件行业（HS-2：84）为例：（1）该行业 114种 HS-6 位产品位于样本脆弱性排名前 25％，193 种产品的出口中心度指数位于样本前 25％（出口层面高度聚集），41 种产品的进口市场集中度指数位于样本前 25％；（2）该行业的进口金额较高，占加拿大2017 年总进口的 19.2％，占自发达经济体进口的 19.4％。与中国情况类似，加拿大在车辆及其零附件（铁道车辆除外）（HS-2：87）、塑料及其制品（HS-2：39）等多数行业对以美国为首的发达经济体依赖更大，但在电机、电气、音像设备及其零附件（HS-2：85）和核反应堆、锅炉、机械器具及零件行业（HS-2：84）对以中国为首的发展中经济体依赖更大。

（二）细分情况：HS-6 位产品脆弱性评估

基于非源于加拿大的产品出口中心度指数、进口市场集中度指数以及两个指标的样本 75％分位数，将加拿大进口中间产品分为四组（见图 6–20）。第Ⅰ组为出口中心度和进口集中度均高于样本75％分位数的产品。这类产品被"卡脖子"，供应链脆弱性大，而且难以改变。2017 年，加拿大进口的中间品中 57 种产品属于该组，进口金额占 6.0％。其中，9 种来自电机、电气、音像设备及其零附件行业（HS-2：85），进口金额占该组的 53.1％。第Ⅱ组为出口中心度高于样本 75％分位数，而进口集中度低于样本 75％分位数的产品。这类产品供应链脆弱性小（进口来源有所分散），但可能恶化（出口层面呈现聚集倾向）。2017 年，加拿大进口的中间品中 928 种产品属于该组，进口金额占 52.2％。第Ⅲ组为出口中心度低于样本75％分位数，而进口集中度高于样本 75％分位数的产品。这类产品供应链脆弱性大（进口来源呈现聚集倾向），但可能改善（出口供应仍有调整空间）。2017 年，加拿大进口的中间品中 928 种产品属于该组，进口金额占 11.2％。第Ⅳ组为出口中心度和进口集中度均低于样本 75％分位数的产品。这类产品供应链脆弱性小，而且较为稳定

（在进口和出口两个层面均不呈现聚集倾向）。2017 年，加拿大进口的中间品中 2 028 种产品属于该组，进口金额占 30.6%。

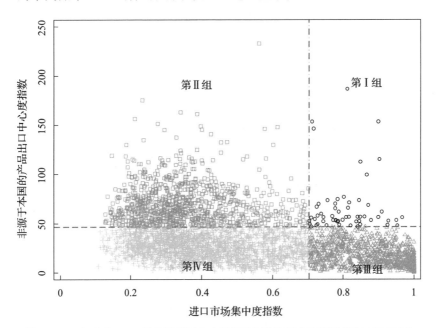

图 6 - 20　加拿大 HS-6 位产品出口中心度和进口市场集中度指数分布（2017 年）
注：水平和垂直虚线分别为相应指标的样本 75% 分位数。
资料来源：UN Comtrade、中国海关总署和作者整理。

十一、小结

从上述产业链检查中可以得到以下结论：

第一，各国越是具有国际竞争力的产业，其同时伴随的脆弱性越高。这也是本篇开始提到的二元悖论。例如，日本、韩国、美国的半导体产业的国际竞争力都很强，但其脆弱性排在第一名的产业都是电机、电气、音像设备及其零附件（HS-2：85）。同时，英国、法国、德国、意大利的机械制造业的竞争力比较强，但其脆弱性排名第一的行业是核反应堆、锅炉、机械器具及零件（HS-2：84）。再如，法国是空客飞机的生产国，但同时航空器、航天器及其零件（HS-2：88）产品的脆弱性也排到第三（见表 6 - 1）。

表 6 - 1 各国脆弱性前三位的产业

国家	第一位	第二位	第三位
美国	电机、电气、音像设备及其零附件	核反应堆、锅炉、机械器具及零件	车辆及其零附件（铁道车辆除外）
荷兰	电机、电气、音像设备及其零附件	核反应堆、锅炉、机械器具及零件	光学、照相、医疗等设备及零附件
日本	电机、电气、音像设备及其零附件	核反应堆、锅炉、机械器具及零件	矿物燃料、矿物油及其产品、沥青等
韩国	电机、电气、音像设备及其零附件	核反应堆、锅炉、机械器具及零件	光学、照相、医疗等设备及零附件
德国	核反应堆、锅炉、机械器具及零件	电机、电气、音像设备及其零附件	矿物燃料、矿物油及其产品、沥青等
英国	核反应堆、锅炉、机械器具及零件	电机、电气、音像设备及其零附件	矿物燃料、矿物油及其产品、沥青等
法国	核反应堆、锅炉、机械器具及零件	电机、电气、音像设备及其零附件	航空器、航天器及其零附件
意大利	核反应堆、锅炉、机械器具及零件	电机、电气、音像设备及其零附件	矿物燃料、矿物油及其产品、沥青等
加拿大	核反应堆、锅炉、机械器具及零件	车辆及其零附件（铁道车辆除外）	电机、电气、音像设备及零附件
澳大利亚	核反应堆、锅炉、机械器具及零件	电机、电气、音像设备及其零附件	车辆及其零附件（铁道车辆除外）

　　第二，各国脆弱性排名靠前的行业比较集中，尤其集中在电机、电气、音像设备及其零附件（HS-2：85），核反应堆、锅炉、机械器具及零件（HS-2：84）产业。这两个行业的生产过程的集成度较高，涉及的产业链条较长。因此也可以看到，尽管上述 10 国是全球供应链上极具重要性的发达国家，但从各自的产业链来看，上述两个行业几乎是所有主要发达经济体脆弱性最高的行业。换言之，主要发达经济体在实现这两个行业较高竞争力的同时，尚无一个国家实现了这两大产业链的完全自主可控，其产业链安全都在较大程度上依赖于外部条件。

‖第7章‖

中国产业链对外依赖程度评估：
行业层面的测算

一、引言

近年来，逆全球化和贸易保护主义不断加剧，美国对华为等一些高科技企业采取断供措施，并要求盟国联手对中国高科技发展进行打压，采取极端的政府行政措施阻挠中国的产业发展；与此同时，新冠肺炎疫情暴发后，全球产业链的海外断供影响中国的复产复工，这些引发了中国对海外依赖程度的思考。因此，摸清不同行业中国对于海外核心技术的依赖程度，有助于维护中国产业安全，对中国不同行业发展方向的确定具有指导意义。

伴随对全球贸易增加值核算等问题的深入研究，中国制造业全球价值链问题开始成为学界和决策层关注的焦点。研究问题主要集中在全球价值链位置测度、中国产业价值链升级、全球价值链分工地位的影响因素等，其中贸易核算方面的代表性文献有 Hummels et al. (2001)，Koopman et al. (2014)，Wang et al. (2013)，Johnson and Noguera (2012)，Wang et al. (2017)。从中国产业价值链升级角度看，全球价值链地位受加工贸易 (lemoine et al.，2017)、FDI (杨俊等，2017)、人均 GDP (苏庆义等，2015)、出口技术复杂度 (苏庆义，2016) 等因素影响。而本章要探究的是，随着中国在全球供应链中的地位以及中国在一些行业中的国际竞争力的上升，中国是否降低了对外依赖程度？

　　基于以上视角，本章的研究主要有以下两点创新：一是构建中国对外核心依赖指数，依据世界投入产出数据库（world input-output database，WIOD），测算出中国农业、制造业与服务业在2000—2014年的对外核心依赖指数，分析中国在融入全球价值链过程中对外核心依赖程度的发展历程；测算制造业细分行业的对外核心依赖指数，评估中国不同行业所面临的风险，并测算重点行业所依赖的国家。二是综合考虑中国经济发展与中国出口等因素，对中国制造业对外依赖程度与其全球价值链位置关系进行研究，并将制造业细分为劳动密集型、资本密集型和技术密集型产业进行分析。研究发现，全球价值链位置与劳动密集型和技术密集型产业的对外依赖程度演变存在不同的关系，具有明显的产业差异。

　　本章的安排如下：第二部分进行对外核心依赖指数的构建，第三部分汇报对外核心依赖指数测算的主要结论，第四部分构建模型实证分析，第五部分为总结。

二、对外核心依赖指数构建

　　中国在过去一直实行"两头在外，大进大出"的贸易模式，欧美等发达经济体作为核心技术的拥有者在这种贸易模式中占据一定的主导地位。国际关系若出现问题，那么中国相关产业链将面临能否正常运转的问题。为摸清中国不同行业对外核心依赖程度，本章构建了对外核心依赖指数，本指数的创新点在于，首先通过 j 国进口 s 行业中间品占 s 行业总产出的比例来衡量对外依赖程度，因为对于核心技术产品，中国大多采取进口相关零部件即中间品的方式。其次通过行业贸易弹性来衡量其"核心"价值，因为对于一些中间品，可能是由于成本等因素而采取进口的方式，而对于核心技术产品，在世界范围内找到替代品的难度较大，因此贸易弹性较小。

（一）对外核心依赖指数

1. 中国分行业对外核心依赖指数

本章构造了 j 国的对外核心依赖指数 OD_{js}，表明 j 国 s 行业的生产对海外产品的核心依赖程度。公式如下：

$$OD_{js} = \frac{M_{jsk}}{M_{js}} \times \frac{1}{te_s} \tag{7-1}$$

式中，$\dfrac{M_{jsk}}{M_{js}}$ 是 j 国（本章为中国）s 行业从外国进口的中间品占 s 行业全部产出总额的份额，该份额直接显示了 j 国 s 行业对于外国的依赖程度，其逻辑是 s 行业进口的中间品占总产出份额越多，说明 j 国在国内所进行的生产活动越依赖上游产业，进行简单的拼装等下游低技术含量工作就越多；$\dfrac{1}{te_s}$ 是 s 行业贸易弹性的倒数，贸易弹性即贸易成本的变动导致一国进口份额的变动，贸易弹性越小，则表明该行业在世界范围内找到进口替代品的难度越大。如果 j 国 s 行业的贸易弹性小，由于技术等原因难以在国内找到替代品，那么 j 国 s 行业对外国进口中间品的核心依赖程度就高。二者组合在一起表明 j 国 s 行业的对外核心依赖程度，或者说因专利技术、垄断等因素只能从国外进口的中间品占整个 s 行业产出的比例。

2. 中国大类产业对外核心依赖指数

将细分行业 s 加总至大类产业 C，可以得到 j 国大类产业 C 整体对外核心依赖程度。本章考虑的大类产业 C 主要为农业、制造业和服务业。具体公式如下：

$$OD_{jC} = \sum_{s \in C} \frac{M_{jsk}}{M_{js}} \times \frac{1}{te_s} \times \frac{VA_{js}}{\sum\limits_{s \in C} VA_{js}} \times 100\% \tag{7-2}$$

式中，$\dfrac{VA_{js}}{\sum\limits_{s \in C} VA_{js}}$ 是 j 国 s 行业的增加值在 j 国全行业增加值（GDP）

中的份额，表明 s 行业对 j 国的重要程度，这一标准化使得 j 国产业 C 内各个子行业的 OD_{js} 可相加得到整个 j 国大类产业 C 的对外依赖度 OD_{jC}。

该指数越高，表明 j 国对国外依赖程度越高。

3. 中国对部分国家核心依赖指数

本章构造了 j 国对国家核心依赖指数 OD_{jis}，表明 j 国 s 行业对 i 国的核心依赖程度。公式如下：

$$OD_{jis} = \frac{\sum\limits_{k \in K} M_{jisk}}{\sum\limits_{k \in K} M_{jsk}} \times \frac{1}{te_s} \times \frac{VA_{js}}{\sum\limits_{s \in S} VA_{js}} \times 100\% \qquad (7-3)$$

式中，$\dfrac{\sum\limits_{k \in K} M_{jisk}}{\sum\limits_{k \in K} M_{jsk}}$ 是 j 国（本章为中国）s 行业从 i 国全部 K 个行业进口的中间品，占 s 行业全部进口中间品总额的份额，该份额直接显示了 j 国 s 行业进口中间品对于 i 国的核心依赖程度；$\dfrac{1}{te_s}$ 是 s 行业贸易弹性的倒数；$\dfrac{VA_{js}}{\sum\limits_{s \in S} VA_{js}}$ 是 j 国 s 行业的增加值在 j 国全行业（S）增加值中的份额，表明 s 行业对 j 国的重要程度，这一标准化使得 j 国行业间的 OD_{jis} 可比。

将细分行业 s 加总至大类产业 C，可以得到 i 国对 j 国大类产业 C 供应链的整体影响。具体公式如下：

$$OD_{jiC} = \sum_{s \in C} \frac{\sum\limits_{k \in K} M_{jisk}}{\sum\limits_{k \in K} M_{jsk}} \times \frac{1}{te_s} \times \frac{VA_{js}}{\sum\limits_{s \in C} VA_{js}} \times 100\% \qquad (7-4)$$

（二）数据来源

本章使用的数据主要来自 WIOD 数据库发布的 2016 版世界投入产出表（world input-output tables，WIOT），该版本包含 2000—

2014 年的世界投入产出数据，覆盖 43 个国家和世界其他地区，包含 56 个按照《国际标准产业分类》（第 4 版）（ISIC Rev. 4）划分的行业。

相较于直接使用贸易数据，使用 WIOT 的好处在于，我们不仅可以知道 j 国 s 行业的进口总额，还可以精确知道这些进口是被用于 j 国 s 行业的最终消费还是中间生产，这为我们通过计算进口中间品占所有产出比例来衡量对外依赖程度提供了极大便利。使用 WIOT 的缺陷在于，其行业分类比较粗，而贸易数据可以细分到产品层面。但是本章的研究目的在于探究影响中国在全球供应链的位置演进过程与影响因素，WIOT 的行业分类可以满足研究需求。

本章的分行业贸易弹性数据来自 Caliendo & Parro（2015），其行业分类是基于 ISIC Rev. 3，本章参考世界综合贸易解决方案（World Integrated Trade Solution，WITS）上的对照表，将 ISIC Rev. 3 对照到 ISIC Rev. 4（详见本章附录表 7-8）。

三、对外核心依赖指数测算

我们通过测算分析对外核心依赖程度指标来分析研究中国 2000—2014 年的对外核心依赖变化情况，并汇报相关测算数据。

（一）中国三大产业对海外核心依赖程度

表 7 - 1 列出了 2000—2014 年中国农业、制造业和服务业对海外的核心依赖程度，可以清晰地看出制造业对海外的核心依赖程度明显高于农业与服务业。究其原因在于，中国的廉价优质劳动力、改革开放带来的优惠政策、中国加入 WTO 等促使中国逐渐成为世界"制造中心"。而中国参与国际分工的主要形式为产品内分工，主要处于全球价值链中的加工组装环节，需要进口大量的中间品。这也解释了 2000—2004 年中国制造业对海外依赖程度增高。

表 7-1 中国三大产业对海外核心依赖程度

年份	农业	制造业	服务业
2000	0.044 2	0.673 3	0.304 0
2001	0.042 8	0.662 5	0.301 9
2002	0.046 0	0.760 2	0.338 1
2003	0.052 9	0.997 1	0.368 3
2004	0.063 8	1.065 1	0.391 2
2005	0.059 5	0.978 0	0.354 1
2006	0.054 9	0.983 8	0.349 5
2007	0.050 6	0.996 2	0.356 2
2008	0.054 4	0.900 3	0.319 9
2009	0.039 0	0.793 6	0.258 2
2010	0.046 6	0.912 5	0.271 8
2011	0.049 6	0.874 7	0.266 7
2012	0.042 9	0.768 8	0.249 4
2013	0.039 2	0.726 3	0.242 8
2014	0.035 0	0.635 1	0.230 7

图 7-1 是根据表 7-1 绘制的折线图，可以清晰地看出，在 2007—2014 年中国对海外依赖程度总体呈下降趋势，这符合一般的演进规律，中国在逐步加入全球价值链的过程中，产生的技术外溢使得国内企业利用后发优势学习了西方的先进技术，同时自身的研发投入也在不断增长，这些都使得中国制造业对外依赖程度逐年降低。需要注意的是，2008—2010 年，受国际金融危机的影响，西方国家纷纷采取贸易保护主义，中国遭遇的保护主义政策居于首位，中国制造业面临严重的技术性贸易壁垒[①]，使得中国对外依赖程度出现波动。

① 王小梅，秦学志，尚勤. 金融危机以来贸易保护主义对中国出口的影响. 数量经济技术经济研究，2014（5）：20—36.

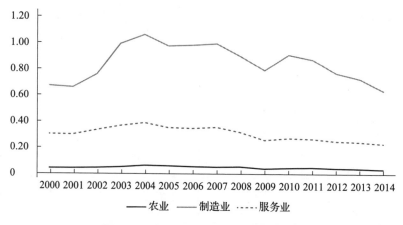

图 7-1 中国三大产业对海外依赖程度

（二）中国对海外主要国家的核心依赖程度

表 7-2 列出了依据 2014 年数据计算出的中国对主要国家三大产业核心依赖程度。结果显示，在制造业，德、日、韩三国对中国影响最大，而美国在服务业与农业均占据第一。

表 7-2 中国对海外主要国家三大产业的核心依赖程度（2014 年）

排名	制造业		服务业		农业	
	国家	得分	国家	得分	国家	得分
1	德国	102.95	美国	43.62	美国	4.19
2	日本	96.15	韩国	34.00	巴西	3.75
3	韩国	89.22	德国	28.00	韩国	2.09
4	美国	53.43	日本	20.98	日本	1.30
5	法国	34.35	法国	13.56	澳大利亚	1.23
6	澳大利亚	21.36	巴西	9.31	德国	1.10
7	巴西	20.84	荷兰	7.58	加拿大	0.84
8	英国	16.72	澳大利亚	7.22	法国	0.57
9	加拿大	9.96	英国	5.36	荷兰	0.23
10	意大利	9.20	加拿大	4.53	英国	0.21

（三）中国制造业细分行业对海外核心依赖程度

如图 7-2 所示，C30 其他运输设备制造业（船舶、铁道机车、飞机、航天器等）、C29 汽车、挂车和半挂车制造业、C22 橡胶和塑料制品制造业、C28 机械设备制造业对外依赖程度明显高于其他产业。[①] 本章通过公式（4）测算相应海外中间品供应国的中国核心依赖指数（见表 7 - 3）。

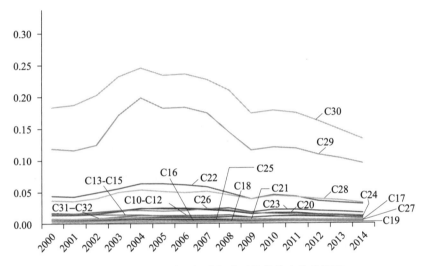

图 7 - 2　中国制造业细分行业对海外核心依赖程度

表 7 - 3　中国对海外国家细分产业的核心依赖程度（2014 年）

排名	OD	行业	国家
1	122.15	C29 汽车、挂车和半挂车制造业	德国
2	99.99	C29 汽车、挂车和半挂车制造业	日本
3	67.71	C29 汽车、挂车和半挂车制造业	韩国
4	26.8	C29 汽车、挂车和半挂车制造业	美国
5	24.43	C30 其他运输设备制造业	德国
6	21.23	C30 其他运输设备制造业	韩国
7	20.11	C30 其他运输设备制造业	日本
8	18.79	C30 其他运输设备制造业	法国
9	18.52	C28 机械设备制造业	韩国
10	18.36	C28 机械设备制造业	日本

①　详细数据见本章附录表 7 - 6；中国制造业细分行业对应代码见本章附录表 7 - 7。

续表

排名	OD	行业	国家
11	16.18	C28 机械设备制造业	德国
12	13.63	C29 汽车、挂车和半挂车制造业	法国
13	11.99	C30 其他运输设备制造业	美国
14	9.63	C29 汽车、挂车和半挂车制造业	澳大利亚
15	9.41	C29 汽车、挂车和半挂车制造业	英国

四、对外核心依赖指数与 GVC 位置指数分析

在测算出中国各个行业的对外核心依赖指数后，我们仅仅描述了中国对外核心依赖程度的发展历程，无法理解随着中国在全球价值链上位置的变化，其对外核心依赖程度将如何演进。为此，我们接下来试图探寻中国在全球价值链中位置变化对中国对外依赖程度的影响。

在全球价值链中，西方国家的国际跨国公司掌握核心技术，相关行业核心零部件的生产位于高附加值环节。中国在 2000—2014 年融入全球价值链的过程中，积极参与全球价值链分工，全球价值链地位不断攀升，积累创新要素，通过跨国公司带来的技术溢出效应提高技术水平。但是，在此过程中，中国是否在不同行业逐步掌握了核心技术？对外核心依赖程度是否逐步降低？能否掌握实际的经营控制权？本章假设：在技术密集型行业，中国的对外核心依赖程度并未降低，随着中国不断融入全球价值链，反而对海外更加依赖；而在劳动密集型产业，中国逐渐掌握核心技术与方法，降低了对海外的依赖。

（一）模型设定、变量说明和数据来源

为考察全球价值链地位指数对对外依赖程度的影响，本章构建以下基本模型：

$$OD_{it} = \beta_0 + \beta_1 GVC\_Position_{it} + \beta_2 x_{it} + v_i + v_t + \varepsilon_{it} \qquad (7-5)$$

式中，OD_{it} 表示全球价值链中 i 行业对外依赖程度；$GVC\_Position_{it}$ 表示全球价值链中 i 行业地位指数；x_{it} 为控制变量；v_i，v_t 为行业固定效应与时间固定效应；ε_{it} 为误差项。

控制变量包括人均 GDP（万元）与制造业分行业出口交货值（万亿元）。其中制造业分行业出口交货值根据国家统计局行业分类标准与全球投入产出表中部门相匹配。

本章依据王直等（2017）定义的 GVC 位置指数来测算中国在全球价值链中的地位，其计算公式为：

$$GVC\_Position_{js} = \frac{PLv\_GVC_{js}}{PLy\_GVC_{js}} \tag{7-6}$$

式中，PLv_GVC_{js} 表示基于前向联系的 j 国家 s 部门生产长度；PLy_GVC_{js} 表示基于后向联系的 j 国家 s 部门生产长度。数据来源于"UIBE GVC 指标体系"数据库中已测算结果。其指数越大，表明 j 国处于 GVC 相对上游的位置，反之，处于 GVC 相对下游位置。[①]

变量的统计特征如表 7-4 所示。

表 7-4　变量的统计特征

Variable	Obs	Mean	Std. Dev.	Min	Max
id	270	9.5	5.198	1	18
$year$	270	2 007	4.329	2 000	2 014
od	270	0.031	0.052	0.002	0.246
gvc	270	0.945	0.222	0.512	1.522
ex	270	3 532.528	6 520.152	39.85	46 165.141
gdp	270	23 269.267	13 038.331	7 942	47 173
$\ln gdp$	270	9.886	0.597	8.98	10.762
$\ln ex$	270	7.287	1.342	3.685	10.74

（二）回归结果分析

采用 2000—2014 年中国制造业分行业数据进行实证分析，首先

---

① 一般来说，在制造业中，越是上游的行业，其在价值链中分得的价值越多。

进行平稳性检验验明数据平稳，之后根据 Hausman 检验结果后采用双向固定模型。为了精确考察中国制造业细分行业全球价值链位置与对外依赖程度的关系，本章分别从制造业整体与不同要素密集型产业①的角度来考察二者的关系，基本估计结果如表 7 - 5 所示。

表 7 - 5　模型回归结果

od	all	技术密集	资本密集	劳动密集
gvc	0.041**	0.094*	−0.006	−0.015***
	(−0.018)	(−0.053)	(−0.009)	(−0.003)
gdp1	−0.001	−0.002	0	0
	(−0.001)	(−0.003)	(−0.001)	(0)
ex1	−0.003	−0.001	−0.007	−0.011***
	(−0.002)	(−0.004)	(−0.007)	(−0.001)
_cons	−0.011	−0.023	0.019*	0.024***
	(−0.018)	(−0.046)	(−0.011)	(−0.003)
个体固定效应	YES	YES	YES	YES
时间固定效应	YES	YES	YES	YES
Observations	270	105	120	45
R-squared	0.251	0.439	0.292	0.95

注：括号中是标准误差。

*** $p < 0.01$，** $p < 0.05$，* $p < 0.1$。

从制造业整体来看，中国制造业对外依赖程度与其 GVC 地位指数存在线性关系，并在 5% 水平上显著，表现为二者正相关；从劳动密集型产业来看，二者存在负相关关系，并在 1% 水平上显著；从技术密集型产业来看，二者存在正相关关系，并在 10% 水平上显著。

以上结果说明，中国 GVC 地位指数的提高反而可能会加大中国制造业对外依赖程度。一个可能的原因是，随着中国融入全球分工网络的程度越来越深，中国参与的分工越来越细化，同时中国更加依赖于外部。另一个可能的原因是，随着中国逐步嵌入全球价值链，

———————

① 根据周升起等（2014）研究成果，并与世界投入产出表制造业部门相对应，将制造业整体分为劳动密集型、资本密集型和技术密集型三类。其中，劳动密集型产业包括：C13-C15、C16、C31-C32；资本密集型产业包括：C10-C12、C17、C18、C19、C22、C23、C24、C25；技术密集型产业包括：C20、C21、C26、C27、C28、C29、C30。

虽然相关技术和管理水平提高，但是并未掌握部分行业核心技术，依然处于受制于人的状态。在国际分工中，虽然中国地位逐步上升，但是发达国家技术保护意识较强，不易发生技术溢出效应，且中国科研创新能力有限，在机械设备制造、车辆及其他运输设备等技术密集型产业仍然处于全球价值链的加工组装环节，需要大量进口高端零部件，缺乏核心技术，出口产品中包含的国外增加值较高。

而在劳动密集型产业，产业链上所需核心技术较为简单，在中国全球价值链地位提升过程中，容易发生技术溢出效应，使得中国相关产业对外依赖程度降低。

五、总结

本章提出了一种运用 WIOT 数据库测算中国对外核心依赖程度的方法，并在此基础上测算中国农业、制造业和服务业的对外核心依赖指数，中国制造业细分行业对外核心依赖指数，中国制造业细分行业对 i 国核心依赖指数。

结果表明，三大产业 2000—2004 年中国对外核心依赖程度呈上升状态；2005—2014 年中国对外核心依赖程度呈波动下降状态。中国制造业对德、日、韩、美、法等国核心依赖程度最高，其中 C30 其他运输设备制造业、C29 汽车、挂车和半挂车制造业、C22 橡胶和塑料制品制造业、C28 机械设备制造业对外核心依赖程度明显高于其他行业。

本章实证研究具有重要的政策含义，实证结果表明，随着中国在全球价值链中地位的提高，中国技术密集型产业对外核心依赖程度呈上升趋势。制造业整体也有相同的问题。第 6 章我们从十个发达经济体横向比较得出了结论：产业链的竞争力与产业链的安全性难以兼得。本章，我们进一步从中国自身的纵向产业升级中也观察到，对整体制造业尤其是技术密集型制造业而言，产业升级过程中往往会伴随对外部依赖度的上升。

附录

表7-6 中国制造业细分行业对外依赖程度

行业代码	2000年	2001年	2002年	2003年	2004年	2005年	2006年	2007年	2008年	2009年	2010年	2011年	2012年	2013年	2014年
C10-C12	0.007 7	0.007 9	0.008 7	0.011 2	0.013 7	0.013 1	0.013 3	0.013 4	0.013 6	0.010 3	0.012 0	0.012 3	0.011 3	0.010 1	0.009 0
C13-C15	0.013 6	0.013 6	0.014 9	0.014 6	0.014 8	0.012 8	0.011 3	0.009 4	0.007 8	0.005 7	0.006 7	0.006 4	0.005 4	0.005 0	0.004 5
C16	0.004 3	0.003 9	0.004 4	0.005 0	0.005 1	0.005 4	0.005 1	0.005 0	0.004 2	0.003 0	0.004 0	0.004 1	0.003 3	0.003 4	0.003 6
C17	0.006 7	0.006 1	0.006 6	0.007 3	0.008 1	0.007 8	0.007 3	0.007 7	0.007 2	0.005 9	0.007 2	0.007 5	0.006 5	0.006 2	0.006 4
C18	0.006 2	0.005 4	0.005 7	0.006 2	0.006 8	0.006 6	0.006 2	0.005 9	0.005 2	0.004 2	0.005 0	0.005 1	0.004 4	0.004 1	0.003 8
C19	0.001 8	0.001 6	0.001 7	0.002 3	0.003 1	0.003 1	0.003 2	0.003 2	0.003 5	0.002 8	0.003 3	0.003 7	0.003 5	0.003 2	0.002 9
C20	0.017 0	0.016 2	0.018 1	0.020 9	0.024 6	0.024 0	0.023 5	0.021 9	0.020 2	0.015 7	0.017 4	0.016 9	0.014 8	0.013 8	0.012 5
C21	0.006 6	0.006 3	0.007 0	0.007 7	0.008 9	0.008 8	0.008 7	0.009 2	0.008 3	0.006 7	0.007 3	0.007 3	0.006 5	0.006 0	0.005 7
C22	0.044 3	0.042 9	0.049 1	0.055 7	0.063 5	0.063 4	0.061 7	0.058 5	0.048 5	0.039 0	0.045 1	0.042 7	0.035 6	0.033 0	0.030 9
C23	0.015 9	0.014 7	0.016 1	0.019 8	0.024 3	0.025 0	0.024 5	0.023 3	0.025 0	0.018 3	0.022 2	0.022 4	0.020 2	0.018 8	0.017 0
C24	0.007 4	0.006 5	0.007 1	0.009 2	0.010 9	0.010 9	0.010 8	0.010 8	0.011 5	0.009 8	0.011 7	0.012 5	0.012 0	0.012 3	0.010 7
C25	0.006 8	0.006 2	0.007 0	0.008 3	0.008 3	0.007 6	0.006 9	0.006 6	0.005 9	0.005 5	0.006 4	0.006 6	0.006 0	0.006 4	0.005 3
C26	0.016 7	0.016 4	0.019 1	0.021 8	0.021 8	0.020 3	0.021 2	0.024 1	0.021 7	0.016 8	0.016 1	0.014 7	0.014 0	0.013 7	0.012 5
C27	0.006 8	0.006 5	0.007 2	0.008 9	0.009 4	0.008 6	0.008 6	0.008 8	0.007 4	0.006 4	0.006 9	0.006 5	0.006 0	0.006 0	0.005 2
C28	0.036 9	0.035 9	0.040 3	0.049 9	0.053 7	0.051 2	0.049 5	0.051 0	0.045 6	0.039 2	0.044 1	0.042 0	0.038 6	0.037 3	0.032 6
C29	0.118 4	0.116 2	0.124 6	0.171 0	0.198 6	0.182 1	0.183 4	0.174 6	0.144 1	0.116 0	0.120 4	0.118 6	0.108 7	0.103 3	0.095 3
C30	0.183 2	0.187 3	0.203 0	0.232 5	0.245 8	0.234 1	0.236 0	0.227 1	0.210 7	0.174 1	0.178 2	0.174 8	0.161 5	0.147 4	0.133 5
C31-C32	0.008 9	0.008 3	0.009 1	0.009 7	0.009 9	0.009 0	0.008 5	0.008 9	0.007 9	0.006 3	0.007 7	0.007 8	0.006 7	0.007 0	0.007 0

表 7-7 中国制造业细分行业对应代码

行业代码	细分行业
C10-C12	食品，饮料和烟草制品制造业（Manufacture of food products, beverages and tobacco products）
C13-C15	纺织，服装及皮革制品制造业（Manufacture of textiles, wearing apparel and leather products）
C16	木材，木制品及软木制品，家具除外；草编和编织材料制品的制造业（Manufacture of wood and of products of wood and cork, except furniture; manufacture of articles of straw and plaiting materials）
C17	造纸及纸制品制造业（Manufacture of paper and paper products）
C18	印刷和记录媒体复制业（Printing and reproduction of recorded media）
C19	焦炭及石油制造业（Manufacture of coke and refined petroleum products）
C20	化学原料及化学制品制造业（Manufacture of chemicals and chemical products）
C21	基础药品和制剂制造业（Manufacture of basic pharmaceutical products and pharmaceutical preparations）
C22	橡胶，塑料制品制造业（Manufacture of rubber and plastic products）
C23	其他非金属矿产品制造业（Manufacture of other non-metallic mineral products）
C24	基本金属制造业（Manufacture of basic metals）
C25	金属制品制造业，机械设备除外（Manufacture of fabricated metal products, except machinery and equipment）
C26	计算机，电子，光学产品制造业（Manufacture of computer, electronic and optical products）
C27	电气设备制造业（Manufacture of electrical equipment）
C28	机械设备制造业（Manufacture of machinery and equipment n. e. c. ）
C29	汽车，挂车和半挂车制造业（Manufacture of motor vehicles, trailers and semi-trailers）
C30	其他运输设备制造业（Manufacture of other transport equipment）
C31-C32	家具制造业及其他制造业（Manufacture of furniture; other manufacturing）

表 7-8 Caliendo & Parro (2015) 贸易弹性

ISIC Rev. 3	ISIC Rev. 3 Description	Trade Elasticity	ISIC Rev. 4	ISIC Rev. 4 Description
AtB	Agriculture, Hunting, Forestry and Fishing	8.11	A01	Crop and animal production, hunting and related service activities
AtB	Agriculture, Hunting, Forestry and Fishing	8.11	A02	Forestry and logging
AtB	Agriculture, Hunting, Forestry and Fishing	8.11	A03	Fishing and aquaculture
C	Mining and Quarrying	15.72	B	Mining and quarrying
15t16	Food, Beverages And Tobacco	2.55	C10-C12	Manufacture of food products, beverages and tobacco products
17t19	Textiles and Textile, Leather, Leather And Footwear	5.56	C13-C15	Manufacture of textiles, wearing apparel and leather products
20	Wood and of Wood and Cork	10.83	C16	Manufacture of wood and of products of wood and cork, except furniture; manufacture of articles of straw and plaiting materials
21t22	Pulp, Paper, Printing and Publishing	9.07	C17	Manufacture of paper and paper products
21t22	Pulp, Paper, Printing and Publishing	9.07	C18	Printing and reproduction of recorded media
23	Coke, Refined Petroleum and Nuclear Fuel	51.08	C19	Manufacture of coke and refined petroleum products
24	Chemicals and Chemical	4.75	C20	Manufacture of chemicals and chemical products
24	Chemicals and Chemical	4.75	C21	Manufacture of basic pharmaceutical products and pharmaceutical preparations
25	Rubber and Plastics	1.66	C22	Manufacture of rubber and plastic products
26	Other Non-Metallic Mineral	2.76	C23	Manufacture of other non-metallic mineral products
27t28	Basic Metals and Fabricated Metal	7.99	C24	Manufacture of basic metals
27t28	Basic Metals and Fabricated Metal	7.99	C25	Manufacture of fabricated metal products, except machinery and equipment

续表

ISIC Rev. 3	ISIC Rev. 3 Description	Trade Elasticity	ISIC Rev. 4	ISIC Rev. 4 Description
30t33	Electrical and Optical Equipment	10.60	C26	Manufacture of computer, electronic and optical products
30t33	Electrical and Optical Equipment	10.60	C27	Manufacture of electrical equipment
29	Machinery, nec.	1.52	C28	Manufacture of machinery and equipment n.e.c.
34t35	Transport Equipment	0.37	C29	Manufacture of motor vehicles, trailers and semi-trailers
34t35	Transport Equipment	0.37	C30	Manufacture of other transport equipment
36t37	Manufacturing nec; Recycling	5.00	C31-C32	Manufacture of furniture; other manufacturing
36t37	Manufacturing nec; Recycling	5.00	C33	Repair and installation of machinery and equipment
E	Electricity, Gas and Water Supply	5.00	D35	Electricity, gas, steam and air conditioning supply
E	Electricity, Gas and Water Supply	5.00	E36	Water collection, treatment and supply
E	Electricity, Gas and Water Supply	5.00	E37-E39	Sewerage; waste collection, treatment and disposal activities; materials recovery; remediation activities and other waste management services

‖第8章‖

中美产业链脆弱性比较：
经济、政治和断供能力的视角

本篇前三章通过进口中间品的分析以及投入产出表的行业分析，给出了一国产业链面临的二元悖论，即一国某个产业链的国际竞争力、影响力与该产业链的完全自主可控，两者难以兼得。在所有国家中，美国对这一悖论的处理似乎较为完美。那么美国在二元悖论下是如何实现高水平平衡的？美国与其他国家的政治关系以及美国的技术垄断带来的断供能力，是两个重要视角。

本章将通过中美比较的视角，使用世界投入产出数据库、清华大学国际关系研究院的"中国与大国关系数据库"，引入国际关系因素，对产业链的脆弱性进行更完整的测度。我们将全球供应链的风险界定为两类：生产风险和销售风险。除外国依赖度、多元化程度等经济因素之外，本章还强调政治关系和断供能力等政治因素的重要性。随后，本章通过定量和定性的比较分析方法，研究中国和美国的全球供应链风险。结果表明，仅考虑经济因素，中国的生产风险大于销售风险，美国的销售风险大于生产风险，中国的全球供应链风险低于美国。但在考虑政治关系后，中国的供应链风险明显提升，美国的风险则取决于和中国的政治关系。进一步考虑断供能力后，中国的全球供应链风险继续提升，美国的风险则基本不变。因此，相比美国，中国的全球供应链风险更容易受到政治因素的影响。本章研究的重要内涵是，在一定条件下，供应链安全与效率可能兼得，为了在提升全球供应链安全的同时不牺牲效率，中国需要营造与外国良好的政治关系，同时加强与断供能力弱的国家的供应链联系。

一、引言和文献回顾

全球供应链分工是当今国际分工的主导形式，最早的国际分工形式无疑是产业间分工。大卫·李嘉图（David Ricardo）在《政治经济学及赋税原理》中提出比较优势的思想时，举的关于英国和葡萄牙在布匹和葡萄酒生产中分工的例子便是产业间分工的例子。[①] 第二次世界大战之后，发达国家之间的产业内分工开始盛行，并导致新贸易理论的产生。20 世纪 90 年代以来，随着信息通信技术发展、运输成本下降，以产品内分工为特征的全球供应链分工越来越重要。[②]"生产分割""外包""中间品贸易""全球价值链""全球生产网络"等概念逐步流行起来。中国在改革开放尤其是加入世界贸易组织（简称"入世"）之后也是积极融入全球供应链分工，其重要特征是"入世"后加工贸易曾经在中国外贸中占据一半的比重。需要指出的是，全球供应链分工占主导形式，并不否定产业间分工、产业内分工依然是当今重要的分工形式，只不过全球供应链分工更能代表当今国际分工的特征。

参与全球供应链分工的经济体均能从中受益。全球供应链分工的特点是，各经济体不再简单地以某一产业的要素密集度来选择是否参与该产业生产，而是根据产业的不同环节来选择专注于该产业的哪个环节。其结果是，发达经济体往往专注于高端环节，获得更高的增加值，以此规避自身劳动力资源的劣势。发展中经济体则选

---

① 大卫·李嘉图. 政治经济学及赋税原理. 北京：华夏出版社，2005.

② Richard Baldwin. Global supply chains: why they emerged, why they matter, and where they are going. *The Fung Global Institute Working Paper Series*，No. FGI‑2012‑1，July 2012.

择劳动密集型环节，虽然获得的增加值低，但能生产本来无法生产的产品。比如，在传统的产业间分工、产业内分工形式下，由于中国不具备在设计、研发、核心零部件生产等方面的能力，将无法生产苹果手机。但是在全球供应链分工形式下，中国就可以专注于加工组装环节，生产并出口苹果手机。不同经济体分享同一产品的增加值，使其成为自身 GDP 的一部分。由此，全球供应链分工的参与国均从中受益。

但参与全球供应链同样面临风险。如果一国将全产业链掌握在自己手中，则该产品的生产将不受外国的影响或控制。但如果该国选择了全球供应链的下游环节，从外国进口上游零部件，则该国的生产将受制于外国零部件的供给，一旦供给出现问题，该国的生产将受到影响。尤其是如果外国政府人为地切断零部件供给，该国短期内无法找到外国替代供应商或自己无法生产，则该产业将瘫痪。更为重要的是，某一产业的供应链并不是两三个国家参与其中，而是许多国家参与。任何一个国家的供给出现问题，由于产业的序列生产问题，该产业都将受到致命打击，可谓一荣俱荣，一损俱损。

遗憾的是，全球供应链风险的研究文献仍较少。目前学界对全球供应链风险的研究主要分为三类：第一类是识别全球供应链风险。斯蒂芬·瓦格纳和克里斯托夫·博德（Stephan M. Wagner and Christoph Bode）认为需求风险、供给风险、灾难性风险（catastrophic risk）是三种最重要的供应链风险。[①] 戴维·波哥塔奇和玛利亚·波哥塔奇（David Bogataj and Marija Bogataj）则尝试建立测

[①] 灾难性风险包括自然灾害（不可抗力）、社会政治不稳定、内乱、经济混乱、恐怖袭击等。Stephan M. Wagner, Christoph Bode. An empirical investigation into supply chain vulnerability. *Journal of Purchasing & Supply Management*，2006，12（6）：301-312.

度全球供应链风险的方法。① 第二类是讨论企业降低全球供应链风险的对策。安斯曼·古普塔和卡斯塔斯·马拉纳斯（Anshuman Gupta and Costas D. Maranas，2003）等不少文献研究了企业进行供应链风险管理的策略。② 考尔·阿辛德（Kaur Arshinder，2008）等则强调了供应链协调的重要性。③ 第三类是基于具体案例研究重要事件对全球供应链风险的影响。如张存禄和黄培清研究了 2001 年美国"9·11"事件对全球供应链的影响，龙江研究了 2011 年日本"3·11"地震引发的供应链危机对跨国公司的影响，雷达和雷昭明研究了 2008 年国际金融危机对东亚生产网络的影响。④

　　总结已有研究全球供应链风险的文献，可以发现目前的研究仍存在两大不足之处：第一，已有研究主要将企业作为主体研究全球供应链风险，较少将国家作为主体研究供应链风险。参与全球供应链的微观主体是企业，因此更容易关注企业生产销售面临的风险。但是随着越来越强调与全球供应链相关的国家利益，以国家作为主体研究全球供应链风险越来越有必要。第二，已有研究主要从经济

　　① David Bogataj, Marija Bogataj. Measuring the supply chain risk and vulnerability in frequency space. *International Journal of Production Economics*, 2007 (108): 291-301.

　　② Anshuman Gupta, Costas D. Maranas. Managing demand uncertainty in supply chain planning. *Computers and Chemical Engineering*, 2003 (27): 1219 - 1227; Ila Manuj, John T. Mentzer. Global supply chain risk management strategies. *International Journal of Physical Distribution & Logistics Management*, 2008, 38 (3): 192 - 223; Martin Christopher, Carlos Mena, Omera Khan, Oznur Yurt. Approaches to managing global sourcing risk. *Supply Chain Management: An International Journal*, 2011, 16 (2): 67 - 81; R. Sreedevi, Haritha Saranga. Uncertainty and supply chain risk: The moderating role of supply chain flexibility in risk mitigation. *International Journal of Production Economics*, 2017 (193): 332 - 342.

　　③ Kaur Arshinder, Arun Kanda, and S. G. Deshmukh. Supply chain coordination: perspectives, empirical studies and research directions. *International Journal of Production Economics*, 2008, 115 (2): 316 - 335.

　　④ 张存禄，黄培清."9·11"事件对全球供应链的影响.国际商务研究，2002 (1): 53 - 55; 龙江.供应链危机全球效应对跨国公司的影响与应对策略——以"3·11"日本地震为视角.国际贸易，2011 (9): 46 - 52; 雷达，雷昭明.金融危机冲击下的东亚生产网络体系.当代亚太，2015 (3): 113 - 129.

管理角度进行研究，缺少政治维度的分析。风险管理属于企业管理的一部分，因此已有文献主要是从经济学尤其是管理学的角度看待全球供应链风险。但引发全球供应链的风险因素不仅是经济管理因素，政治关系和切断供应链等因素对全球供应链风险的影响越来越大。

与本章相关的另两类文献是关于全球供应链引致经济波动和国际经济制裁的研究。潘文卿等（2015）、唐宜红等（2018）、杨继军（2019）发现全球供应链分工增加了各国经济周期之间的联动性。[1]代谦和何祚宇进一步发现全球供应链的领导者减缓了外部波动对自身的影响，全球供应链的跟随者则分担了外部经济波动。[2] 霍震等（2019）发现全球供应链结构会影响各国经济周期联动的大小。[3] 上述文献主要强调经济因素，方法则是经济学方法。在国际经济制裁的研究中，石斌（2010）讨论了国际经济制裁的政治动因与伦理维度，李峥（2014）和阎梁（2012）分别梳理了美国和中国的经济制裁，白联磊（2016）基于成本收益比较的思路探讨了为何中国不愿意使用经济制裁，东艳和李春顶（2018）基于经济模型量化分析了2014 年乌克兰危机后美欧对俄罗斯制裁的成本和收益。[4] 这些文献

① 潘文卿，娄莹，李宏彬. 价值链贸易与经济周期的联动：国际规律及中国经验. 经济研究，2015（11）：20 - 33；唐宜红，张鹏杨，梅东州. 全球价值链嵌入与国际经济周期联动：基于增加值贸易视角. 世界经济，2018（11）：49 - 73；杨继军. 增加值贸易对全球经济联动的影响. 中国社会科学，2019（4）：26 - 48.

② 代谦，何祚宇. 国际分工的代价：垂直专业化的再分解与国际风险传导. 经济研究，2015（5）：20 - 34.

③ Zhen Huo，Andrei A. Levchenko，Nitya Pandalai-Nayar. International comovement in the global production network. *NBER Working Paper*，No. 25978，June 2019，Revised February 2020.

④ 石斌. 有效制裁与"正义制裁"——论国际经济制裁的政治动因与伦理维度. 世界经济与政治，2010（8）：24 - 47；李峥. 美国经济制裁的历史沿革及战略目的与手段. 国际研究参考，2014（8）：9 - 15；阎梁. 中国对外经济制裁：目标与政策议题. 外交评论，2012（6）：16 - 29；白联磊. 中国为何不愿使用经济制裁？. 复旦国际关系评论，2016（1）：150 - 166；Yan Dong，Chunding Li. Economic sanction games among the US，the EU and Russia：payoffs and potential effects. *Economic Modelling*，2018（73）：117 - 128.

尚未具体从全球供应链视角研究经济制裁问题。

本章旨在识别影响全球供应链风险的因素，除经济因素外，还强调政治因素的重要性。本章测度了中国和美国面临的全球供应链风险，评估中美全球供应链风险的来源及其大小。本章研究有助于理解全球供应链效率与安全是否可以兼得这一问题。在中美贸易战与新冠肺炎疫情的背景下，普遍认为，未来各国会更加注重全球供应链安全，更倾向于本国生产。中国也提出了"以国内循环为主，双循环互相促进"的新发展格局。但是，更多本国生产意味着本国需要生产不具备比较优势的产品，或者在不具备优势的环节进行生产，从而牺牲效率。本章的分析表明，在考虑政治因素之后，一国有可能在提升安全的同时，不牺牲效率。

本章结构安排如下：第二部分识别影响全球供应链风险的经济和政治因素；第三部分基于经济因素从国家和产业两个层面讨论中国和美国在全球供应链上的风险；第四部分综合考虑经济因素和政治因素，通过依次纳入政治关系和切断全球供应链的能力（断供能力）[①] 讨论中美在全球供应链上的风险；第五部分做出总结并提出中国保障全球供应链安全的对策。

二、研究框架

目前尚无把国际政治关系考虑在内测算全球供应链风险的较为成熟的方法，本章在识别影响因素的基础上，尝试建立一种测算方法。首先，基于经济分析，将已有文献公认的供给风险和需求风险作为两大风险来源，将风险分解为对外国的依赖程度和对不同国家依赖的多元化程度，并提供具体的测算方法。其次，将政治关系和外国切断供应链的能力作为经济层面之外的风险来源。本章建立的

---

① 需要指出的是，本章使用的"断供能力"是指切断供应链的能力，而非仅仅切断供给的能力，也包括切断需求的能力。

框架有助于理解一国对全球供应链的掌控能力。

(一) 经济因素

全球供应链分工区别于传统国际分工形式的重要特征是中间品贸易。一国在生产时,利用来自外国的中间品,或者自己生产中间品,出口到国外供外国生产使用。[①] 因此,本章的分析主要考虑中间品贸易。基于此,可以将全球供应链风险定义为:本国生产需要的中间品进口减少(波动性),或销售的中间品减少,甚至存在被切断的可能。由此,一国面临的全球供应链风险来自两个方面:一是生产风险;二是销售风险(见图8-1)。生产风险是指本国因为进口中间品的减少或中断而影响到本国生产。销售风险是指本国生产的中间品受到外国需求的影响出现减少或中断。生产风险和销售风险是镜像关系,本国的生产风险对应外国的销售风险。本章的生产风险和销售风险对应已有文献中指出的供给风险和需求风险。

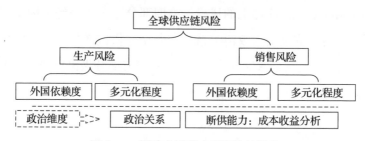

图8-1 影响全球供应链风险的因素

从经济角度看,无论是生产风险还是销售风险,均受到两种因素的影响:一是本国对外国的依赖,即外国依赖度。对于生产风险而言,外国依赖度是指在生产中投入的中间品依赖外国供应的程度;对于销售风险而言,外国依赖度是指销售的中间品依赖外国需求的程度。显然,外国依赖度越高,生产或销售越不受本国控制,越易

---

① Xin Li, Bo Meng, Zhi Wang. Recent patterns of global production and GVC participation. *Global Value Chain Development Report* 2019: *Technological Innovation, Supply Chain Trade, and Workers in a Globalized World*, 2019: 9-43.

于受到外国影响或控制，生产风险或销售风险也就越大。二是基于对外国的依赖考虑多元化程度。多元化程度是指对各国供给或需求依赖的分散程度。无论是生产风险还是销售风险，如果过多依赖某个国家的供应或需求，则风险更大；如果平均依赖外国的供应或需求，则风险最低。下面以生产风险为例，介绍生产风险、外国依赖度、多元化程度的计算方法。

假设国家 c 的某一产业或者国家整体在生产过程中投入的中间品来自国家 i 的部分是 $X_{ic}(i \neq c)$，来自本国的中间品是 X_{cc}。除国家 c 之外，共有 N 个国家，则国家 c 全球供应链的外国依赖度是

$$F_c = \frac{\displaystyle\sum_{i=1}^{N} X_{ic}}{X_{cc} + \displaystyle\sum_{i=1}^{N} X_{ic}}。[1]$$ 国家 c 全球供应链的多元化程度借鉴赫芬达尔-

赫希曼指数（Herfindahl-Hirschman index），该指数是测量产业集中度（多元程度）的常用指标，也经常用来测算其他集中度。计算公式

为：$D_c = \displaystyle\sum_{i=1}^{N}\left(\frac{X_{ic}}{\displaystyle\sum_{i=1}^{N} X_{ic}}\right)^2$，即各国占本国所有进口中间品的份额的平

方和。[2] 理论上讲，外国依赖度的值将介于 0 和 1 之间，多元化程度

的值则介于 $\frac{1}{N}$ 和 1 之间。生产风险指数是外国依赖度和多元化程度

的乘积，即 $PR_c = F_c \times D_c$。生产风险指数的取值介于 0 和 1 之间。当生产风险为 0 时，意味着本国的中间品投入完全靠本国生产，不依赖外国，因此不存在供应链的生产风险；当生产风险为 1 时，意

---

① 使用中间品而非全球价值链核算文献中的增加值概念，原因在于，比如，虽然中国从美国进口的中间品并非美国完全自己生产，但美国掌控了这一中间品的所有价值，即掌控的是整个中间品的价值，而不仅仅是美国自己贡献的增加值。

② Stephen A. Rhoades. The Herfindahl-Hirschman index. *Federal Reserve Bulletin*，1993（79）：188；George G. Szpiro. Hirschman versus Herfindahl：some topological properties for the use of concentration indexes. *Mathematical Social Sciences*，1987，14（3）：299‐302.

味着本国的中间品完全依赖外国的某一国家，"把鸡蛋放在一个篮子里"，此时生产风险最大。

销售风险对应的外国依赖度和多元化程度的计算方法与生产风险一致，只不过 X_{ic} 和 X_{cc} 分别替换成国家 c 生产的中间品销售到国家 i 的数量以及在本国销售的数量。

（二）纳入政治因素

上述经济分析框架假设各国对于本国而言是同质的，本国的生产风险和销售风险仅取决于对外国的依赖程度和多元化程度。这一经济分析框架便于理解诸如新冠肺炎疫情之类的冲击给本国带来的全球供应链风险，也便于理解外国宏观经济波动对本国的影响，但不易于理解中美贸易战中美国的制裁带来的供应链风险，即忽视了政治因素带来的供应链风险。另外，仅仅考虑经济因素的情况下，对于一国而言，降低供应链风险的政策内涵是，尽可能本国生产所有产品，降低外国依赖度，这意味着仅仅强调安全但会牺牲效率。为此，需要纳入国际政治这一维度，我们考虑政治关系和断供能力这两个因素。

一国对政治关系好的国家的依赖程度再高，面临的风险也很低，因为政治关系好的国家切断本国供应链或减少供应的可能性很低。但一国对政治关系不好的国家的依赖程度即便很低，也可能面临很大的风险，因为政治关系不好的国家可能会随时切断对本国的供应链。即政治关系会影响一国人为切断另一国供应链的可能性。

除政治关系外，一国的供应链是否被另一国切断，还取决于另一国切断全球供应链能力，即断供能力。如果一国和一个小国的政治关系不好，这个小国也没有能力切断供应链。但是一个大国则具有切断供应链的能力。国家 i 的全球供应链能力取决于成本收益的比较，只有当收益大于成本时，才具备这种能力。

以生产风险为例进行分析。从企业角度来讲，国家 i 的企业并

无切断国家 c 的企业的供应链的动机，因为国家 i 的企业如果切断供应链，其销售也将遇到困难，从而损失销售收入和利润，这是其切断供应链的经济成本。而且，国家 i 的企业无法从切断供应链中获得任何收益。综合成本收益，对于国家 i 的企业来讲，没有动机切断供应链。从国家 i 的政府或者整个国家 i 的角度来讲，其成本和企业切断供应链损失的成本基本相同，但是收益可能会大于成本。这种收益主要是非经济层面的收益，比如迫使国家 c 屈从于国家 i 的某一要求，在谈判中获得更高的砝码，或者国家 i 本身的政府目标就是切断两国之间的经贸联系等，总之可以称为政治收益。切断供应链的能力取决于该国的经济成本和政治收益的权衡。

在考虑政治关系和断供能力之后，在测算生产风险和销售风险时，需要纳入政治关系和断供能力的指标。假设本国对本国的政治关系指标是 1，作为基准，本国与外国的政治关系指标均大于等于 1。政治关系指标越大，表明两国的政治关系越差。国家 c 和国家 i 的政治关系指标记为 p_{ic}（$p_{ic}=p_{ci}$）。国家 i 对国家 c 的断供能力记为 s_{ic}，同样以本国的 1 为基准。基于此，国家 c 全球供应链的外国依

赖度调整为：$F_c = \dfrac{\sum\limits_{i=1}^{N} p_{ic} s_{ic} X_{ic}}{X_{cc} + \sum\limits_{i=1}^{N} p_{ic} s_{ic} X_{ic}}$。国家 c 全球供应链的多元化程

度为：$D_c = \sum\limits_{i=1}^{N} \left(\dfrac{p_{ic} s_i X_{ic}}{\sum\limits_{i=1}^{N} p_{ic} s_{ic} X_{ic}} \right)^2$。[①]

显然，理想的情况是通过衡量两国政治关系和一国断供能力，重新计算一国的生产风险和销售风险。为此，我们基于双边政治关系的指标调整计算方法，继续进行量化分析。但是由于断供能力的

---

① 这里调整指标的依据是，当两国政治关系不好或者外国的断供能力较强时，即便是同样数量的进口中间品，也意味着对该国的依赖度非常大，因此使用大于 1 的权重进行调整。

衡量非常难，尚无较为理想的数据予以支撑，因此在分析断供能力时，主要通过成本收益的定性方法进行分析。

上述经济分析和国际政治经济分析框架适合研究每一个经济体的全球供应链风险，本章聚焦中国和美国。其原因在于，一方面，中美作为世界第一大和第二大经济体，其面临的全球供应链风险最受关注，其供应链风险对整个世界的影响也最大。另一方面，中美在全球供应链中的地位不同，美国是主导者，中国正处于赶超阶段，对中美的比较分析具有较强的启发性。特别是对于中国而言，将美国作为参照国，有助于认识自身的供应链风险并予以改善。

三、全球供应链风险的经济分析

计算中国和美国的外国依赖度和多元化程度需要使用中间品进出口数据，该数据来自世界投入产出数据库（WIOD）的国际投入产出表。[①] 近年来，该数据库广泛应用于国内外的全球供应链研究。WIOD 的国际投入产出表包括 2000—2014 年 43 个具体经济体（加上世界其他地区）和 56 个产业。[②] 产业包括农业、制造业和服务业。鉴于制造业的全球供应链分工程度最高，其供应链风险最值得关注，本章主要考察 18 个制造业产业的供应链风险。

（一）国家层面的分析

中国的生产风险高于销售风险，且均呈现先上升后下降的趋势（见表 8-1）。2000—2013 年，中国的生产风险高于销售风险，但是 2013—2014 年两者开始趋同。2001 年中国的生产风险和销售风险相比 2000 年有所降低，随后呈现增长态势，均在 2004 年达到风险的最高点。2004 年之后，中国的生产风险和销售风险均呈下降态势。2009

---

① http://www.wiod.org/home.

② 包括欧盟 28 个国家和挪威、瑞士，以及澳大利亚、巴西、加拿大、中国、印度尼西亚、印度、日本、韩国、墨西哥、俄罗斯、土耳其、中国台湾、美国。

年之后，生产风险和销售风险的下降趋势放缓或者变得较为平稳。生产和销售的外国依赖度大体遵循了同样的变动趋势。但多元化程度的变动趋势有所不同。2000 年以来，生产和销售的多元化程度一直在提高，但是 2010 年或者 2012 年之后，多元化程度又有所下降。

表 8-1　中美全球供应链风险指标国家层面测度结果

年份	中国		美国	
	生产风险	销售风险	生产风险	销售风险
2000	0.007 7 (0.054 8, 0.141 5)	0.005 9 (0.045 8, 0.129 9)	0.013 3 (0.102 1, 0.130 1)	0.018 1 (0.116 0, 0.155 8)
2001	0.007 4 (0.055 4, 0.133 8)	0.005 6 (0.046 1, 0.120 5)	0.013 1 (0.095 7, 0.137 4)	0.018 0 (0.112 8, 0.159 7)
2002	0.008 4 (0.063 8, 0.131 4)	0.006 4 (0.053 9, 0.118 7)	0.013 6 (0.100 2, 0.135 9)	0.018 0 (0.109 0, 0.165 3)
2003	0.009 8 (0.076 3, 0.127 8)	0.006 9 (0.062 3, 0.111 3)	0.014 4 (0.104 7, 0.137 4)	0.018 2 (0.110 9, 0.164 3)
2004	0.011 0 (0.086 0, 0.127 6)	0.007 9 (0.073 9, 0.106 5)	0.015 6 (0.117 0, 0.133 7)	0.018 5 (0.115 9, 0.159 7)
2005	0.009 6 (0.078 1, 0.123 6)	0.007 8 (0.074 0, 0.104 8)	0.016 7 (0.120 4, 0.138 8)	0.018 4 (0.115 4, 0.159 7)
2006	0.008 9 (0.074 2, 0.119 3)	0.007 5 (0.077 0, 0.097 8)	0.017 7 (0.129 9, 0.136 1)	0.018 7 (0.121 5, 0.154 2)
2007	0.008 7 (0.074 8, 0.116 7)	0.006 3 (0.073 0, 0.086 5)	0.016 4 (0.123 2, 0.133 3)	0.017 5 (0.120 8, 0.144 9)
2008	0.007 4 (0.067 2, 0.110 5)	0.005 8 (0.069 0, 0.083 5)	0.018 3 (0.128 7, 0.142 2)	0.017 0 (0.127 5, 0.133 5)
2009	0.005 4 (0.053 0, 0.101 8)	0.003 6 (0.046 3, 0.077 8)	0.015 5 (0.116 4, 0.133 2)	0.017 6 (0.134 0, 0.131 5)
2010	0.005 7 (0.056 7, 0.099 9)	0.004 1 (0.055 6, 0.074 0)	0.016 7 (0.127 7, 0.131 0)	0.020 4 (0.144 2, 0.141 8)
2011	0.005 0 (0.053 0, 0.095 2)	0.004 2 (0.055 3, 0.075 2)	0.018 4 (0.137 4, 0.133 8)	0.019 9 (0.144 6, 0.137 4)
2012	0.004 3 (0.045 2, 0.094 3)	0.003 7 (0.047 7, 0.078 1)	0.019 5 (0.138 0, 0.141 3)	0.020 9 (0.141 5, 0.147 6)
2013	0.004 2 (0.041 9, 0.099 3)	0.004 1 (0.047 6, 0.085 3)	0.019 3 (0.138 8, 0.138 9)	0.020 6 (0.147 1, 0.139 8)
2014	0.004 1 (0.039 7, 0.103 1)	0.004 2 (0.048 7, 0.086 2)	0.019 4 (0.141 1, 0.137 6)	0.021 1 (0.144 4, 0.146 1)

说明：括号中的数字分别是外国依赖度和多元化程度。

资料来源：根据世界投入产出数据库（WIOD）的国际投入产出表计算得出。

美国销售风险高于生产风险，且二者均呈现总体上升的趋势。2000—2006 年，美国的生产风险一直在提高，2006—2009 年间有所波动，但是 2009 年之后又重新出现增加趋势。2000—2009 年美国的销售风险一直较为稳定，2010 年销售风险相比 2009 年有明显的增加，之后又稳定下来。美国生产和销售的外国依赖度都呈现上升趋势，并且在 2011 年之后较为稳定。美国生产的多元化程度波动较大，没有明显的变动规律。美国销售的多元化程度一直在提高，并在 2010 年之后变得较为稳定。

中国的生产风险和销售风险均低于美国。2000—2012 年，中国的生产风险和销售风险与美国的差距在拉大，但是 2012 年之后差距较为稳定。相比生产风险，中国的销售风险与美国的差距更大。美国生产的外国依赖度明显高于中国，但生产的多元化程度较为接近；美国销售的外国依赖度高于中国，但多元化程度低于中国。

上述结果与通常的直觉相符。中国在全球供应链中的地位低于美国，更多处于下游环节，美国则处于上游环节。中国的生产更多依赖从国外进口的中间品，美国则需要将自身生产的中间品销往国外。其结果是，中国面临的生产风险高于销售风险，美国面临的销售风险则高于生产风险。美国生产风险和销售风险均高于中国的主要原因在于美国的外国依赖度更高。这表明，美国更多依赖国外供给和国外市场，参与全球供应链的程度高于中国。

（二）产业层面的分析

在中国的各个产业中（见表 8-2），计算机、电子和光学产品制造业这一技术密集型产业的生产风险最高，明显高于其他产业；焦炭和成品油制造业，橡胶和塑料制品业，汽车、拖车和半挂车制造业，电气设备制造业等资源和资本密集型产业的生产风险也很高；纺织业，家具制造业及其他制造业，木材、软木及其制品等传统的劳动密集型产业的生产风险最低。家具制造业及其他制造业的销售风险最高；计算机、电子和光学产品制造业的销售风险次之；焦炭和成品油制造业，食品、饮料、烟草制造业的销售风险最低。

表 8-2　中美全球供应链风险指标产业层面测度结果（2014 年）

产业	中国		美国	
	生产风险	销售风险	生产风险	销售风险
食品、饮料、烟草制造业	0.004 2	0.000 8	0.005 6	0.006 6
纺织业	0.002 4	0.002 4	0.009 4	0.026 9
木材、软木及其制品	0.001 9	0.002 4	0.026 7	0.015 5
造纸和纸制品业	0.003 2	0.004 5	0.010 9	0.021 9
印刷和记录媒介复制业	0.002 9	0.005 0	0.008 5	0.010 3
焦炭和成品油制造业	0.015 9	0.001 0	0.109 9	0.019 1
化学原料和化学制品制造业	0.005 1	0.004 8	0.010 8	0.028 5
医药制造业	0.002 6	0.002 6	0.010 8	0.013 4
橡胶和塑料制品业	0.005 6	0.004 7	0.012 4	0.036 6
其他非金属矿物制造业	0.002 9	0.002 8	0.017 3	0.018 7
基本金属制造业	0.004 8	0.002 8	0.020 9	0.017 5
金属制品业，机械和设备除外	0.002 6	0.007 2	0.013 4	0.020 4
计算机、电子和光学产品制造业	0.024 6	0.014 0	0.029 5	0.038 3
电气设备制造业	0.005 2	0.007 8	0.019 3	0.046 8
机械设备制造业	0.004 8	0.007 6	0.019 2	0.031 5
汽车、拖车和半挂车制造业	0.005 3	0.006 0	0.024 5	0.080 2
其他运输设备制造业	0.004 8	0.004 5	0.019 1	0.032 3
家具制造业及其他制造业	0.002 4	0.023 8	0.013 0	0.023 6

资料来源：根据世界投入产出数据库（WIOD）的国际投入产出表计算得出。

从各产业自身的生产风险和销售风险比较来看，食品、饮料、烟草制造业，焦炭和成品油制造业，橡胶和塑料制品业，基本金属制造业，计算机、电子和光学产品制造业的生产风险明显高于销售风险；造纸和纸制品业、印刷和记录媒介复制业、金属制品业（机械和设备除外）、电气设备制造业、机械设备制造业、家具制造业及其他制造业的销售风险明显高于生产风险。

对于美国而言，焦炭和成品油制造业的生产风险最高；计算机、电子和光学产品制造业，木材、软木及其制品，汽车、拖车和半挂车制造业的生产风险次之；纺织业，印刷和记录媒介复制业，食品、饮料、烟草制造业的生产风险最低。汽车、拖车和半挂车制造业的销售风险最高；电气设备制造业，计算机、电子和光学产品制造业的销售风险次之；医药制造业，印刷和记录媒介复制业，食品、饮料、烟草制造业的销售风险最低。仅有木材、软木及其制品，焦炭和成品油制造业，基本金属制造业等三个产业的生产风险高于销售风险，其余 15 个产业的生产风险均低于销售风险。

无论对于中国还是对于美国而言，某些产业的生产风险和销售风险高既源于外国依赖度高，也因为多元化程度低。从时间序列来看，和总体风险一致，大部分中国产业的风险都经历了先上升后下降的趋势；大部分美国产业的风险则呈现上升趋势。

从中美比较的视角来看，中国绝大部分产业的生产和销售风险都低于美国。但中国在家具制造业及其他制造业的销售风险略高于美国，这既是因为中国的外国依赖度高于美国，还因为中国的多元化程度低于美国。中国在计算机、电子和光学产品制造业的生产风险虽然也低于美国，但是较为接近。中国产业的生产风险低于美国，主要源于自身的外国依赖度明显低于美国。事实上，中国在大多数产业的生产多元化程度都低于美国。与此相对比，中国仅在造纸和纸制品业、印刷和记录媒介复制业、家具制造业及其他制造业等少数产业的销售多元化程度低于美国，其余产业的销售多元化程度都高于美国。

上述全球供应链风险测算结果说明，仅仅考虑经济因素，美国的全球供应链风险要大于中国。这表明，相比中国，美国更应该考虑供应链安全问题。中国反而不应该担忧供应链安全问题，因为中国对外国的依赖度低，多元化程度也更高。但事实并非如此。在当前，中国反而更加重视供应链安全问题，担心被美国制裁带来的生产和经营困难。这说明，仅仅考虑经济因素，无法理解当前的供应链安全问题。为此，下面纳入政治因素进行分析。

四、纳入政治因素的分析

(一) 考虑政治关系的全球供应链风险

1. 国家和产业层面的分析

在考虑政治关系后，需要在计算全球供应链风险时根据政治关系（$p_{ic} = p_{ci}$）进行调整。该调整指标基于清华大学国际关系研究院的"中国与大国关系数据库"得出。[①] 该数据库采用定量衡量的方法，将中国与世界大国的双边关系用分值表示出来。该数据库将中国与大国的双边关系取值为 −9～9 之间，分为 6 个等级，从坏到好依次为对抗（−9～−6）、紧张（−6～−3）、不和（−3～0）、普通（0～3）、良好（3～6）、友好（6～9），即分值越高表明关系越好。该数据库给出月度的分值，我们使用的年度分值根据各月平均值得出。其中，2019 年的数据使用前 9 个月的平均值作为 2019 年的指标。

调整全球供应链测度的方法如下：普通、良好、友好三个等级不进行调整[②]，不和将（$p_{ic} = p_{ci}$）调整为 2，紧张将（$p_{ic} = p_{ci}$）调整为 3，对抗将（$p_{ic} = p_{ci}$）调整为 4。由于该数据库仅有中国和其他大国政治关系的测度，因此非常便于对中国进行调整。该数据库如果没有给出中国与其他国家的指标，则不进行调整。

美国的调整可以根据美国与中国的政治关系计算，同时调整美国与俄罗斯、美国与土耳其的指标。美国与其他国家的关系暂且不考虑，也就是假设都是普通及以上。2014—2019 年，评估美国与俄罗斯的关系一直处于紧张状态，将（$p_{ic} = p_{ci}$）调整为 3。[③] 美国与土耳其的关系在 2016 年之前都至少是普通，从 2016 年开始调整为

---

① http://www.imir.tsinghua.edu.cn/publish/iis/7522/index.html.

② 也就是说，即便关系再好，最多不影响供应链，和本国生产的效果相同。

③ 做出这一衡量基于美国和中国关系的对比，根据"中国与大国关系数据库"，美国和中国在 2018 年和 2019 年的关系为紧张。俄罗斯和美国的关系至少是这个状态，但不至于上升为对抗。

不和，将（$p_{ic}=p_{ci}$）调整为 2。[①]

需要说明的是，根据上述调整方法，2000—2014 年，仅需要对中国和美国、中国和日本的关系进行调整。中国和美国在 2001—2002 年、2017—2019 年的分值为负值，中国和日本在 2005—2007 年、2012—2019 年的分值为负值。根据该调整方法，日本在 2014—2017 年调整为 3，2018—2019 年调整为 2，美国在 2017 年调整为 2，2018—2019 年调整 3。假设 2015—2019 年中间品供应和需求结构不变，使用 2014 年的数据，计算 2014—2019 年中国国家层面及产业层面的全球供应链风险，表 8-3 列出了调整后的 2014—2019 年中国和美国国家层面全球供应链风险与 2014 年不考虑政治关系的指标的值。

表 8-3 考虑政治关系之后的中美全球供应链风险（2014—2019 年）

年份	中国		美国	
	生产风险	销售风险	生产风险	销售风险
2014（基准）	0.004 1	0.004 2	0.019 4	0.021 1
2014	0.007 2	0.007 1	0.019 0	0.020 9
2015	0.007 2	0.007 1	0.019 0	0.020 9
2016	0.007 2	0.007 1	0.018 9	0.020 7
2017	0.007 3	0.010 3	0.022 0	0.020 8
2018	0.006 2	0.014 4	0.027 6	0.021 8
2019	0.006 2	0.014 4	0.027 6	0.021 8

资料来源：根据世界投入产出数据库（WIOD）的国际投入产出表和清华大学国际关系研究院的"中国与大国关系数据库"计算得出。

考虑政治关系后，中国 2014 年的生产风险和销售风险与不考虑政治关系时相比大幅增加，由此可以看出考虑政治关系对全球供应链风险的影响。特别是 2017 年，当中美关系恶化时，除焦炭和成品油制造业的生产风险略微下降之外，其他所有产业的生产风险和销售风险都大幅增加。生产风险增加最少的产业增加 19.08%，增加最大的产业增加 184.63%；销售风险增加最少的产业增加 17.34%，增加最大的产业增加 244.12%。

从时间趋势看，在考虑政治关系之后，生产风险在 2014—2017

[①] 美国和土耳其的关系在 2016 年因为土耳其政变而趋紧，因此两国关系调整为不和。但两国毕竟都是北约成员，有许多利益重合，不至于上升为紧张。

年因为和美国政治关系变差而上升，但是 2018 年又因为和日本的关系变好而降低。2014—2019 年，销售风险则一直呈现上升的趋势。这和仅仅基于经济分析得出的结论有所不同。经济分析表明，中国整体的风险在下降或较为平稳。

从产业角度来看，食品、饮料、烟草制造业，纺织业，木材、软木及其制品，造纸和纸制品业，印刷和记录媒介复制业，医药制造业等 6 类产业的生产风险一直在增加。焦炭和成品油制造业，基本金属制造业，金属制品业（机械和设备除外），计算机、电子和光学产品制造业，电气设备制造业，机械设备制造业，汽车、拖车和半挂车制造业等 7 类产业的生产风险在下降。有 11 类产业的生产风险因为中国和美国在 2017 年的关系恶化而增加。包括计算机、电子和光学产品制造业在内的 13 类产业的销售风险一直在增加。另外有 3 类产业的销售风险因为 2017 年中国和美国政治关系的恶化而增加。仅有食品、饮料、烟草制造业，印刷和记录媒介复制业两类产业的销售风险有所下降。

2014 年，在考虑政治关系之后，美国的生产风险和销售风险与不考虑政治关系相比并没有上升，反而有所下降。这表明与俄罗斯、土耳其的政治关系并没有影响到美国的生产和销售风险。究其原因，美国和这两个国家的生产和销售联系较弱，而且所有产业的生产风险和销售风险都没有提高。

但是 2017 年之后，美国和中国的政治关系恶化，导致美国产业的生产风险和销售风险有所提升。除焦炭和成品油制造业外，其余产业的生产风险都在提高。但仅有 7 类产业的销售风险在不断提高，其余产业的销售风险呈现下降趋势。

2. 国别层面的分析

在计算中国和美国对各经济体的依赖度之后，可以看出中美两国对各经济体以及对彼此的依赖程度。下面仅分析中美两国依赖程度前五名的经济体（见表 8 - 4、表 8 - 5）。

表8-4 中国全球供应链风险指标分经济体测度结果（2014年）

产业	生产风险					销售风险				
	1	2	3	4	5	1	2	3	4	5
经济体层面	韩国	中国台湾	日本	澳大利亚	美国	美国	韩国	日本	中国台湾	德国
食品、饮料、烟草制造业	巴西	美国	澳大利亚	印度尼西亚	加拿大	日本	美国	美国	德国	印度尼西亚
纺织业	韩国	中国台湾	巴西	美国	日本	俄罗斯	美国	澳大利亚	印度尼西亚	韩国
木材、软木及其制品	加拿大	美国	韩国	俄罗斯	印度尼西亚	日本	美国	韩国	加拿大	英国
造纸和纸制品业	美国	韩国	巴西	日本	中国台湾	美国	日本	韩国	澳大利亚	印度
印刷和记录媒介复制业	美国	日本	巴西	韩国	印度尼西亚	俄罗斯	印度	日本	土耳其	韩国
焦炭和成品油制造业	澳大利亚	俄罗斯	巴西	印度尼西亚	澳大利亚	美国	韩国	日本	印度	印度尼西亚
化学原料和化学制品制造业	韩国	中国台湾	日本	美国	澳大利亚	美国	日本	韩国	日本	中国台湾
医药制造业	美国	巴西	德国	韩国	澳大利亚	日本	美国	韩国	西班牙	巴西
橡胶和塑料制品业	韩国	中国台湾	日本	美国	德国	美国	日本	加拿大	墨西哥	澳大利亚
其他非金属矿产物制品业	澳大利亚	俄罗斯	日本	俄罗斯	美国	韩国	美国	日本	加拿大	澳大利亚
基本金属制造业	澳大利亚	韩国	韩国	日本	巴西	韩国	日本	美国	中国台湾	印度
金属制品、机械和设备除外	中国台湾	韩国	德国	澳大利亚	中国台湾	美国	日本	韩国	加拿大	澳大利亚
计算机、电子和光学产品制造业	韩国	韩国	中国台湾	美国	德国	美国	韩国	中国台湾	日本	墨西哥
电气设备制造业	韩国	日本	德国	德国	美国	美国	日本	德国	韩国	美国
机械设备制造业	德国	日本	韩国	中国台湾	美国	美国	日本	德国	韩国	印度尼西亚
汽车、拖车和半挂车制造业	德国	日本	韩国	中国台湾	美国	美国	日本	俄罗斯	韩国	加拿大
其他运输设备制造业	德国	韩国	日本	法国	中国台湾	印度	美国	日本	韩国	德国
家具制造业及其他制造业	韩国	日本	美国	中国台湾	德国	韩国	美国	加拿大	法国	德国

资料来源：根据世界投入产出数据库（WIOD）的经济体同投入产出表计算得出。

表 8-5　美国全球供应链风险指标分经济体测度结果（2014 年）

产业	生产风险					销售风险				
	1	2	3	4	5	1	2	3	4	5
经济体层面	加拿大	墨西哥	中国	日本	德国	加拿大	墨西哥	中国	日本	英国
食品、饮料、烟草制造业	加拿大	墨西哥	中国	巴西	德国	加拿大	加拿大	中国	日本	韩国
纺织业	中国	加拿大	墨西哥	韩国	德国	墨西哥	加拿大	中国	澳大利亚	意大利
木材、软木及其制品	加拿大	中国	墨西哥	德国	日本	加拿大	中国	墨西哥	日本	英国
造纸和纸制品业	加拿大	中国	墨西哥	德国	日本	加拿大	墨西哥	中国	德国	韩国
印刷和记录媒介复制业	中国	加拿大	墨西哥	德国	日本	加拿大	墨西哥	爱尔兰	法国	荷兰
焦炭和成品油制造业	加拿大	墨西哥	巴西	俄罗斯	英国	墨西哥	加拿大	巴西	巴西	日本
化学原料和化学制品制造业	加拿大	中国	德国	日本	墨西哥	墨西哥	加拿大	中国	英国	意大利
医药制造业	加拿大	中国	德国	日本	墨西哥	加拿大	日本	瑞士	澳大利亚	日本
橡胶和塑料制品业	中国	加拿大	德国	日本	巴西	加拿大	墨西哥	中国	韩国	中国
其他非金属矿物制品制造业	加拿大	墨西哥	中国	德国	德国	加拿大	墨西哥	德国	中国	英国
基本金属制造业	加拿大	墨西哥	中国	德国	韩国	加拿大	墨西哥	印度	韩国	德国
金属制品业、机械和设备除外	加拿大	中国	墨西哥	日本	德国	墨西哥	加拿大	日本	韩国	德国
计算机、电子和光学产品制造业	中国	墨西哥	加拿大	日本	德国	加拿大	加拿大	中国	日本	德国
电气设备制造业	中国	墨西哥	加拿大	日本	德国	加拿大	墨西哥	中国	德国	德国
机械设备制造业	中国	墨西哥	加拿大	日本	英国	加拿大	墨西哥	中国	日本	韩国
汽车、拖车和半挂车制造业	墨西哥	加拿大	中国	日本	英国	加拿大	墨西哥	澳大利亚	中国	德国
其他运输设备制造业	中国	加拿大	墨西哥	日本	日本	英国	法国	加拿大	日本	德国
家具制造业及其他制造业	加拿大	中国	墨西哥	德国	荷兰	加拿大	中国	墨西哥	韩国	荷兰

资料来源：根据世界投入产出数据库（WIOD）的国际投入产出表计算得出。

从国家层面上看，无论是中国还是美国，其生产的中间品来源和中间品的出口市场都极度依赖占比前五名的经济体。中国中间品进口来源前五名的经济体依次是韩国、中国台湾、日本、澳大利亚、美国，总占比达到 64.64%；中间品出口市场前五名的经济体依次是美国、韩国、日本、中国台湾、德国，总占比达到 53.40%。美国中间品进口来源前五名的国家依次是加拿大、墨西哥、中国、日本、德国，总占比达到 69.43%；中间品出口市场前五名的国家依次是加拿大、墨西哥、中国、日本、英国，总占比达到 66.11%。美国对前五名国家的依赖程度相比中国明显更高。

从产业角度和中美相互依赖的角度来看，美国是中国造纸和纸制品业、印刷和记录媒介复制业、医药制造业等 3 类产业的最大中间品供给来源国，是中国造纸和纸制品业等 9 类产业的最大销售目的地。中国是美国纺织业等 7 类产业的最大中间品供给来源国，但没有成为美国最大的销售目的地。中美都是彼此供应链最为紧密的伙伴，中美之间的政治关系恶化使得彼此供应链风险都在上升。

从中国与其他贸易伙伴的关系来看，巴西、韩国、加拿大、澳大利亚、日本、中国台湾、德国都在至少一个产业上成为中国最大的中间品供给来源地。俄罗斯、印度则至少在某一个产业上成为中国最大的出口目的地。此外，印度尼西亚、法国、英国、西班牙、墨西哥、土耳其也都在中国中间品供给来源或销售去向的前五名里。从美国与其他贸易伙伴的关系来看，除英国是美国在其他运输设备制造业的最大销售目的地，中国是美国 7 类产业的最大供给来源国外，最大的供给来源或销售目的地只有加拿大和墨西哥。

根据"中国与大国关系数据库"的分值，中国和印度的政治关系在 2017 年明显下降，从 2016 年的 5.79 下降到 2017 年的 4.13，再下降到 2018 年的 3.05。虽然 2019 年稍微上升到 3.3，但是中印之间政治关系的下降值得注意。另外，中国和韩国之间的政治关系从 2016 年的 5.95 下降到 2017 年的 3.71，虽然 2019 年恢复到 3.9，但中韩之间政治关系恶化的可能也需要注意。中国和加拿大之间的关系在 2018 年 12 月孟晚舟被扣留之后明显恶化，这导致 2019 年中加关系急剧下降。中国和澳大利亚之间的关系也不算稳固。

与此相比，美国面临因为政治关系带来供应链风险的可能性较低。美国供应链联系最紧密的伙伴是加拿大和墨西哥。这两个国家与美国的政治关系非常稳固。三国之间有《北美自由贸易协定》（NAFTA）和重新谈成的《美墨加协定》（USMCA）。① 除中国外，美国与日本、德国、英国、韩国、巴西、意大利、澳大利亚、爱尔兰、瑞士、荷兰、印度等的政治关系都较为稳固。

总体而言，从中美对各贸易伙伴的依赖来看，中美之间的相互依赖很强，这意味着中美政治关系的稳定对彼此的供应链稳定都非常重要。除此之外，中国与供应链依赖程度很强的贸易伙伴之间的政治关系相较美国要差一些，美国与紧密的贸易伙伴之间的政治关系都很稳定。政治关系波动给中国带来的供应链风险大于美国。

上述分析表明，政治关系的好坏直接影响一国的供应链风险，在供应链安全中扮演非常重要的角色。美国虽然对外国的依赖程度很高，但是政治关系较为稳定，从而不需要担忧供应链安全问题。而中国由于近年来政治关系的波动增加了自身的供应链风险，从而面临供应链安全问题。另外，中美关系的恶化直接导致两国的供应链风险上升，而中美政治关系又是影响两国供应链安全的最重要政治因素。

（二）断供能力的成本收益分析

外国依赖度、多元化程度、政治关系都有可能导致一国进口的中间品或出口的中间品的数量出现波动。但政治关系的恶化还不至于使

① USMCA 已得到美国、墨西哥、加拿大三国的批准，于 2020 年 7 月 1 日生效。https://ustr.gov/about-us/policy-offices/press-office/press-releases/2020/april/usmca-enter-force-july-1-after-united-states-takes-final-procedural-steps-implementation.

得外国切断供应链，最多是减少供给或需求。真正使得外国切断本国供应链，不仅因为政治关系的恶化，还因为外国具备了切断供应链的能力，也即断供能力。切断供应链应该是经济制裁的一种，但是区别于普通的经济制裁，因为切断供应链主要针对中间品而非最终品。

一国切断供应链的能力取决于成本收益分析。成本就是企业销售遇阻或生产受到影响的损失，乃至因为企业上下游的关联导致的对本国企业的影响。总体而言，成本主要是经济损失、经济成本，是相对概念。对于大国而言，同样的绝对经济损失是可以承受的，和本国经济总量相比较小；对于小国而言，同样的绝对损失则可能无法承受，因为和本国经济总量相比较大。收益则主要是非经济方面的，也可称为政治收益。如前所述，收益包括迫使对方满足自身某方面的要求，在谈判中获得更高的谈判势力，打压或威慑对手等。往往大国更加重视这些非经济方面的收益。只有当一国切断供应链的政治收益大于经济成本时，才具备断供能力。①

一国可以针对小国的整个产业切断供应链，但在制裁大国时往往只针对某一具体产品切断供应链。上面的分析基于国家和产业数据进行，仅仅考虑了经济因素和政治关系，实际上没有进一步考虑断供能力。这不仅在于没有很好的衡量指标，还在于一国几乎不可能对大国的整个产业切断供应链。其原因：一是这样做的成本太高，以至于对任何制裁国而言，都难以承受这一损失。因为从产业层面来讲，两国之间的供应链联系非常强。除非两国之间出现非常敌对状态，乃至于发生战争。二是从产业层面来讲，一国找到替代国的难度很低，产业内的大部分产品的替代性都非常强，因此一国不容

① 制裁未必能取得预期的效果。研究表明，冷战结束后，国际经济制裁的成功率只有1/3甚至更低。也有研究认为，制裁至少让被制裁国的经济损失达到GDP的2%才会有效果。石斌．有效制裁与"正义制裁"——论国际经济制裁的政治动因与伦理维度．世界经济与政治，2010（8）：24-47；阎梁．中国对外经济制裁：目标与政策议题．外交评论，2012（6）：16-29.

易从断供中获得预期收益。因此，一方面基于产业的断供成本很高，另一方面收益很低，基于成本收益比较的结果，很难切断整个产业。但是对于某个细分产品则不同，一方面承担的成本较低，另一方面由于该产品的不可替代性很强，被制裁国很难找到替代来源，制裁国更容易获得收益。

一国更倾向于切断供给而非切断需求。因为切断供给的成本相对切断需求更低，切断供给虽然使得本国企业的销售出现问题，但可以通过库存暂时解决这一问题。但切断需求，会使得本国生产立即出现问题。从镜像的角度来看，切断供给会使外国立即出现生产问题，从而更容易获得想要的收益。而切断需求，则可以使外国企业通过库存解决问题。但在两国关系恶化时，切断对外国中间品的需求也是可以考虑的选项，因为这虽然会给自身带来损失，但同样能震慑对手。

显然，即便是针对某个产品，大国也更具备切断供应链的能力。对于大国而言，由于经济体量大，更容易承担断供的损失，而且更容易在不可替代性强的产品上具有优势。从收益的角度来看，大国更倾向于寻求断供的非经济收益。而且大国的供给量较大，一旦切断，更容易使得别国承担更大的损失，从而获得预期收益。

当然，一国是否会对另一国断供还取决于双方的能力对比。基于非对称相互依赖理论，尽管中美存在相互依赖，但这种依赖是不对称的。美国"卡中国脖子"的产品更多，而中国能"卡美国脖子"的产品相对较少。在这种情况下，中国能给美国的威慑并不强，这导致美国可以很坚决地基于自身的断供能力，真正做到切断对中国的供应。因为美国认为，中国的反制给美国带来的负面影响有限。

2018年4月，美国禁止本国企业向中国的中兴公司销售芯片。2019年7月，日本宣布限制向韩国出口光刻胶等重要零部件。这两项制裁使用的产品都是本国具有生产优势而外国难以找到替代供应的产品。无论是美国的断供还是日本的断供，都使得本国企业承担没有销路的经济成本，但二者寻求的政治收益有所不同。美国的主要目的是限制中国企业的发展、打压中国、增加谈判砝码等。日本则主要是因为想迫使韩国政府在处理慰安妇问题、强征半岛民工问题等方面做出让步。因为要承担经济成本，两国的断供均不彻底。美国的断供一直不彻底，日本则在断供一个月之后放松了限制。从制裁对象来看，无论是芯片还是光刻胶，找到替代产品和替代供应的难度都非常大，从而会很快影响到被制裁国的生产，使其遭受损失。这两个案例表明，一旦一国制裁的收益高于成本，具备了断供能力，则会使用这种断供能力。

如果考虑断供能力，中国的全球供应链风险又将上升，美国的全球供应链风险则不会明显上升。中国对美国和日本的依赖度很高。同时，这两个国家拥有较强的断供能力。其他国家的断供能力暂时无法与美国和日本相比。关键是，这两个国家已经显示自己的断供能力。美国的主要供应链伙伴是加拿大和墨西哥，显然这两个国家的断供能力还不足，而且美墨加的关系较为稳固。虽然日本的断供能力较强，但是美国和日本的盟友关系使得日本不会使用这种能力。中国未来需要高度警惕美国和日本给自身供应链带来的风险。

五、结论及中国对策

本章在识别影响全球供应链风险的经济和政治因素的基础上，定量和定性比较分析了中国和美国面临的全球供应链风险。全球供应链风险包括生产风险和销售风险。这两大风险的高低均取决于外国依赖度、多元化程度这两大经济因素和政治关系、外国的断供能力这两大政治因素。外国依赖度、多元化程度、政治关系会影响本国生产和销售的波动性，但外国的断供能力则直接影响外国切断本国供应链的可能性。基于此，本章的基本结论如下：

第一，在仅考虑外国依赖度和多元化程度等经济因素时，中国的全球供应链风险低于美国。中国的生产风险大于销售风险，美国的销售风险大于生产风险，中国的生产风险和销售风险均低于美国。全球供应链风险具有产业异质性特征，中国在某些产业的生产风险和销售风险高于美国。

第二，当考虑政治关系之后，中国的全球供应链风险上升幅度更大，美国的风险则取决于和中国的政治关系。政治关系的恶化会提升全球供应链风险。近年来，因为和美国、日本的政治关系不稳定，中国的全球供应链风险明显上升。美国的风险上升则完全取决于和中国的政治关系恶化。而且，中国与贸易伙伴的政治关系不稳定性明显大于美国，因此中国全球供应链风险上升的潜在可能性更高。

第三，如果继续考虑外国的断供能力，中国的全球供应链风险继续上升，美国的风险则基本不变。中国供应链联系紧密的贸易伙伴中，美国和日本明显具备较强的断供能力，而且这两国已经显示其断供能力。这意味着中国的全球供应链风险继续提升。美国联系最紧密的伙伴加拿大和墨西哥的断供能力不强，断供能力强的日本与美国又是盟友关系，美国将不受外国断供能力的影响。

基于上述研究，本章对中国参与全球供应链提出如下建议：

第一，为提升供应链效率，中国可以提高对外国的依赖度，但是为了保障供应链安全，也应该致力于提升多元化程度，并加强和断供能力弱的国家的供应链联系。中国的外国依赖度与美国相比并不高，继续提升外国依赖度的潜力很大，进而充分利用外国资源和外国市场。这有助于提升中国的供应链效率。但在此过程中，中国应实施多元化策略，以便有效地分散风险。对不同的产业应实施不同的策略，对于风险高的产业适当降低风险，注重本国中间品的开发和本国市场的利用；对于风险低的产业可以注重强化与外国的供应链联系。加强和断供能力弱的国家的联系是一个较好的选择，因为即便中国和这些国家的政治关系变差，这些国家也很难有能力切断对中国的供应。

第二，中国需要加强与政治关系稳定的国家的供应链联系。政治关系越稳定，意味着供应链联系越稳定。借鉴美国注重与加拿大、墨西哥供应链联系最紧密的经验，中国应该注重加强与周边国家的供应链联系。其中，东盟国家是中国最需要投入资源强化政治关系和供应链联系的国家。这意味着中国需要对"海上丝绸之路"的建设投入更多精力。"一带一路"沿线许多国家因为政治、文化、历史等原因，其自身经济发展程度低、经济波动大，会给中国带来更大的供应链风险，但也有利于中国实施多元化策略。中国在与这些国家发展关系时，应基于审慎评估的原则。

第三，为保障供应链安全，在当前及今后较长一段时期，中国付出政治资源稳定与主要大国尤其是美国的政治关系是值得的。中国应高度重视与美国和日本的供应链联系带来的风险，同时警惕与印度、韩国、加拿大、澳大利亚供应链联系带来的风险。这些经济体都是与中国供应链紧密联系的经济体，但同时与中国的政治关系存在隐患。对于中国而言，为降低此类风险，只能通过加大自主创新力度来掌握核心中间产品的生产，不受制于这些经济体可能切断中间品供应带来的生产风险。但是，创新研发毕竟需要时间，在自立之前，中国仍需高度重视与主要大国尤其是美国的政治关系，主动与美国等国家发展起好的政治关系，争取足够的时间去获得供应链的独立性。

总之，本章的研究表明，在一定条件下，供应链的效率和安全有可能兼得。中国为了提升供应链安全，其政策方向并非是简单地加强内循环、降低外国依赖度，这将牺牲效率。中国还可以提升多元化程度，强化和断供能力弱的国家的供应链联系。同时，中国需要加强和政治关系稳定国家的联系。最后，对于中国而言，搞好与主要大国尤其是美国的关系，有利于在核心产品取得突破之前，争取足够的时间，保障供应链安全。也即中国在未来的外循环中，还需要投入政治资源。

第9章

准确认识中国在全球科技
竞争中的地位

根据世界知识产权组织（WIPO）发布的年度报告，中国
2019—2020年连续两年全球国际专利申请量第一，显示出中国在全
球科技领域的迅猛发展。然而，在中美大国博弈的背景下，全球科
技竞争加剧已成事实，中国多个领域出现"卡脖子"现象，成为中
国经济高质量发展的重大安全隐患和障碍。如何理解这两种现象的
同时出现，涉及如何准确认识中国在全球科技竞争中所处地位这一
重大判断。本章将从核心专利的视角予以剖析。

一、中国PCT专利申请量与核心专利：核心专利占比低

经济合作与发展组织（OECD）的主要科技指标数据库当中，
公布了100多个国家自1978年以来的研发投入和产出指标，涉及研
发（R&D）、专利家族①、技术国际收支、高技术产业国际贸易等科
技指标，该数据库系统规范地收集了各国或地区的科技统计数据，
在科技政策相关问题研究中具有广泛的可用性和很强的国际可比性。
我们收集了OECD公布的1999—2018年专利合作条约（Patent Co-
operation Treaty，PCT）专利跨国所有权相关数据。PCT是专利领

---

① 专利家族，亦称专利族，是指具有共同优先权的，在不同国家或国际专利组织多
次申请、多次公布或批准的，内容相同或基本相同的一组专利文献。

域的一项国际合作条约，方便申请人在全球寻求对其发明的国际专利保护，帮助各国专利局做出专利授予决定。根据 PCT 提交一件国际专利申请，申请人可以同时在全世界大多数国家寻求对其发明的保护，并且只有发明专利才能申请 PCT 专利，因此一般认为 PCT 专利质量较高。

我们分析了 2000—2019 年 20 年的数据，总结出中国 PCT 专利具有以下四个特征：专利量大、核心率低、进步快、偏科严重。

从 2000—2019 年中国 PCT 专利申请总量来看，中国已超过韩国、法国、英国等发达国家，排名世界第三，占全球申请总量的 9.4%；美国排名第一，占比为 29.9%；日本排名第二，占比为 18.4%。

虽然中国 PCT 专利申请数量增长迅速，但专利质量的提升相对滞后，存在严重的"重数量，轻质量"的问题。为了明确中国的专利质量在全球所处水平，我们制定了以下几个具体标准来筛选出 PCT 核心专利：（1）该专利须为授权专利；（2）该专利的权利要求数量大于其递交申请国的中位数；（3）该专利的前引数大于零；（4）该专利的累计被引用次数大于零。按照上述标准，2000 年以来全球共筛选出 408 721 件 PCT 核心专利，其中美国占比最高，达到 28.5%；日本排名第二，达到 21.8%；德国、英国紧随其后，占比分别为 8.4% 和 5.4%；中国拥有的全球核心专利在全球排名第 12，仅占 2%，在亚洲国家中低于排名第 7 的韩国（3.1%），高于排名第 18 的印度（0.7%）（见图 9 - 1）。值得注意的是，中国的核心专利占申请总量的比例仅为 2.5%，而这一比例在发达国家的均值是 15% 左右（见图 9 - 2）。

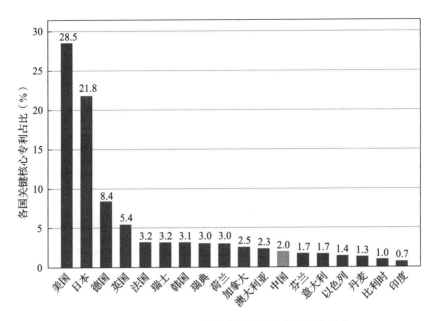

图 9-1　2000—2019 年全球关键核心专利国家分布

资料来源：作者基于 PCT 专利数据计算。

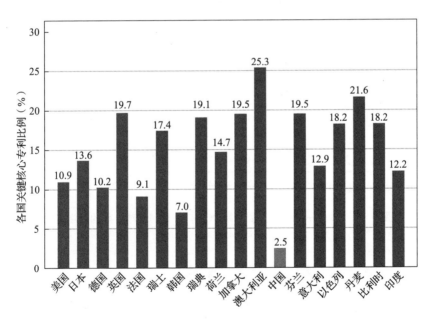

图 9-2　2000—2019 年主要国家 PCT 核心专利
占 PCT 专利申请总量比例

资料来源：作者基于 PCT 专利数据计算。

二、中国核心 PCT 专利占全球份额：进步神速

按照年份来看，中国 PCT 核心专利占全球的份额从 2000 年的 0.2％逐年上升至 2019 年的 5.3％，尤其是 2016 年增长迅速，2016—2019 年的平均份额已与德国相当，但与美、日的差距仍然巨大（见图 9-3）。美国核心专利占全球的份额从 2000 年的 45％左右急剧下滑至 2006 年的 20％，之后又回升至 35％左右；日本核心专利占全球的份额自 20 世纪 90 年代开始稳步上升，2006 年以来一直维持在 25％左右。美国和日本仍然掌握了半数以上的全球 PCT 核心专利。近 3 年美国的平均份额为 34％，是中国的 7 倍；日本的平均份额为 23％，是中国的近 4.7 倍。

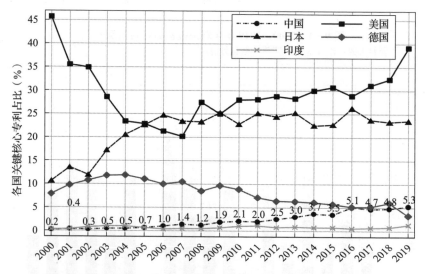

图 9-3 2000—2019 年主要国家 PCT 核心专利全球份额的时序变化
资料来源：作者基于 PCT 专利数据计算。

三、中国核心专利存在严重"偏科"

按照世界知识产权组织的专利技术行业分类，中国的 PCT 核心专利存在严重"偏科"（见表 9-1），其中 40.47％都集中在数字通信领域（数字通信领域属于电信和计算机技术交叉领域，对于实现

5G 无线网络至关重要），这些核心专利大多是由华为、中兴、OPPO、阿里巴巴等大型民营科技公司申请的。而全球科技竞争的热点领域，即核心专利占比前五位的行业分别是医疗技术（15.50%）、数字通信（7.33%）、药品（6.94%）、有机精密化学（6.79%）和生物技术（5.46%）。中国在除数字通信行业外的其他行业技术领域，尤其是医疗技术、药品、生物技术等行业与美、日、欧等发达经济体还有相当大的差距。

表 9-1　全球及中国 PCT 核心专利的行业分布情况

全球 PCT 核心专利（共 408 721 件）			中国 PCT 核心专利（共 8 036 件）		
排序	专利行业分类	占比（%）	排序	专利行业分类	占比（%）
1	医疗技术	15.50	1	数字通信	40.47
2	数字通信	7.33	2	有机精密化学	7.90
3	药品	6.94	3	电信	7.12
4	有机精密化学	6.79	4	计算机技术	6.16
5	生物技术	5.46	5	医疗技术	5.48
6	测量	4.53	6	生物技术	4.41
7	计算机技术	4.49	7	药品	3.17
8	电机、电气与电能	3.64	8	电机、电气与电能	2.44
9	基础材料化学	3.47	9	消费品	1.78
10	高分子化学与聚合物	3.19	10	光学	1.69
11	电信	2.81	11	测量	1.66
12	光学	2.65	12	运输	1.47
13	运输	2.52	13	音像技术	1.32
14	专用机械	2.50	14	基础材料化学	1.29
15	半导体	2.48	15	家具与游戏	1.23
16	化学工程	2.40	16	半导体	1.23
17	土木工程	1.90	17	控制	1.00
18	材料与冶金	1.83	18	土木工程	0.93
19	表面加工与涂层	1.72	19	高分子化学与聚合物	0.91
20	装卸	1.70	20	信息技术管理方法	0.88
21	发动机、泵与涡轮机	1.69	21	化学工程	0.81
22	音像技术	1.52	22	发动机、泵与涡轮机	0.81
23	食品化学	1.44	23	专用机械	0.76
24	消费品	1.38	24	材料与冶金	0.75
25	家具与游戏	1.22	25	热工程序与装置	0.66

续表

全球 PCT 核心专利（共 408 721 件）			中国 PCT 核心专利（共 8 036 件）		
排序	专利行业分类	占比（%）	排序	专利行业分类	占比（%）
26	机床工具	1.21	26	基础通信程序	0.52
27	纺织和造纸机械	1.21	27	机械元件	0.49
28	机械元件	1.18	28	装卸	0.49
29	信息技术管理方法	1.14	29	表面加工与涂层	0.37
30	控制	1.03	30	环境技术	0.37
31	环境技术	0.91	31	机床工具	0.30
32	热工程序与装置	0.83	32	纺织和造纸机械	0.29
33	基础通信程序	0.47	33	食品化学	0.27
34	微纳米技术	0.12	34	微纳米技术	0.01

总体来看，中国 PCT 核心专利与美、日仍有较大差距。各国核心专利在各行业中所占份额情况如下（见表 9-2）：美、日、德三国在大部分行业均排名前三，美国在 19 个行业排名第一，其中医疗技术（40.6%）、药品（42.2%）、生物技术（38.9%）、信息技术管理方法（37.4%）、微纳米技术（35.5%）、计算机技术（35.0%）这几个行业中美国核心专利所占份额均超过 1/3；日本在 13 个行业保持领先，其中半导体（56.0%），音像技术（47.3%），电机、电气与电能（43.6%），基础通信程序（41.1%），高分子化学与聚合物（39.9%），表面加工与涂层（37.0%），材料与冶金（35.8%）这几个行业中日本核心专利占比拥有绝对优势；德国在机械元件（23.4%），发动机、泵与涡轮机（19.7%）这两个行业排名第一。而中国核心专利占全球份额最高的行业数字通信（10.9%）排名第五，仍然不及美国的一半。

表 9-2 具体行业的 PCT 核心专利国家分布

国家	全球排名	份额（%）	国家	全球排名	份额（%）	国家	全球排名	份额（%）
1. 医疗技术			2. 数字通信			3. 药品		
美国	1	40.6	美国	1	23.2	美国	1	42.2
日本	2	12.9	日本	2	18.8	日本	2	11.7
德国	3	6.6	瑞典	3	12.0	法国	3	5.7
中国	18	0.7	中国	5	10.9	中国	17	0.9

续表

国家	全球排名	份额(%)	国家	全球排名	份额(%)	国家	全球排名	份额(%)
4. 有机精密化学			5. 生物技术			6. 测量		
美国	1	28.3	美国	1	38.9	美国	1	28.9
日本	2	17.2	日本	2	14.8	日本	2	22.7
德国	3	10.9	德国	3	6.8	德国	3	8.5
中国	8	2.3	中国	13	1.6	中国	19	0.7
7. 计算机技术			8. 电机、电气与电能			9. 基础材料化学		
美国	1	35.0	日本	1	43.6	美国	1	32.5
日本	2	24.6	美国	2	15.1	日本	2	22.7
韩国	3	4.6	德国	3	9.3	德国	3	13.3
中国	9	2.7	中国	11	1.3	中国	15	0.7
10. 高分子化学与聚合物			11. 电信			12. 光学		
日本	1	39.9	美国	1	22.7	日本	1	49.8
美国	2	22.1	日本	2	22.2	美国	2	17.6
德国	3	12.5	韩国	3	15.9	德国	3	6.5
中国	16	0.6	中国	6	5.0	中国	9	1.3
13. 运输			14. 专用机械			15. 半导体		
日本	1	21.3	日本	1	22.8	日本	1	56.0
德国	2	19.0	美国	2	20.4	美国	2	18.8
美国	3	14.0	德国	3	10.9	德国	3	7.1
中国	13	1.1	中国	20	0.6	中国	9	1.0
16. 化学工程			17. 土木工程			18. 材料与冶金		
美国	1	28.4	美国	1	24.6	日本	1	35.8
日本	2	15.8	法国	2	10.6	美国	2	18.3
德国	3	13.1	德国	3	9.6	德国	3	10.4
中国	19	0.7	中国	19	1.0	中国	18	0.8
19. 表面加工与涂层			20. 装卸			21. 发动机、泵与涡轮机		
日本	1	37.0	美国	1	19.9	德国	1	19.7
美国	2	25.2	日本	2	13.3	日本	2	19.0
德国	3	9.5	德国	3	10.5	美国	3	18.3
中国	20	0.4	中国	22	0.6	中国	15	0.9
22. 音像技术			23. 食品化学			24. 消费品		
日本	1	47.3	美国	1	25.3	美国	1	22.0
美国	2	16.6	日本	2	15.9	日本	2	13.3

续表

国家	全球排名	份额(%)	国家	全球排名	份额(%)	国家	全球排名	份额(%)
荷兰	3	4.7	荷兰	3	9.8	法国	3	11.3
中国	11	1.7	中国	24	0.4	中国	11	2.5
25. 家具与游戏			26. 机床工具			27. 纺织和造纸机械		
美国	1	22.1	日本	1	24.1	日本	1	22.1
法国	2	9.8	美国	2	19.1	美国	2	21.9
德国	3	9.4	德国	3	18.5	德国	3	13.9
中国	13	2.0	中国	20	0.5	中国	18	0.5
28. 机械元件			29. 信息技术管理方法			30. 控制		
德国	1	23.4	美国	1	37.4	美国	1	24.9
日本	2	18.6	日本	2	22.2	日本	2	22.4
美国	3	15.2	韩国	3	8.2	德国	3	8.8
中国	16	0.8	中国	10	1.5	中国	13	1.9
31. 环境技术			32. 热工程序与装置			33. 基础通信程序		
美国	1	23.4	日本	1	29.5	日本	1	41.1
日本	2	18.5	美国	2	17.5	美国	2	21.4
德国	3	9.3	德国	3	10.7	瑞典	3	6.4
中国	20	0.8	中国	13	1.6	中国	10	2.2
34. 微纳米技术								
美国	1	35.5						
日本	2	9.7						
新加坡	3	7.9						
中国	24	0.2						

不过以上是近 20 年来的数据，考虑到近年来中国进步很快，近几年数据会有改善，但中国与美、日的差距仍然是需要客观对待的问题。本章将重点分析 2015—2019 年这五年内中美 PCT 核心专利的对比情况。

四、客观认识中国与美国在技术竞争中的差距

图 9 - 4 展示了 2015—2019 年中美 PCT 核心专利数量合计占比情况，其中数字通信、电信、控制、音像技术、基础通信程序等行

业占比都在 30％以上。从 2015—2019 年这五年内的核心 PCT 专利数量来看，数字通信、电信、音像技术、基础通信程序等信息技术领域，中国与美国的差距最小，但仍存在一定差距（见表 9‑3）。

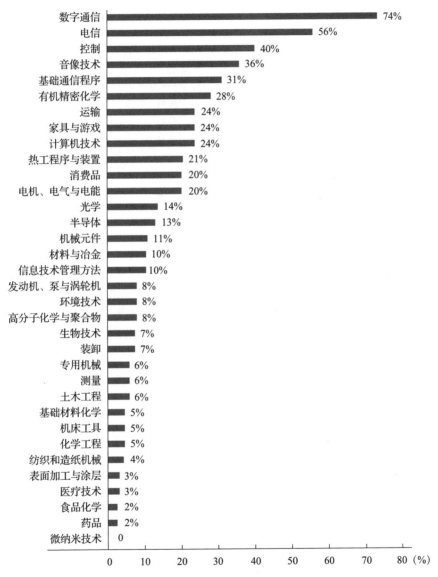

图 9‑4　中美 PCT 核心专利合计量的行业分布（2015—2019 年）
资料来源：作者根据 PCT 专利数据计算。

表 9 - 3　美国和中国 PCT 核心专利行业分布（2015—2019 年）

美国 PCT 核心专利（共 17 850 件）			中国 PCT 核心专利（共 2 562 件）		
排序	专利行业分类	占比（%）	排序	专利行业分类	占比（%）
1	医疗技术	23.08	1	数字通信	39.62
2	药品	14.49	2	有机精密化学	11.55
3	生物技术	12.12	3	计算机技术	7.34
4	数字通信	7.72	4	生物技术	6.32
5	有机精密化学	5.89	5	电信	5.15
6	计算机技术	4.47	6	医疗技术	4.61
7	测量	3.90	7	电机、电气与电能	2.62
8	基础材料化学	3.06	8	药品	2.46
9	专用机械	1.98	9	控制	1.91
10	化学工程	1.88	10	运输	1.68
11	电机、电气与电能	1.87	11	测量	1.60
12	光学	1.48	12	光学	1.41
13	高分子化学与聚合物	1.48	13	消费品	1.37
14	半导体	1.41	14	音像技术	1.33
15	电信	1.32	15	半导体	1.29
16	信息技术管理方法	1.29	16	基础材料化学	1.01
17	材料与冶金	1.18	17	家具与游戏	0.94
18	土木工程	1.06	18	信息技术管理方法	0.86
19	运输	1.01	19	材料与冶金	0.86
20	消费品	0.97	20	专用机械	0.82
21	食品化学	0.93	21	高分子化学与聚合物	0.78
22	表面加工与涂层	0.92	22	化学工程	0.59
23	装卸	0.75	23	热工程序与装置	0.43
24	控制	0.68	24	土木工程	0.43
25	发动机、泵与涡轮机	0.63	25	装卸	0.39
26	环境技术	0.58	26	基础通信程序	0.39
27	家具与游戏	0.57	27	发动机、泵与涡轮机	0.35
28	音像技术	0.53	28	环境技术	0.31
29	纺织和造纸机械	0.52	29	表面加工与涂层	0.20
30	机床工具	0.49	30	机械元件	0.20
31	热工程序与装置	0.30	31	机床工具	0.16
32	机械元件	0.26	32	纺织和造纸机械	0.16
33	基础通信程序	0.18	33	食品化学	0.16
34	微纳米技术	0.13	34		

中美 PCT 核心专利差距最大的是医疗技术、药品、食品化学、化学工程等领域。半导体，发动机、泵与涡轮机，土木工程，机床工具，基础材料化学等领域的差距也较大。

五、处理好自主创新与国际科技合作的关系，积极参与全球科技治理

第一，必须理性处理好自主创新与国际科技合作之间的关系，并积极塑造竞争与合作并存的中美科技关系。在科技博弈前沿有必要将美方施加的巨大压力转化为激励自主创新的动力，努力补短板，增强在核心技术领域的自给能力。但科技创新有其自身规律，越是增强自主创新能力，越需要强调科技开放合作。作为全球科技创新的重要力量，中国与世界一同加强科技创新与合作，既是中国建设创新强国的必然要求，也是对全球均衡、包容、可持续发展的积极贡献。同时，中美两国应通过解决彼此关切来发展某种合作性竞争关系，即使竞争不可避免，也需要合作管控。构建中美合作性竞争关系的关键在于，竞争有度以防剧烈冲突，且在某些领域保持或加强合作，可以在气候变化、抗击疫情方面积极寻求两国合作。

第二，应进一步加大对全球科技竞争重点领域的支持。虽然中国在 5G 通信领域处于领先地位，近年来数字通信行业的 PCT 专利申请数与核心专利数量已经赶上美国与日本，但在其他科技竞争的热点领域，尤其是医疗技术、生物技术、药品、半导体等行业，"卡脖子"问题依然很突出。必须进一步加大对关键技术领域的支持，强化企业自主创新主体地位，鼓励各大中小企业加大研发投入，发挥市场优势，促进产学研合作，通过产权激励，将关键领域核心技术攻关的应用性成果及时转化，加速新技术产业化规模化应用。

第三，积极参与全球科技治理，提升中国科技话语权。建设科技强国，掌握科技话语权与发展科技硬实力同等重要。首先，必须深度参与全球科技治理。在人工智能、5G 通信、量子科学、生物技

术、数字技术等前沿科技发展领域，全球都面临同样的伦理困境与技术风险，且尚未形成建设性的治理框架和行之有效的治理手段。同时，中国在许多前沿科技领域已逐渐从过去的"跟跑"转变为"并跑"甚至是"领跑"，具备探索和构建科技发展的伦理准则与治理体系的条件和能力，如果能为全球提供科技治理的"中国方案"，对于中国在世界科技竞争中争夺规则制定权，占据前沿科技持续发展的先机大有裨益。其次，要发挥科学家群体积极传播中国科技声音、讲好中国科技故事的优势。支持更多科学家进入国际科技组织，在具有高度不确定性的新兴科技领域积极发声，提出建设性意见。另外，还需要建设具有国际影响力和国际公信力的科技治理机构，吸引更多高水平的国际科技组织来中国设立分支机构，培育更多科技智库、高水平国际科技期刊等。

第三篇

中美在全球产业链上的冲突与对抗

加征关税及其排除措施、贸易规则、技术管制、科技"脱钩"

中美在全球产业链领域的冲突与对抗，直接体现在贸易和科技两个领域。具体而言，贸易领域体现在加征关税及其排除措施、贸易规则方面，本篇第10～12章将围绕这一领域展开分析。具体地，第10章将关注美国特朗普时期的加征关税排除机制对中国产业链产生的影响。第11章将对美国拜登政府的对华经贸政策导向进行分析。在此基础上，第12章研究将加征关税排除机制作为切入点，推动中国与美国拜登政府在经贸方面合作的可能性。

同时，中美在科技领域的冲突体现为美国的技术管制和双边的科技"脱钩"风险。本篇的第13～16章将围绕这一领域进行研究。具体地，第13和14章分别研究了美国特朗普政府、拜登政府在对华科技竞争领域的认识以及相应的政策手段。第15章分析了在制裁华为的同时，美国的供应商受到了何种损失，以及这种损失如何表现为行业层面的扩散效应。第16章将分析中美冲突对中国科技合作格局产生了何种影响。

‖ 第 10 章 ‖

美国加征关税排除机制
对中国产业链的影响

在本章我们将研究 2018 年下半年以来，美国对华加征关税排除机制实施情况及其对中美贸易和相关产业链的影响，并引入政治经济学分析框架，对美国的利益集团和战略意图进行研究。主要结论如下：

第一，获得加征关税排除后的清单商品，对美出口情况得到了很大恢复，这为中美关税摩擦造成的贸易冲击提供了缓冲。但由于不确定性的上升，此类商品仍受到一定负面影响，体现在被排除商品的对华依赖度有所降低。

第二，美国针对不同类别商品拒绝排除的逻辑有所不同，但无论是压制中国战略性产业发展，还是实现全球产业链去中国化，客观结果都降低了美国相关产品的对华依赖度。

第三，传统贸易政策的政治经济学分析框架失灵，在美国对华加征关税及其排除机制当中，贸易政策的推动者、受益者与政策制定者之间，存在贸易政策需求、供给不匹配的问题，表明美国压制中国的战略目标已经凌驾于追求经济效率和满足选民利益之上。

一、引言

中美第一阶段贸易协议在一定程度上缓和了贸易冲突带来的不确定性。然而，美国对华加征关税尚未大幅减免，第二阶段贸易谈判受到新冠肺炎疫情冲击等因素影响尚未启动，这些都使得美国对华加征关税及排除机制将在未来相当长一段时间内，继续影响中国相关出口产业。

已有文献对于中美双方加征关税清单的产业影响进行了较为深入的研究，如吕越等（2019）① 基于可计算局部均衡模型的测算发现，就清单1和清单2② 的产业损害来看，机电产品是美国受损最大的行业，中国受影响最大的则是大豆和汽车行业。周政宁和史新鹭（2019）③ 基于动态全球贸易分析模型（GTAP）的测算，进一步指出，中美相互加征关税对于具体产业的影响在短期和长期是不同的，例如中国的农产品部门短期内产出将增加，而长期则会受到负面影响；美国的通信部门短期内会得到促进，长期则会受到抑制。

但已有文献对于与加征关税几乎同时启动的排除机制关注较少。事实上，该机制对中美贸易有不可小觑的影响，据测算，截至2019年9月底，美国针对清单1和清单2的排除比例都达到了清单价值的约25％（赵海等，2020）④。而且加征关税排除机制为一窥中美经济犬牙交错的真实情况提供了另一绝佳途径。首先，每一项商品排除申请被批准或被拒绝背后，都反映了该进口商品真实的经济影响，从中既可以看到中国出口的韧性，也可以看到美国企业承受的临界点；其次，由于美国的加征关税排除申请是在统一关税表（Harmonized Tariff Schedule，HTS）10位编码甚至更细致的非全税目产品层面进行，相较于产业层面，这一分析可以提供包括跨境供应链在

① 吕越，娄承蓉，杜映昕，屠新泉. 基于中美双方征税清单的贸易摩擦影响效应分析. 财经研究，2019（2）：59-72.

② 美国基于301调查对华加征关税共分为四个批次：第一批次涉及340亿美元（清单1）；第二批次涉及160亿美元（清单2）；第三批次涉及2 000亿美元（清单3）；第四批次涉及3 000亿美元，分两笔执行，第一笔1 200亿美元（清单4A），第二笔1 800亿美元（清单4B）。

③ 周政宁，史新鹭. 贸易摩擦对中美两国的影响：基于动态GTAP模型的分析. 国际经贸探索，2019（2）：20-31.

④ 赵海，姚曦，徐奇渊. 从美国对华加征关税商品排除机制看中美贸易摩擦. 银行家，2020（1）：100-103.

内的更为丰富的信息。

美国设置加征关税排除机制，客观上为中美关税摩擦提供了缓冲地带。而设计该机制的初衷，一方面是为了避免美国进口企业短期承压过大而造成不可逆转的损害；另一方面可以通过增加贸易政策不确定性，促使全球产业链去中国化，最终达到压制中国战略性产业发展的中长期目标。从美国贸易代表办公室（USTR）公布的申请加征关税排除的三个标准即可看出上述意图：（1）寻求中国以外的商品替代来源面临困难；（2）加征关税对申请主体造成严重经济损害；（3）加征关税商品与"中国制造2025"不相关。可以说，美国对华加征关税排除机制，是美国长期战略目标和短期经济利益发生冲突时的一个缓冲器。那么，值得深思的是，该机制的执行力度到底如何？留给中国出口企业的时间窗口还有多少？该机制实施之后对相关产业造成了哪些影响？对于美国来说，政治目标和经济利益到底孰轻孰重？

本章跟踪了美国对华加征关税排除机制的新进展（见表10-1），基于USTR公布的对华加征关税商品清单（HTS-8）、排除及延期商品清单（HTS-10及非全税目）、企业申请加征关税排除数据以及美国国际贸易委员会的HTS-10位编码进口贸易数据，研究了该机制实施的执行概况及其对相关产业的影响，并引入政治经济学分析框架，对美国的利益集团和战略意图进行剖析。

表 10-1　美国对华加征关税排除及延期概况（截至 2020 年 10 月底）

项目	清单 1	清单 2	清单 3	清单 4A
涉及金额（亿美元）	340	160	2 000	1 200
现行加征税率（%）	25	25	25	7.5
起征时间与过往税率变动	2018 年 7 月 6 日	2018 年 8 月 23 日	2018 年 9 月 24 日（10%）2019 年 5 月 10 日（25%）	2019 年 9 月 1 日（15%）2020 年 2 月 14 日（7.5%）

资料来源：美国贸易代表办公室（USTR）．

二、美国对中国加征关税排除力度超预期收紧，"脱钩"政策意图明确

2018 年年中以来，美国先后对中国实施了四批清单的关税加征：340 亿美元、160 亿美元、2 000 亿美元、1 200 亿美元。前三个清单排除工作已经结束，清单 3 排除申请数量的批准比例远远低于清单 1 和 2。截至 2020 年 10 月，美国对华加征 25％关税的 2 500 亿美元商品（清单 1、2、3）的排除工作已经结束，加征 7.5％关税的约 1 200 亿美元商品（清单 4A）的排除工作还在进行。清单 1、2、3 分别收到了来自 1 221 家、459 家和 2 621 家企业的 10 814 份、2 869 份和 30 283 份排除申请，其中被批准的排除申请占比分别为 33.8％，37.4％和 4.9％。

从排除金额占比来看，也表现出收紧信号。根据 2017 年美国自中国进口数据估算，目前美国对中国加征 25％关税的 2 500 亿美元商品（清单 1、2、3），排除加征关税商品的金额占比在 1.5％～45.6％之间。[①] 而且清单 3 排除金额占比也低于清单 1 和 2，具体参见本章附录。美国对华加征 7.5％关税的约 1 200 亿美元商品（清单 4A）的排除工作尚未结束，排除金额占比截至 2020 年 8 月底在 1.9％～15.8％之间。

排除到期后，相当比例商品未获得延期。随着排除加征关税商品的有效期逐批到期，USTR 启动了排除延期机制。2020 年以来，2 500 亿美元商品中的相当一部分排除商品未获得延期，将恢复加征关税。刨除未获得排除延期的商品，截至 2020 年 8 月底，2 500 亿

---

① USTR 公布的排除商品清单，大多数是针对具体商品，即 HTS-10 位编码再加具体商品描述（非全税目），HTS-10 位编码完整税号得到排除的情况仅占少数。由于具体商品的进口金额数据无法获得，我们使用 HTS-10 位编码进口数据，估计了排除金额占比的上限和下限。上限对应排除商品清单涉及的全部 HTS-10 税号，下限对应排除商品清单中 HTS-10 完整税号排除的情况。

美元商品的排除金额占比下降至 0.9%～28.7%之间，这比排除到期之前的排除比例（1.5%～45.6%）明显收紧了。具体情况可参考本章附录。这一现象的出现表明美国"脱钩"的决心非常明确，并且在稳步推进，排除机制只是权宜之计。

三、加征关税排除短期内缓解了冲击，但未改变"脱钩"事实

获得加征关税排除之后的清单商品，对美出口情况得到了很大恢复，为中美关税摩擦造成的贸易冲击提供了缓冲。

来自清单 1 的证据。图 10-1 显示了清单 1 中加征关税商品与完整税号排除商品的月度同比进口增速差异。清单 1 中有 17 个完整税号排除商品，其中最早一轮排除于 2018 年 12 月 28 日公布。从图 10-1可以看出，2019 年 1 月之后，完整税号排除商品自中国进口同比增速显著回升，而继续加征关税商品的进口同比增速则继续保持低位，排除加征关税起到了贸易缓冲作用。2020 年 1 月之后，随着大部分完整税号排除商品的到期，其中 10 个完整税号排除商品没有获得排除延期，美国自中国进口同比增速显著回落，与继续加征关税商品的进口同比增速趋同。

来自清单 3 的证据。图 10-2 显示了清单 3[①] 中加征关税商品、完整税号排除商品的月度同比进口增速差异。清单 3 中有 83 个完整税号排除商品，其中最早一轮排除于 2019 年 9 月 20 日公布，排除商品于 2020 年 8 月 7 日开始逐批到期，其中 62 个完整税号排除商品没有获得排除延期。从图 10-2 可以看出，完整税号排除商品自中国进口同比增速从 2019 年 11 月开始加速回升，远超继续加征关税商品的进口同比增速回升幅度。在 2020 年数据中，完整税号排除商品进口同比增速大幅回升至接近 80%，而继续加征关税商品自中国进口的同比增速虽有所回升，但仍在负增长区间。

---

① 清单 2（160 亿美元）中只有 1 个完整税号排除商品，非常特殊，不再赘述。

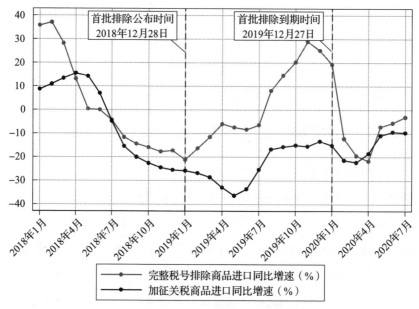

图 10-1　清单 1（340 亿美元）中加征关税商品
与排除商品的月度同比进口增速差异

资料来源：USITC.

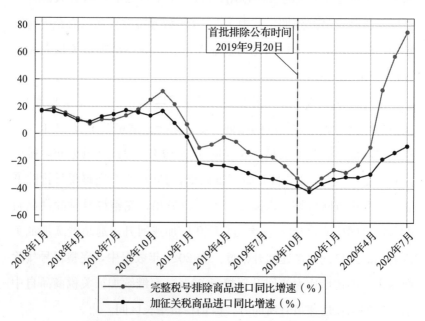

图 10-2　清单 3（2 000 亿美元）中加征关税商品
与排除商品的月度同比进口增速差异

资料来源：USITC.

但是，加征关税排除的到期审核制度仍有很大不确定性，无法扭转事实"脱钩"。因此，即使是被排除商品的对华依赖度，在之后也有所降低。从图 10 - 3 可以看出，2 500 亿美元清单中，全部加征关税商品的对华依赖度均值从 2017 年的 26.5% 下降至 2019 年的22.6%。完整税号被排除加征关税商品的对华依赖度均值整体较高，即便如此，这部分商品的对华依赖度均值也从中美贸易冲突前 2017 年的 34.5% 小幅下降至 2019 年的 32.7%。

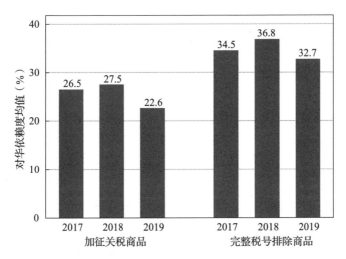

**图 10 - 3　2017—2019 年 2 500 亿美元清单中加征关税
商品与排除商品对华依赖度**

注：首先计算每个 HTS-10 位编码商品的对华依赖度，即该商品自华进口占其总体进口的份额，再计算每个类别的年度均值。

资料来源：USITC.

四、 加征关税排除行业分布：供应链复杂性比对华依赖度更重要

从 2 500 亿美元清单来看，排除金额占比最多的集中在以下八类行业。在美国对华加征 25% 关税的 2 500 亿美元商品（清单 1、2、3）中，金额占比最大的前八位行业分别是核反应堆、锅炉、机械器具及零件（HS-2：84），电机、电气、音像设备及其零附件（HS-2：85），家具，寝具等，灯具，活动房（HS-2：94），车辆及其零附件（铁

道车辆除外）（HS-2：87），钢铁制品（HS-2：73），塑料及其制品
（HS-2：39），皮革制品，旅行箱包，动物肠线制品（HS-2：42）和
光学、照相、医疗等设备及零附件（HS-2：90）（见图 10 - 4）。从
2 500 亿美元清单的排除情况看，排除金额中占比最大的仍是这八个
行业（见图 10 - 5）。

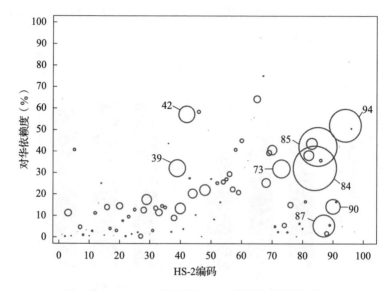

图 10 - 4　2 500 亿美元清单（25％税率）的行业分布

　　注：横轴为 HS-2 位行业编码。纵轴表示该 HS-2 编码行业的对华依赖程度，用该行
业自中国进口占该行业总进口的比重表示。气泡大小表示 2 500 亿美元清单中该行业进口
金额占清单总金额的比重，最大的 8 个气泡标注了行业编码。

　　资料来源：USTR，USITC.

　　从 2 500 亿美元清单来看，生产技术更复杂，供应链条更长，短
时间寻找替代品较为不易的行业，排除比例较高。而进口金额上的
对华依赖度只是次要考虑。对比图 10 - 4 和图 10 - 5，车辆及其零附
件（铁道车辆除外）（HS-2：87），光学、照相、医疗等设备及零附
件（HS-2：90）行业的对华依赖度均不超过 20％，但是排除比例都
在 60％以上；而皮革制品，旅行箱包，动物肠线制品（HS-2：42）
的对华依赖度高达 60％，排除比例却相对较低。与 HS-2：87 和
HS-2：90 行业相比，HS-2：42 行业的生产技术相对简单，供应

链条较短，更容易找到替代品。

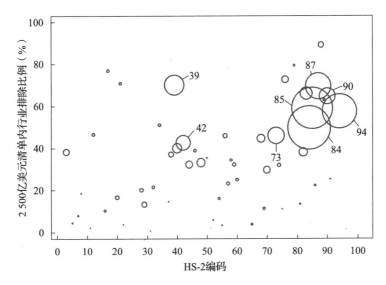

图 10 - 5　2 500 亿美元清单（25%税率）排除商品的行业分布

注：横轴为 HS-2 位行业编码。纵轴表示 2 500 亿美元清单中，该 HS-2 编码行业被排除加征关税的比例。气泡大小表示 2 500 亿美元清单被排除加征关税的商品中，该行业排除金额占排除总金额的比重，最大的 8 个气泡标注了行业编码。

资料来源：USTR，USITC。

从 1 200 亿美元清单（清单 4A）来看，排除金额占比最多的八类行业相对更分散（见图 10 - 6），但也基本呈现出与 2 500 亿美元清单类似的规律（见图 10 - 7）。生产技术更复杂，供应链条更长，短时间寻找替代品较为不易的行业，排除比例通常较高；反之则排除比例通常较低。例如，光学、照相、医疗等设备及零附件（HS-2：90）在清单中的金额占比较小，而排除比例和金额都相对较高。针织或钩编的服装及衣着附件（HS-2：61）、非针织或非钩编的服装及衣着附件（HS-2：62）等劳动密集型产品的排除比例相对较低，而清单金额占比较高的鞋靴、护腿和类似品及其零件（HS-2：64）的排除金额微乎其微。

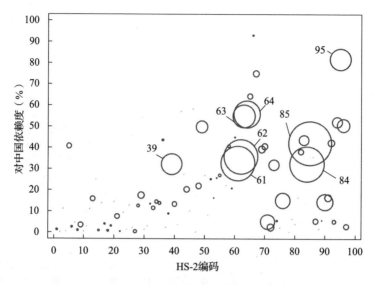

图 10-6　1 200 亿美元清单（7.5%税率）的行业分布

　　注：横轴为 HS-2 位行业编码。纵轴表示该 HS-2 编码行业的对华依赖程度，使用该行业自中国进口占该行业总进口的比重表示。气泡大小表示 1 200 亿美元清单中该行业进口金额占清单总金额的比重，最大的 8 个气泡标注了行业编码。

　　资料来源：USTR，USITC。

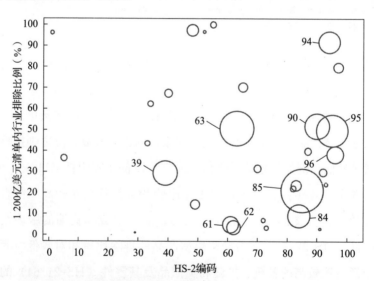

图 10-7　1 200 亿美元清单（7.5%税率）排除商品的行业分布

　　注：横轴为 HS-2 位行业编码。纵轴表示 1 200 亿美元清单中，该 HS-2 编码行业被排除加征关税的比例。气泡大小表示 1 200 亿美元清单被排除加征关税的商品中，该行业排除金额占排除总金额的比重，最大的 10 个气泡标注了行业编码。

　　资料来源：USTR，USITC。

五、产业链安全成为美方排除的主要考虑：印刷电路板案例

印刷电路板（printed circuit board，PCB）是电子信息产业中的重要基础产品。在美国国防部 2019 年 5 月向美国国会提交的《工业能力年度报告》中，针对电子信息产业的部分，专门提到中国在全球印刷电路板市场上所占份额过高，可能会给美国军方供应商带来进口供应链风险。该报告指出，中国占据了全球印刷电路板市场 50％ 的份额，而美国在该市场的份额从 1998 年的 25％ 跌到 2015 年的 5％。全球新冠肺炎疫情进一步使美国意识到其存在过度依赖外国供应链的问题。

美国对华加征关税清单中的 PCB 产品几乎都未得到排除。清单 1、2 和 3 的 PCB 产品排除申请拒绝比率分别为 83％，100％ 和 92％（见表 10 - 2）。从清单 1 来看，有 41％ 的 PCB 排除申请以"与'中国制造 2025'相关"为由被拒绝；45％ 的 PCB 排除申请以"未证实对申请主体造成严重经济损害"为由被拒绝；仅有 4％ 以"未证实该产品只能从中国获得"为由被拒绝。

表 10 - 2　PCB 排除申请情况及贸易变动情况

具体项目	清单 1	清单 2	清单 3	清单 4A
PCB 排除申请总数	85	1	65	2
拒绝	71（83.5％）	1（100％）	60（92.3％）	0（0）
接受	14（16.5％）	0（0）	5（7.7％）	0（0）
尚未裁决	0（0）	0（0）	0（0）	2（100％）
PCB 产品自中国进口金额（亿美元）				
2017 年	25.3	11.2	74.0	21.1
2018 年	22.8	16.8	81.1	26.4
2019 年	15.5	9.9	51.7	21.8
PCB 产品自中国进口金额占自世界总进口金额的比例（％）				
2017 年	26.9	5.3	42.6	42.2
2018 年	23.8	7.8	42.9	45.5
2019 年	17.7	4.5	29.1	45.8

资料来源：美国国际贸易委员会，https://dataweb.usitc.gov/.

即使获得排除批准，也没有获得延期的情况。在被批准的排除申请中，迪堡太平洋有限公司（Diebold Nixdorf Incorporated）申请的 HTS-10 税号 8473401000 获得了完整排除。该税号 2017 年、2018 年、2019 年自中国进口金额分别为 983 万美元、959 万美元和 602 万美元，占美国同期自全球进口额的 25.3％，25.8％和 13.6％。可见，该税号虽然已获得排除，但政策不确定性提高也足以使得美国进口厂商转向其他来源地，从而使得该产品的对华依赖度在 2019 年就大幅下降近一半。对华依赖度的下降进而促使该税号在 2020 年的排除延期中未获得延期。

加征关税对于降低美国对中国 PCB 产品的依赖度效果显著。清单 1、2 和 3 中的 PCB 产品 2019 年自中国进口额相较 2017 年都出现了大幅下滑，对中国的依赖度也大幅降低；作为对照，清单 4A 从 2019 年 9 月才开始加征关税，其中的 PCB 产品在进口额和对中国依赖度方面则暂时变化不大（见表 10-2）。

六、加征关税与排除机制组合，遏制中国产业升级：滚珠轴承案例

轴承是机械设备中的重要零部件和中间产品。中国在中低端轴承领域早已是全球最大的生产和销售基地，在高端轴承领域仍有许多短板，但发展迅速。能在极端环境下工作的高端轴承，是许多高端机械设备的关节，体现了一国的科技和工业实力。

清单 1 集中了大部分轴承排除申请，获得排除的申请占到总量的一半以上（见表 10-3）。以清单 1 被拒绝的轴承排除申请来看，USTR 使用的理由与 PCB 产品截然不同。有 78.6％的轴承排除申请以"未证实该产品只能从中国获得"为由被拒绝，而该理由在 PCB 案例中占比最小；10.4％的轴承排除申请以"未证实对申请主体造成严重经济损害"为由被拒绝；仅有 2.4％以"与'中国制造 2025'相关"为由被拒绝。

表 10-3 轴承排除申请情况及贸易变动情况

具体项目	清单 1	清单 2	清单 3	清单 4A
轴承排除申请总数	958	12	20	1
拒绝	454（47.4%）	11（91.7%）	19（95%）	0（0）
接受	504（52.6%）	1（8.3%）	1（5%）	0（0）
尚未裁决	0（0）	0（0）	0（0）	1（100%）
轴承产品自中国进口金额（亿美元）				
2017 年	26.1	6.0	29.3	3.2
2018 年	27.7	5.2	35.7	3.8
2019 年	18.3	5.1	33.0	4.4
轴承产品自中国进口金额占自世界总进口金额的比例（%）				
2017 年	8.0	28.5	13.2	6.1
2018 年	7.6	26.2	14.3	6.6
2019 年	5.2	25.4	13.0	8.3

资料来源：美国国际贸易委员会，https://dataweb.usitc.gov/.

获得排除后未获延期的案例。箭头电气产品公司（Arrowhead Electrical Products Inc.）提交的轴承产品排除申请数目最多。其中 3 个 HTS-10 税号获得了完整排除，分别是 8482105044，8482105048 和 8482105052，是直径 9～100 毫米的 3 种单排径向滚珠轴承，这 3 种轴承的标准化程度高，生产工艺较为简单，且对中国依赖程度非常高。这 3 个税号 2017 年自中国进口额分别为 6 320.6 万美元、8 339.8 万美元和 8 804.3 万美元，占美国当年进口总额的 49.8%，43.4%和 34.7%，平均单价为 0.56 美元、0.58 美元和 2.8 美元。然而，这 3 个税号并未获得排除延期，排除一年到期之后已经恢复加征关税。另外从箭头电气产品公司被拒绝的轴承排除申请来看，理由全部为"未证实该产品只能从中国获得"。以 8482105056 这一税号为例，该产品为直径 100 毫米以上的单排径向滚珠轴承，其生产技术要求较高，第一大进口来源国是日本，对中国的依赖程度相对较低。该产品 2017 年自中国进口额为 1 708.2 万美元，占美国当年进口总额的 15.6%，平均单价为 8.5 美元。

由此可见，被排除的轴承产品确实对中国依赖程度更高，美国企业短期内寻找替代品困难。但是这类产品生产工艺简单，价值较低，供应链转移相对容易。持续保持加征关税和排除机制并用，会通过增加贸易政策的不确定性加大产业链从中国转移出去的概率。同时，未被排除的轴承产品制造工艺更为复杂，价值较高，主要由发达国家供给美国。此类轴承产品排除被拒绝，一方面因为中国占美国市场份额小，容易被替代；另一方面也实现了美国压制中国制造业向价值链上游升级的目的。

虽然美国针对中国轴承产品加征关税的逻辑与印刷电路板有所不同，但是加征关税客观上都降低了美国对华产品的依赖度。从表10-3可以看出，清单1中的轴承产品2019年自中国进口额为18.3亿美元，相较加税前2017年的26.1亿美元下降了近30%；自中国进口金额占自世界进口金额的比例也由2017年的8%下降至2019年的5.2%。

七、美国的政治考虑已凌驾于经济目标之上

贸易政策，例如美国对华的加征关税与排除机制，往往导致自由贸易的扭曲和经济效率的损失，所以其背后除了经济驱动因素外，还有政治驱动因素。透过贸易政策的政治经济学分析框架，可以更深入地理解美国此次对华加征关税排除机制背后的驱动力量。然而，已有的贸易政策政治经济学模型似乎无法提供全部解释。Qiu et al. (2019)[①] 指出，由于特朗普在美国总统竞选中自己募集了大部分款项，使其受到利益集团影响而采取特定贸易政策的可能性大大降低（并不是没有），贸易政策的利益集团模型（Grossman and Help-

---

① Qiu, L. D., C. Q. Zhan, and X. Wei. An analysis of the China-US trade war through the lens of the trade literature. *Economic and Political Studies*, 2019, 7 (2): 148 - 168.

man，1994[1]，1995[2]）不能完全解释此次中美贸易冲突；同样的还有贸易政策的中间选民模型（Mayer，1984）[3]。

所以，我们使用更为一般性的贸易政策政治经济学框架，对美国加征关税与排除机制进行分析。通过引入新政治经济学的公共选择理论，贸易政策的政治经济学框架将贸易政策内生化，看作一种"政策市场"的均衡，是政策的需求方和供给方相互作用的结果。在贸易政策的需求方面，个人对贸易政策的偏好[4]，通过利益集团、政党或者基层运动，形成对特定贸易政策的政治需求；在供给方面，政策制定者的偏好[5]在一定的制度框架下，通过与政策需求相互作用，得出最终贸易政策（Rodrik，1995）[6]。在理性的情况下任何贸易政策的需求方和供给方的逻辑都应该是一致的。

从贸易政策需求方来看，此次美国对华加征关税与排除机制，最大的需求方是美国制造业及相关就业。美国方面认为美中高额贸易逆差，造成了美国制造业的失业与工人收入的停滞不前（Autor et al.，2013）[7]。这一"中国冲击"导致美国选举中的摇摆州，特别是特朗普 2016 年美国总统大选中获胜的"铁锈地带"州宾夕法尼亚、密歇根、威斯康星等，2000—2016 年间逐步由民主党倒向了共和党

---

① Grossman G，Helpman E. Protection for Sale. *American Economic Review*，1994，84（4）：833 - 50.

② Grossman G，Helpman E. Trade wars and trade talks. *Journal of Political Economy*，1995，103（4）：675 - 708.

③ Mayer W. Endogenous tariff formation. *American Economic Review*，1984，74（5）：970 - 985.

④ 不同要素（劳动、资本、资源等）所有者的偏好不同，高技能劳动力与低技能劳动力的偏好不同。

⑤ 诸如重新当选、转移资源至特定利益集团、实现政治理念等，当然也包括社会福利最大化。

⑥ Rodrik，D. Political economy of trade policy. *Handbook of International Economics*，1995（3）：1457 - 1494.

⑦ Autor D H，Dorn D，and Hanson G H. The China syndrome：local labor market effects of import competition in the United States. *American Economic Review*，2013，103（6）：2121 - 68.

（Autor et al.，2017）①。特朗普政府正是打着扭转中美贸易失衡、促使制造业回流美国的旗号，发起了此轮中美贸易冲突。其加征关税排除机制是为了在兑现对上述地带的政治承诺时，防止引发其他产业地区和消费者的经济损失和政治反对，缓解因中间产品涨价或短缺导致制造业企业破产裁员的短期压力。

从贸易政策供给方来看，无论是最初 500 亿美元关税清单的设置，还是其排除加征关税的标准，真实意图都是压制中国战略性产业发展和实现全球产业链"去中国化"，而并非扭转中美贸易失衡，更无法促使制造业回流。最初的 500 亿美元清单最能体现美国对华"301 调查"的真实意图，其所涉及的商品可替代性较高，并非中国出口的大项，对于扭转中美贸易失衡无实质作用，加征关税后一年多，美国对华货物贸易逆差不降反升；而受 500 亿美元清单影响较大的行业包括机械机床、铝制品、铁道车辆、光学医疗设备以及航空航天器，显然都指向中国高新技术产业，战略性遏制中国产业发展的意图比较明显。在相应的排除机制执行中，无论是排除标准的制定，还是实际执行过程中的印刷电路板和轴承案例，也都证明了这一点。同时，与加征关税及其排除政策相配合，美国政府还大幅加强了对华科技出口管制，更加说明美国消除贸易逆差、促进对华出口的目的是服从于更高战略目标的。

美国对华加征关税及排除机制的政策供给方与政策需求方并不匹配，这是现有贸易政策政治经济学模型无法解释的地方。因为新政治经济学模型往往假设，政策制定者的"公心"是最大化经济效率，而唯一"私心"就是争取选票以获得连任。但是美国对华加征关税及排除机制的事实表明，这一假设可能不再站得住脚。战略性

---

① Autor D H，Dorn D，Hanson G H. and Majlesi K. A note on the effect of rising trade exposure on the 2016 presidential election，appendix to "Importing political polarization? The electoral consequences of rising trade exposure". NBER Working Paper 22637，Issued in September 2016，Revised in December 2017.

压制他国经济赶超以维护本国的全球霸权如果是华盛顿统治精英的共识，则会凌驾于对市场自由和经济效率的追求之上，成为决策者更为重要的"公心"。至此，"铁锈地带"选民的保护主义诉求被大国博弈的逻辑绑架，而后者变成美国政策制定者的"私心"。如何拓展贸易政策的政治经济学模型，从而能够充分解释这些新变化，可以成为后续进一步探索的方向。

八、美国加征关税排除机制对中国具有短期缓压、长期遏制的效果

加征关税与排除机制两种手段叠加，造成了选择性加征关税的实际效果。短期效果是，美国加征关税排除机制有效缓解了美国厂商和消费者面临的高关税压力，也使中国产业链获得喘息空间。但长期看，该机制的标准设定和执行结果对中国产业升级有遏制效应。

排除机制为特朗普对华使用"极限施压"手段提供了额外的国内回旋空间。它使美国企业在短期无法找到替代来源的情况下，继续维持产业链运转。这一做法给特朗普政府带来贸易战对美国伤害不大的错觉，使其在谈判中能够虚张声势、保持强硬立场，并拉长关税战的时间。特朗普政府内的对华鹰派也利用贸易政策的不确定性，催促美国企业转向中国以外投资设厂，从而达到逐步促使全球产业链"去中国化"，压制中国战略性产业发展的中长期目标。对这一点，我们要有清醒的认识。

九、政策建议

美方加征关税叠加有选择排除的政策组合，将固化中国现有产业链，制约中国产业升级，而且可能加速中国部分产业链的外移。尽管美国公布了多轮商品排除清单，但是中国出口企业对此没有给予足够关注。在面临加征关税的情况下，一些出口企业与美国进口商协商分担新增关税。对于此后美方公布的商品排除清单，中国企

业也应及时进行跟踪，相关部门也应就排除的最新进展与国内出口企业进行沟通，及时更新信息。

中国宜针对美国加征关税排除机制造成的负面影响采取如下应对措施：

（1）开辟专门信息渠道，方便中国企业获取美国官方排除信息，适时调整中国出口报价，防止美方借信息不对称从中国企业获取不当利益。

（2）各行业协会积极提供海关税号覆盖商品及变更信息指导，鼓励中国企业与美国进口方积极合作，主动提供产品相关信息，提高美国企业加征关税排除申请质量，争取更多加征关税排除。

（3）及时向地方政府通报美国排除信息，以便地方政府根据对方排除情况，区别对待所在地出口企业，合理安排对口支持和救助。

（4）对美国不予排除的产品加大对相关生产企业的扶持力度，协助企业开拓非美国市场。

（5）借用美国排除机制手法，充分利用中国新设立的排除机制，扶持关键产业内的非美国供应商，从而增加中国在与美国贸易谈判中的筹码。

附录

表 10-4　美国对华加征关税排除及延期概况（截至 2020 年 8 月底）

项目	清单 1	清单 2	清单 3	清单 4A
涉及金额（亿美元）	340	160	2 000	1 200
现行加征税率（%）	25	25	25	7.5
起征时间与过往税率	2018 年 7 月 6 日	2018 年 8 月 23 日	2018 年 9 月 24 日（10%）2019 年 5 月 10 日（25%）	2019 年 9 月 1 日（15%）2020 年 2 月 14 日（7.5%）
平均对华依赖度（%）	14.8	19.0	29.4	33.9
已公布排除批次	10（已完成）	5（已完成）	15（已完成）	8（尚未结束）

续表

项目		清单 1	清单 2	清单 3	清单 4A
已公布排除涉及商品数		728（完整税号 17）	267（完整税号 1）	1 039（完整税号 83）	214（完整税号 30）
排除金额上限（亿美元）		205.7	87.6	847.4	189.9
排除金额占比上限（%）		60.5	54.8	42.4	15.8
排除金额下限（亿美元）		10.6	0.7	26.6	23.3
排除金额占比下限（%）		3.1	0.4	1.3	1.9
首批排除商品到期日		2019 年 12 月 28 日	2020 年 7 月 31 日	2020 年 8 月 7 日	2020 年 9 月 1 日
已公布排除延期批次		6	2	1	1
排除商品延期情况	获得延期	164（完整税号 6）	69（完整税号 0）	266（完整税号 21）	87（完整税号 14）
	未获延期	160（完整税号 10）	0	773（完整税号 62）	0
有效排除金额上限（亿美元）		186.8	—	442.3	—
有效排除金额占比上限（%）		54.9	—	22.1	—
有效排除金额下限（亿美元）		2.8	—	20.1	—
有效排除金额占比下限（%）		0.8	—	1.0	—

　　注：清单 4B 涉及商品金额约 1 800 亿美元，原定税率为 15%，计划于 2019 年 12 月 15 日实施，由于中美签署了第一阶段协议而暂缓加征，在本表统计时间内尚未涉及相关排除事宜，未列入表中。

　　资料来源：美国国际贸易委员会贸易数据库，https://dataweb.usitc.gov/；USTR 网站，https://ustr.gov/issue-areas/enforcement/section-301-investigations/section-301-china。

‖ 第 11 章 ‖

拜登的世界经济观
与美国对华经贸政策

拜登从政近半个世纪，经历了美国 20 世纪 70 年代的滞胀，80 年代的里根经济学，90 年代的冷战后全球化高潮，2008 年金融危机，直到 2020 年的新冠肺炎疫情。他始终认为在美国领导下建构起来的国际规则和制度体系是世界发展进步的基础。但拜登也认识到，全球化时代美国的内外政策不再有明显的界限，技术进步和自由贸易带来的社会混乱焦虑和经济贫富分化已成为美国继续主导世界的重大国内障碍。他相信民粹主义和民主主义可能减缓全球化浪潮，却无法阻挡这一世界大趋势。因此，可以说拜登的世界经济观是一种"修正主义全球化"：一面坚持自由国际主义大方向，一面整合特朗普主义中符合美国中产阶级利益的部分。未来拜登政府的对华经贸政策必将反映这一两面性，为中国对美寻求扩大合作、管控竞争提供思路和机会。

一、以"拯救美国中产阶级"为基础的拜登世界经济观

拜登在华盛顿常被称为"中产阶级乔"，他认为这并不是对他的称赞，但他却引以为傲。在拜登的整个政治生涯里，他一直强调自己出身工人阶层，代表美国的中产阶级，并且认为支撑美国脊梁的是美国工人，美国的民主体制和强大国力都离不开庞大、健康和不断增长的中产阶级。

但是，拜登认为美国已经走到了一个不进则退的"拐点"，近年

来美国中产阶级受到严重削弱，美国社会贫富分化、阶层固化，福利体系无力应对经济危机的冲击，年轻一代饱受债务和工作机会减少的打击。如果放任美国中产阶级衰落下去，美国就会变成一个"碎裂的国度"，不仅美国的中长期经济前景将会非常暗淡，而且美国的政治稳定和民主制度都将受到巨大挑战。

因此，拜登认为，要恢复美国的全球领导力就必须重建美国经济，重建美国经济的关键就是"拯救"美国的中产阶级，包括让中产阶级本身具有更大的包容性。拜登既不认同特朗普的"美国第一"右翼民粹主义，也不认可桑德斯代表的左翼民粹主义，因为他仍坚信美国的民主价值观和市场资本主义是最好的选择，虽然在现实中需要加以改进，但不需要激进的、革命性的颠覆。

可以说，拜登是美国例外论的坚定信奉者，这正是他与特朗普主义者的根本区别。他认为美国的核心优势是能给任何人提供发展机会，对"美国梦"的追求会产生无数的可能性，所以他始终对美国克服眼前的困难保持乐观。但拜登也不得不承认，罗斯福新政以来，美国中产阶级曾经笃信的社会契约已经遭到破坏，努力工作不一定能换来更好的生活和更高的社会地位。

在拜登看来，美国中产阶级衰落的原因很复杂，不能只看到全球化、自动化和数字化的负面效应，还要看到美国税收体系、福利制度的内在问题。换言之，美国在第四次工业革命和全球经济变革过程中，国内政治决策出了问题，过度偏向资本的持有者和权力精英阶层。美国的出路不是特朗普式的反全球化，拜登认为这与前几次工业革命中的反对者一样于事无补，关键在于政府要推出政策，使工人工资重新匹配不断增长的劳动生产率。

拜登经济政策的主要内容即是为此目的服务的，其中包括改革税法如增加高收入人群和公司税率，改革医疗和社会保险体系，改革高等教育，如大学免费、减免学生贷款，投资基础设施、减缓气候变化，保障工人权益、保护妇女和少数族裔权益，反对垄断、改革政治献金制度。在新冠肺炎疫情期间，拜登还特别提出两条建议：一是将美国联邦医疗保险适龄线从 65 岁降到 60 岁；二是免除上过公立大学的中低收入者的学生贷款。

总之，在拜登眼中，所谓中产阶级不仅仅是具体的家庭收入，而是一整套美国价值观和生活方式，其核心思想非常接近罗斯福的"四大自由"。在这一点上，拜登和美国贸易代表莱特希泽的看法是一致的，即美国中产阶级的工作与收入带来的是社会凝聚力和尊严，而保护美国中产阶级的关键在于保证能够带来中产阶级收入的工作。

二、以"美国制造"为核心的拜登国际经济政策

拜登认为特朗普的"买美国货、雇美国人"口号没错，但特朗普政府推出的政策说明，特朗普只是在说空话。其政策非但没有结束美国的制造业外流，还为主导外包的跨国公司提供了税收漏洞。美国工人和农民并未从特朗普主导的中美贸易战中获得好处，反而因此丧失了工作和市场，无辜承担了更大的关税负担。为扭转局面，真正推进制造业回流美国，拜登准备在特朗普相关总统令的基础上实施一套两步走的"工业政策"，以增加至少 500 万个制造业岗位。

第一步，拜登要通过修改国内税收政策遏制工作机会向外流失。新税收政策包括两部分：一是建立对外包的税收惩罚；二是完善对"美国制造"的税收优惠，并堵住特朗普政府的外包税收漏洞。拜登将向在海外生产而后转回美国国内销售的美国公司获利征收额外的 10％"外包惩罚税"，这不仅包括制造行业的外包，也包括服务业的外包。拜登还准备实施严格的反"税负倒置"政策，否决任何外包公司的税务减免或支出抵扣。拜登承诺对在美国投资创造就业的公司给予 10％的"美国制造"税收优惠，对美国跨国公司的所有海外盈利则征收 21％的税。

第二步，拜登要通过加强政府购买政策支持美国本土供应链。拜登明确表示要用足美国《国防生产法》和《联邦财产和行政服务

法》给总统的授权，以总统行政命令的方式强化联邦政府的"买美国货"规定，并保证关键产品如医疗物资的生产在美国国内完成。在联邦政府资助的基础设施上要用美国生产的钢铝，严格审查产品的美国成分比例，防止外国进口品伪装成美国制品。拜登还要求在白宫预算局内成立"美国制造"办公室，专门制定政府购买政策并监督其实施，其中包括投资 4 000 亿美元确保政府购买的产品本土化生产，投资 3 000 亿美元增强美国研发能力和未来科技如 5G、人工智能。

此外，突出气候变化议题是拜登推进"美国制造"的重要组成部分。拜登认为气候变化对美国和世界构成"生存威胁"，他虽然没有采纳民主党左翼的"绿色新政"，但同意将其作为未来执政的气候变化政策框架。对外，拜登将带领美国重新加入《巴黎协定》，并要求中国和其他排放大国提高减排承诺；对内，拜登要利用"清洁能源革命"重塑美国经济，重振美国制造业及相关就业。具体政策包括通过取消特朗普减税、增加美国清洁能源投资，计划十年内政府和民间总投资 5 万亿美元。在 1.3 万亿美元基础设施投资中侧重减少气候变化，于 2050 年达到美国碳中和目标。"轻碳"将成为美国在国际贸易和投资中提高对美国国内产业保护的新借口。

三、以"自我强化"为主轴的美国对华经贸竞争

拜登和民主党的世界经济观植根于其对美国的自我认识。拜登在政治生涯中一直对全球化持支持态度，并不认为在与亚洲、欧洲的经济交往中，美国吃了大亏，更不认为美国的创新力会输给中国。拜登坚称，当前美国的问题出在内部，出在自身分裂的政治和错误的政策上。拜登及其核心决策层均认为，美国在对华竞争中要想占上风，关键在于改变自我，重振美国中产阶级，把重点放在国内基建、教育、医疗和能源与科技革命上。同时，拜登的世界经济观特别强调民主价值观，把团结意识形态和制度近似的国家、鼓动"集权国家"人民追求民主作为重要的经济外交目标。

首先，基于"美国制造"的政治承诺，拜登将延续特朗普留下的对华加征关税政策，作为促进部分工业回流美国的推动力。虽然美国大量企业对关税政策不满，并在竞选中支持拜登，且拜登本人也反对以关税手段解决中美贸易冲突，但面对美国强大的保护主义政治需求，以及为在中美经贸谈判中保留筹码，拜登不会立即撤销加征的关税，至少在名义上将保留这些关税一段时间。拜登称在增强美国自身实力前，不再谈判新的贸易协定，而是要确保现有协定对美国工人是公平的。

其次，拜登将把对华经贸政策矛头指向世界贸易组织和其他国际多边贸易机构的规则斗争。拜登认为特朗普政府的最大失败就是放弃美国的国际领导权，对华采取单边行动，而非团结盟国寻求共同施压。因此，一方面拜登将继续特朗普政府开启的中美双边经贸谈判，在第一阶段协议的基础上要求扩大谈判的范围；另一方面更重要的是协调主要盟友在知识产权、国有企业、补贴、劳工和环保标准、科技等方面形成对华共同立场。

最后，拜登将把特朗普时期的"反共"话语转化为"反腐败"话语。拜登团队已多次强调无意对华搞全面"脱钩"或者"新冷战"，而是在对华竞争中保持特定领域的合作，促使中国按照西方的国际规则行事。但民主党人已经找到了一套新的对华遏压话语，将中俄等国的外交称为"武器化的腐败"，不仅腐蚀美欧发达国家的民主，还削弱、压制发展中国家的民主。拜登政府可能以"反腐败"为名，攻击中国的对美投资和经贸活动，质疑"一带一路"投资和建设，使用金融反恐手段监视国际资金流动，并使用国内法进行跨国长臂管辖。

总的来看，拜登既要部分恢复奥巴马时期的自由主义全球化，又要照顾到影响巨大的特朗普主义，他需要走出第三条道路，直面美国中产阶级萎缩的问题，平衡全球化给美国带来的正面和负面效应。但就当前美国的现实而言，给他留下的国内政治、货币和财政政策及国际空间都很有限，对拜登的执政艺术是极大的考验。

第 12 章

提高中美双边加征关税排除率，
推动双边关税实质性下降

2021 年 7 月 16 日，美国《纽约时报》报道，美国财政部长珍妮特·耶伦（Janet L. Yellen）表示，目前保留的关税措施损害了美国消费者的利益，"关税是对消费者征收的税收"，"对中国征收关税，对于美国的利益来说不是很周全的考虑"。当然，耶伦的上述批评并不一定意味着美国有足够兴趣考虑全面取消加征关税，事实上这样做的难度仍然较大。而且，耶伦从美国消费者利益角度对关税的批评，也可能是为美国政府当前的通货膨胀压力做开脱和解释。当前的通货膨胀水平在一定程度上已经影响到拜登的支持率。

不过在同一则报道中，耶伦也涉及了对中美第一阶段协议的批评，"第一阶段协议未能真正解决中美之间根本性的问题和争端"。《纽约时报》也指出，耶伦接受采访之际，正值拜登政府对中美经贸关系进行广泛审查，包括对中美第一阶段协议和落实情况进行评估。显然，这将成为中美新一阶段经贸关系或协议的美方基础。

从上述角度来看，如果中美有第二阶段的经贸协议，那么相较于第一阶段协议，新的经贸协定将同时面临机遇和挑战。挑战是，拜登政府将不满特朗普政府强调的采购内容，而将更多强调经贸规则；机遇是，对关税进行实质性的、大范围的调降——这种可能性似乎有所上升，但仍面临难度。

一、为什么全面调降关税仍有难度

拜登政府上台后，至今仍然保留对中国 3 700 亿美元输美商品加征关税。其改变的难度来自以下几个方面：

其一，美国强大的保护主义政治需求。在美国两党已经形成一致观点，将中国视作战略竞争对手的政治环境下，任何对华政策的软弱都被视为绝对有害。包括共和党议员在内的政治对手已经开始仔细审查拜登顾问团队的声明，准备猛烈抨击任何旨在推翻特朗普时期对华惩罚措施的努力，这些惩罚措施包括加征关税和技术出口管制。2021 年年初，美国新任贸易代表戴琪也明确表示，美国还没有准备好取消对华关税，对华 301 关税在一定程度上有助于保护美国企业免受外国补贴竞争的影响。

其二，拜登政府要为中美下一阶段的经贸谈判保留筹码。即便是美国内部的自由贸易倡导者，如美国前财长保尔森、美国商业圆桌会议等，在呼吁拜登政府削减对华关税的同时，也认为削减关税应该作为中美新一轮贸易谈判的一部分，以换取中国在补贴、国有企业和其他结构性改革方面的让步。戴琪在接受《华尔街日报》专访时，暗示支持上述对华经贸策略，并表示"好的谈判者都会守住自己的筹码并加以利用"。美国在第二阶段谈判中必将更加强调经贸规则，关税的下调也将成为其谈判的重要筹码。

综上所述，美国全面下调关税面临较大的国内压力。同时，民主党政府本身也将关税下调作为新一阶段经贸协议的一个筹码。但是从美国国内舆论视角来看，目前中美要达成新的经贸协议的难度也比较大。

二、当前美国对于调降关税也有一定的动力

其一，拜登政府奉行"小院高墙"精准打击政策，关税措施并非首选。拜登政府上台以来，首要目标是保持技术代差和保证供应

链安全，对华政策奉行"小院高墙"精准打击。而关税措施打击面广、福利损失大，虽然短期内不会也无法取消，但显然并非首选。拜登本人在竞选时曾明确反对以关税手段解决中美贸易冲突，但迫于政治压力收回了这一说法。拜登上台以来，一方面推动了将钢铝制品关税措施裁定为无效；另一方面强调供应链安全的核心、重点领域。上述政策取向也显示，拜登政府的政策着力点并非关税措施本身。

其二，美国通货膨胀压力显著上升，货币政策陷入两难。2021年各月美国通货膨胀率屡创新高，12 月甚至达到 7% 的同比增速，创下 40 年高点。而新冠肺炎疫情仍然存在较大不确定性，美国经济反弹基础尚不牢固，同时在个人救助政策的强力支持下美国劳动参与率显著偏低，这也在一定程度上使得失业率的表现可能被严重高估。此外，过高的政府债务负担也使得货币宽松政策退出的难度上升。

这些因素使得美联储在通货膨胀面前陷入了两难。如果显著提高加征关税排除比率能够对抑制通货膨胀产生积极影响，这显然是美国可以考虑的措施。

三、提高加征关税排除率、形成良性互动的可行性更大

其一，美国运用加征关税排除手段，面临的国内政治压力更小。拜登政府已多次强调无意对华搞全面"脱钩"或者"新冷战"，而是在对华竞争中保持特定领域的合作，促使中国按照西方的国际规则行事。但迫于国内政治压力，拜登政府也束手束脚，找不到突破口。

而加征关税排除措施是美国贸易代表办公室（USTR）已经实施的措施，进一步提升排除措施的力度对于拜登政府来说相对容易。这不会像"取消 301 关税"措施那样，刺激共和党人的神经。同时，加征关税排除措施也不涉及国会的立法进程，可以使得拜登政府规避其国内政治压力。

其二，美国提高对华加征关税排除率政策空间很大。截至 2021 年 8 月，美国仍然保留着对 3 700 亿美元的中国输美商品加征关税，其中对清单 1（340 亿美元）、清单 2（160 亿美元）和清单 3（2 000 亿美元）保持加征 25％关税，对清单 4A（1 200 亿美元）保持加征 7.5％关税。

在这些关税基础上，美国 USTR 会根据企业的申请，对部分加征关税商品进行排除，并给予一年时间免除征收关税，待一年期满之后重新审定。加征关税排除率的高低，将决定实际执行的关税水平。因此，我们对 4 个清单的全部排除信息进行研究，具体研究结果可以参见《美国加征关税排除机制对我国产业链的影响》。①

具体而言，USTR 的加征关税排除行为显示出其优先考虑供应链安全因素。因此，与清单 1 和清单 2 相比，清单 3 和清单 4A 的排除率大幅降低。清单 1、2、3、4A 被批准的排除申请占比分别为 33.8％，37.4％，4.9％和 6.5％。其原因在于，清单 1、2 中的商品，如汽车及零件、仪器等，生产技术相对复杂，供应链条更长，短时间内寻找替代品较为不易，在 USTR 的排除标准中予以优先考虑；而清单 3、4A 中的商品，如皮革制品、服装、鞋等，生产技术相对简单，供应链条较短，虽然进口金额上对华依赖度更高，对美消费者的福利损害更大，但短时间内寻找替代品相对容易，因此排除率较低。另外，考虑到前一阶段排除期限（一年）到期后，很多商品未获得延期，实际的排除率也大幅降低了。

可见，美国提高对华加征关税排除率的政策空间很大。特别是美国在通货膨胀压力下，提升汽车及零件的排除率，以及广泛提升皮革制品、服装、鞋等生活用品的排除率，对其缓解国内通货膨胀压力也具有一定作用。

---

① 姚曦，赵海，徐奇渊. 美国加征关税排除机制对我国产业链的影响. 国际经济评论，2020（5）.

　　总体上，中美可以通过加征关税排除机制，相互大幅提高加征关税排除比率，推动形成双边经贸关系良性互动的起点。在全球新冠肺炎疫情蔓延的背景下，全球供应链面临前所未有的不确定性。美国的芯片制裁、航运事故导致的港口拥堵、疫情导致的生产停顿，任何不确定性都将使得紧绷的供应链面临更大压力。在这些负向供给冲击的背景下，滞胀可能使得原本就走在独木桥上的美国货币政策空间更显逼仄。中美应形成共识，在全球供应链领域加强合作，协同稳定全球供应链的预期。当前中美实质性提高加征关税排除比率将有助于降低全球供应链成本，从而加速缓解滞胀压力，这也将成为中美双边形成良性互动的一个重要开端。

第 13 章

数字化时代特朗普政府
对华科技竞争的认知和手段

　　随着数字技术发展突飞猛进，数字空间构成了国家间互动的重要外部环境。由于网络空间国际秩序仍在形成中，国家间互动没有国际规则或规范可以遵循，大国竞争特别是中美竞争主要表现为对网络空间权力的争夺以及国际秩序的塑造。① 特朗普执政期间，美国对中国加大防范，中美两国在网络空间的竞争与对抗加剧，围绕信息技术的产业链"脱钩"趋势明显，网络空间进一步分裂的风险加大。在数字化时代，中美之间的战略竞争逐渐展现出一些前所未有的特点。美国作为现实空间的唯一超级大国，其在数字空间的实力优势更为显著，无论是打压华为还是推出"清洁网络计划"，美国都是将获取数字空间的竞争优势作为确保其国家繁荣、安全以及国际领导力的战略工具。为了在中美科技主导权竞争中获得优势，特朗普政府采取了一系列新的对华科技政策，进一步激化了中美战略竞争。

一、数字化时代大国竞争的特点

　　科技革命是人类社会演进的重要驱动力量，科技也在很大程度上影响着国际政治的发展进程。诚然，所有的科技都具有社会和政

---

① 郎平. 网络空间国际秩序的形成机制. 国际政治科学，2018（1）：25 - 54.

治属性，但与前几次科技革命相比，以互联网为代表的信息技术革命对人类社会的影响更加广泛和深刻。克劳斯·施瓦布（Klaus Schwab）认为，"全世界进入颠覆性变革新阶段""假以时日，这些技术必将改变我们现在习以为常的所有系统，不仅将改变产品与服务的生产和运输方式，而且将改变我们沟通、协作和体验世界的方式"。① 尽管处于快速发展进程中的科技革命仍然蕴含着诸多的不确定性，但基于可见的影响亦可看出，互联网所引领的新一轮科技革命的确与众不同。在大变局和数字化时代的双重力量推动下，大国力量此消彼长，数字空间成为大国竞争的主要战场，数字优势竞争成为大国博弈的新领域，数字空间成为中美战略竞争对抗程度最高的领域。

数字技术迅猛发展，改变了人类的生产、生活方式，正在重塑国家的政治生态；它不仅成为国家发展和繁荣的重要驱动力，也带来了网络攻击、网络犯罪、网络恐怖主义等日益复杂的安全威胁和挑战。肖恩·鲍尔斯（Shawn Powers）和迈克尔·雅布隆斯基（Michael Jablonski）认为，国家正在陷入一场"持续的以国家为中心的控制信息资源的斗争，其实施方式包括秘密攻击另一个国家的电子系统，并利用互联网推进一个国家的经济和军事议程，其核心目标是运用数字化网络达到地缘政治目的"。② 当前的世界正在回到某种失序的状态，战争与和平之间的界限变得模糊，国家更多依靠全面武装冲突之外的措施来相互制衡；互联网的架构和技术现实为国家间冲突提供了新的渠道和方式，对国际和平和全人类福祉产生重大威胁。在这样的数字化时代，科技竞争优势背后所蕴含的是一个国家谋求财富和维护安全的能力。2021 年 1 月，美国智库大西洋

① 克劳斯·施瓦布，尼古拉斯·戴维斯. 第四次工业革命：行动路线图：打造创新型社会. 北京：中信出版社，2018：23.

② Shawn Powers, Michael Jablonski. *The Real Cyber War*：*The Political Economy of Internet Freedom*. Chicago：University of Illinois Press，2015.

理事会发布的报告指出，世界秩序之所以混乱，主要原因在于对新兴技术的怀疑和不信任，例如美国一直在与中国电信巨头华为作战，使用威胁手段，彻底禁止一些中国公司在美国市场运营。[①]

数据是数字经济最重要的战略资源，因而成为当下各大国争夺的焦点。不同于传统战略资源的有限性，数据具有非排他性，信息资源具有无限性，在大数据技术和人工智能的助力下，数据的加工能力和使用能力不断提升，数据的信息价值和战略价值得以深度挖掘。麦肯锡全球研究院发布报告《数据全球化：新时代的全球性流动》指出，自2008年以来，数据流动对全球经济增长的贡献已经超过传统的跨国贸易和投资，不仅支撑了包括商品、服务、资本、人才等几乎所有类型的全球化活动，还发挥着越来越独立的作用，数据全球化成为推动全球经济发展的重要力量。[②] 正因如此，数据具有"一物三性"的特质：在个人层面，它具有个人隐私和财产的属性；在经济层面，它是重要的生产要素，关系到产业竞争力和创新活力；在安全层面，大数据分析可以具有战略价值，事关国家的信息安全和政治安全。从这个意义上说，跨境数据贸易规则的制定本身也蕴含着安全利益的考量，是一枚硬币的两面。

信息和数据会被一国利用或操纵来实现其针对他国的地缘政治目标。随着大数据时代的到来，个人信息和数据对国家安全的重要性与日俱增，如果大多数公民有关政治立场、医疗数据、生物识别数据等隐私数据被敌对国家或他国政府捕获，经过人工智能大数据分析，就可能产生巨大的安全风险——信息操纵。2018年4月，兰德公司发布的报告强调，信息域将是一个争夺日趋激烈甚至是决

① Mathew Burrows, Julian Mueller-Kaler. Smart partnership amid great power competition: AI, China and the global quest for digital sovereignty. Atlantic Council, January 13, 2021.

② Mckinsey Global Institute. Digital globalization. http://www.mckinsey.com/business-functions/mckinsey-digital/our-insights/Digital-globalization-The-new-era-of-global-flows.

定性的政治战领域，其本质就是一场通过控制信息流动来进行的有关心理和思想的斗争，其行动包括舆论战、心理战以及对政治派别或反对派的支持。[①] 2019 年 9 月，兰德公司的报告指出，敌意社会操纵的实践者指的是利用有针对性的社交媒体活动、复杂的伪造、网络欺凌和个人骚扰、散布谣言和阴谋论以及其他工具和方法对目标国家造成损害，包括宣传、积极措施、假情报和政治战争等方式。[②] 随着国家安全的威胁日趋多元化以及"混合战"和"灰色地带"战争理论的兴起，信息域的政治战已经成为不容忽视的新的战争形式。

国际关系专家阎学通认为，数字经济时代中美竞争的特殊性在于，数字经济成为财富的主要来源，网络技术迭代速度快，技术垄断和跨越式竞争以及技术标准制定权的竞争日益成为国际规则制定权的重点，并对大国领导的改革能力提出了新的要求。[③] 他将中美战略竞争的时代背景设定为数字时代初期，强调对于主要大国，网络空间竞争的重要性已经超越了传统地缘竞争，冷战思维和数字思维将对数字时代的外交决策产生混合影响，进而塑造一种和平但不安定的国际秩序。[④] 从科技实力到信息和数据安全，数字时代的中美战略竞争呈现出多域融合的特点，而融合线就是数字技术。科技实力意味着国家掌控数字资源和维护数字空间安全的技术能力；作为数字空间流动的战略资产，信息和数据安全直接关系到个人隐私、企业竞争力和国家政治安全。在上述两者之间，则是中美竞争的另一个焦点议题——供应链安全，设备的安全性和可靠性既事关承载其上的信息和数据安全，同时也体现出国家的科技创新水平，对促进

---

① Linda Robinson，et al. Modern political warfare：current practices and possible responses. Rand Corporation，2018：229.

② Micheal J. Mazarr，et al. Hostile social manipulation：present realities and emerging trends. Rand Corporation，September 4，2019.

③ 阎学通. 数字时代的中美战略竞争. 世界政治研究，2019（2）：1-18.

④ 阎学通. 数字时代初期的中美竞争. 国际政治科学，2021（1）：24-55.

数字经济发展至关重要，这也是美国禁止使用华为5G设备的重要原因。2020年5月，美国白宫发布《美国对中国的战略方针》，指责中国实施网络商业窃密以及其他网络攻击行为，美国司法部和联邦调查局正在调拨资源，以查明和起诉窃取商业机密、黑客攻击和经济间谍活动，并加大对美国基础设施的恶意外国投资、供应链威胁和试图影响美国政策的外国代理人的执法力度。^① 由此可见，数字时代的中美竞争是以科技主导权争夺为主线，以维护国家主权、安全和发展为目标进行的全局性博弈。

二、特朗普政府对中美科技竞争的认知

特朗普执政以后，美国政府认识到数字时代大国竞争的特点和发展趋势，并将中国列为全球竞争对手，越来越重视中美在数字技术领域的竞争，对中国科技实力的进步感到担忧。2017年12月，美国白宫发布的《国家安全战略报告》指出，美国将回应在全球范围内面临的日益增长的政治、经济和军事竞争，信息战加速了政治、经济和军事竞争，跟能源一样，数据将影响美国的经济繁荣和未来在世界的战略地位，对于确保美国经济的持续增长、抵制敌对的意识形态以及建立和部署世界上最有效的军事力量而言，利用数据的能力是至关重要的。^② 2018年3月，美国贸易代表办公室发布《与技术转移、知识产权和创新相关的中国法律、政策和措施报告》，即针对中国的"301调查报告"，声称中国政府"牵涉技术转移、知识产权和创新活动的法律、政策及行动是毫无根据或者歧视性的，并给美国商业造成了拖累和限制"。基于这一报告，美国总统特朗普签

---

① 梁蕾庭. 网络空间国际规则前沿与态势简报 第五期（2020.04.01—2020.6.30）. 网络空间国际法前沿，https://mp. weixin. qq. com/s/CxM4KO3-zWAdC2bZswSdkA.

② The White House. National Security Strategy of the United States of America. December 2017.

署了所谓《针对中国经济侵略的备忘录》①，对中国发起大规模的贸易战，而贸易战的重要目标之一，就是逼迫中国在"中国制造 2025"等产业政策方面让步，阻止中国高科技产业的发展。

2018 年 9 月，特朗普政府发布《美国国家网络战略》，明确了以互联网为代表的数字技术是促进美国繁荣的重要支柱。文件指出，互联网已经在美国国内外产生巨大的经济效益，同时也带来了安全威胁，"在这个日益数字化的世界里，美国试图通过一种连贯且全面的方式来应对这些挑战，捍卫美国的国家安全和利益""建立充满活力和弹性的数字经济，其目标是维持美国在科技生态系统与网络空间发展中的影响力，使其成为经济增长和创新的开放引擎"。作为美国政府出台的首份国家网络战略，它明确了数字技术对于推广美国自由、安全和繁荣的重要性，同时强调了数字化时代经济安全与国家安全的密切联系，"如今，经济的发展越来越依赖数字技术的进步，美国政府将推动标准的制定，保护国家经济安全，加强美国市场和技术创新的活力"。② 可以说，特朗普政府对于数字化时代重要性的认知在这份文件中得到充分显现，而对中国是美国科技和经济领域最大竞争对手的定位，也为此后美国的对华科技竞争举措的层层展开指明了方向。

自 19 世纪以来，美国在所有的关键科技领域均保持显著的领先优势，科技领先是美国确保其霸权地位的根本保证。进入数字化时代，美国政治精英已经认识到，确保美国在先进技术方面的战略优势，是赢得中美竞争的关键。2020 年 10 月，布鲁金斯学会发布报告认为，人工智能、量子计算等新技术的军民两用性模糊了国家经济

---

① The White House. Remarks by president Trump at signing of a presidential memorandum targeting China's economic aggression. March 22, 2018，https://translations. state. gov/2018/03/22/remarks-by-president-trump-at-signing-of-a-presidential-memorandum-targeting-chinas-economic-aggression/.

② The White House. National cyber strategy of the United States of America. September 2018.

利益和安全利益之间的界限，使得美国官员有意识或无意识地将数据安全视为国家安全的同义词；而美国对中国科技企业的不信任则源于对中国战略意图、结构性经济政策、对权力的法制制约以及人权和自由价值观的担忧。[①] 2020 年 11 月，美国国会两党合作的中美科技关系工作小组发布一份政策报告，对美国基础科学研究、5G 数字通信、人工智能和生物技术等四个科技领域的发展提出了政策目标，特别强调应尽可能保持一个开放、合乎道德、一体的全球知识体系和创新经济体系，构建多层次风险管理战略，而非仅针对中国。[②] 2021 年 1 月，美国信息技术与创新基金会发布的报告指出，美国要想在信息技术领域确保其全球领导者的地位，美国政府必须以"数字现实主义政治"（digital realpolitik）为基础制定一项大战略，其首要优先项是通过推广美国数字创新政策和限制数字对手——例如中国——来推进美国的利益。[③]

尽管美国社会各界对于采取何种方式与中国展开科技竞争仍有分歧，但对于中国的挑战已经成为美国在数字化时代的头号优先事项，特别是在 5G 领域。从技术上看，5G 的特点是超带宽、超高速度和超低延时，基于 5G 的一系列新技术将会带来从无人驾驶汽车到智能城市、从虚拟现实到作战网络等众多领域的重大创新，然而，美国联邦通信委员会将毫米波频谱作为 5G 核心的选择策略给了在 Sub-6G 领域处于领先优势的中国领先的机会，这也使得中国第一次

① Brookings. Beyond Huawei and TikTok: untangling U. S. concerns over Chinese tech companies and digital security. October 31, 2020, https://www.brookings.edu/research/beyond-huawei-and-tiktok-untangling-us-concerns-over-chinese-tech-companies-and-digital-security/.

② The Working Group on Science and Technology in US-China Relations. Meeting the China challenge: a new American strategy for technology competition. A project of the 21st century China center under the ouspices of the task force on US-China policy, November 16, 2021.

③ Robert D. Atkinson. A U. S. grand strategy for the global digital economy. Information Technology & Innovation Foundation, January 2021.

在一个通用技术应用领域实现了超越，这对美国而言是不可接受的。
2019 年 4 月，美国国防部创新委员会发布的报告指出，5G 对国防部
的未来带来严重的潜在风险，如果中国在 5G 基础设施和系统应用领
域处于领先地位，那么国防部未来的 5G 生态系统可能会将中国组件
嵌入其中，从而对国防部业务和网络安全构成严重威胁。[①] 2020 年 2
月，美国司法部部长威廉·巴尔（William Barr）强调与中国进行
5G 竞争的重要性，认为中美博弈实质是一种零和游戏，中国已经在
全球 5G 基础设施市场占据 40％的市场份额，如果工业互联网依靠
中国技术，中国就有能力切断外国的消费者与工业赖以生存的技术
和设备，让美国目前的经济制裁手段在中国的技术优势面前失效。[②]

三、特朗普政府的对华科技竞争手段

在数字革命和实力对比双重力量的推动下，中美关系的质变在
特朗普政府执政时期得到充分体现。自 2018 年美国政府对华贸易摩
擦逐步升级以来，以华为、中兴为首的中国互联网企业开始成为美
国政府制裁的对象，这一趋势在 2020 年进一步加剧和扩大化。截至
2020 年 8 月末，共有 10 个批次 296 家中国企业受到美国制裁，制裁
领域从 5G、人工智能等信息技术核心产业链扩展至电信运营商、内
容和云服务商以及相关的高校和科研机构，其制裁手段包括贸易、
投资以及人员交流限制等多种措施，旨在遏制中国对美核心竞争力
优势具有挑战能力的领域，从而确保美国在大国竞争中的霸权地位
和绝对领先优势。

---

① Defense Innovation Board. The 5G ecosystem: risks & opportunities for DoD. April
2019，https://media. defense. gov/2019/Apr/03/2002109302/- 1/- 1/0/DIB_5G_STUDY_04.
03. 19. PDF.

② Barr's call for U. S. control of 5G providers quickly rebuked. Associated Press，
February 7，2020，https://www. usnews. com/news/business/articles/2020 - 02 - 07/
barrs-call-for-us-control-of-5g-providers-quickly-rebuked.

（一）强化立法和战略设计

一系列立法和战略设计为从贸易、投资、人才等多渠道打压中国在 5G 领域的领先优势铺平道路。2020 年 3 月，特朗普签署《2019 年安全可信通信网络法案》，该法案将禁止使用联邦资金从对美国国家安全构成威胁的公司购买设备，并制定了一项补偿方案，以支持运营商拆除和更换由存在安全风险的实体制造的设备，该法案被认为针对美国农村地区使用的华为和中兴网络设备。紧接着，特朗普政府又发布了《5G 安全国家战略》，制定了"与我们最亲密的合作伙伴和盟友紧密合作，领导全球安全可靠的 5G 通信基础设施的开发、部署和管理"的战略目标，并提出了四个实施路径：（1）促进国内 5G 的推广；（2）评估风险并确定 5G 基础架构的核心安全原则；（3）利用 5G 基础架构来管理对美国的经济和国家安全带来的风险；（4）促进负责任的全球 5G 基础设施开发和部署。① 同时，特朗普还签署了《2020 年 5G 安全和超越法案》，对国家战略的实施提出了详尽的路径。② 2020 年 8 月，美国国土安全部网络安全和基础设施安全局发布《5G 战略：确保美国 5G 基础设施安全和韧性》，提出五项战略举措，承诺提供一个供应链框架，研究使用"不可信"设备的长期风险，以保障美国 5G 网络免受广泛的漏洞威胁。③

（二）技术封锁

美国对华遏制措施首先从技术封锁开始。早在 2018 年 8 月，美

---

① The White House. National strategy to secure 5G of the United States of America. March 2020，https://www. whitehouse. gov/wp-content/uploads/2020/03/National-Strategy-5G-Final. pdf.

② Public Law 116 - 129. Mar. 23，2020，https://www. congress. gov/116/plaws/publ129/PLAW-116publ129. pdf.

③ CISA. CISA 5G strategy：ensuring the security and resilience of 5G infrastructure in our nation. August 24，2020，https://www. cisa. gov/sites/default/files/publications/cisa_5g_strategy_508. pdf.

国商务部工业安全局就开始以国家安全和外交利益为由，将包括航天二院、中电科、中国高新技术产业进出口总公司等在内的 44 家中国企业（8 个实体和 36 个附属机构）列入出口管制实体清单。①2019 年 5 月，美国商务部再次以"国家安全方面的担忧"为由，将华为及其 68 家非美国关联企业列入实体清单，规定如果没有美国政府的批准，华为将无法向美国企业购买元器件；②同时，特朗普依据《国际紧急经济权力法》（International Emergency Economic Powers Act），签署了行政命令，要求美国企业不得使用对国家安全构成风险的企业所设计、开发、制造的通信技术或提供的服务。③随后，谷歌、ARM、微软和脸书等陆续停止与华为的合作。2019 年 6 月，美国商务部再度将包括中科曙光、天津海光等 5 家中国实体列入出口管制实体名单，禁止美国供应商采购这 5 家中国实体的部件，其理由是"参与了旨在违背美国国家安全和外交政策利益的活动"④；8 月，美国商务部宣布将把华为购买美国产品的"临时通用许可证"再次延长 90 天（至 11 月 19 日），同时新增 46 家与华为有关联的企业，列入实体清单⑤；10 月，实体清单增加了包括大华技术、海康威视、科大讯飞等在内的 28 家中国机构和公司，原因是"参与或有

---

① BIS. Addition of certain entities; and modification of entry on the Entity List. August 1, 2018, https://www.federalregister.gov/documents/2018/08/01/2018 - 16474/addition-of-certain-entities-and-modification-of-entry-on-the-entity-list.

② US Department of Commerce. Department of Commerce announces the addition of Huawei Technologies Co. Ltd. to the Entity List. May 15, 2019, https://www.commerce.gov/news/press-releases/2019/05/department-commerce-announces-addition-huawei-technologies-co-ltd.

③ The White House. Executive order on securing the information and communications technology and services supply chain. May 15, 2020, https://www.whitehouse.gov/presidential-actions/executive-order-securing-information-communications-technology-services-supply-chain/.

④ BIS, Commerce. Addition of Entities to the Entity List and revision of an entry on the Entity List. June 24, 2019, https://s3.amazonaws.com/public-inspection.federalregister.gov/2019 - 13245.pdf.

⑤ BIS, Commerce. Addition of certain entities to the Entity List and revision of entries on the Entity List. August 21, 2019, https://s3.amazonaws.com/public-inspection.federalregister.gov/2019 - 17921.pdf.

能力对美国政府的海外政策利益相左"①。

如果说 2019 年美国对华技术封锁的理由主要是供应链安全，那么新冠肺炎疫情暴发后，中美竞争进一步加剧，美国对华企业技术封锁的理由和范围不断扩大和升级。2020 年 5 月，美国商务部发布公告，将针对华为出口管制规则中 25％的美国技术含量标准降低至 10％，以严格和战略性地限制华为获得所有美国软件和技术生产的产品；同时，美国商务部再次将实体清单中的 28 家中国企业扩大至 33 家。② 7 月，美国商务部工业安全局宣布，因为所谓的新疆人权问题，将 11 家中国企业列入实体清单，这 11 家公司将无法购买美国原创产品，包括商品和技术。③ 8 月，美国商务部工业安全局进一步升级了对华为及其在实体清单上的非美国分支机构使用美国技术和软件在国内外生产的产品的限制，并将华为在全球 21 个国家或地区的 38 家分支机构纳入实体清单，对所有受出口管理条例（EAR）约束的项目都规定了许可证要求，全面封杀华为向第三方采购芯片。④ 接着，美国商务部宣布将 24 家中国企业列入制裁名单，限制其获取美国技术，原因是这些企业"帮助中国军方在南

---

① BIS, Commerce. Addition of certain entities to the Entity List. October 9，2019，https：//s3. amazonaws. com/public-inspection. federalregister. gov/2019－22210. pdf.

② US Department of Commerce. Commerce Department to add nine Chinese entities related to human rights abuses in the Xinjiang Uighur Autonomous Region to the Entity List. May 22，2020，https：//www. commerce. gov/news/press-releases/2020/05/commerce-department-add-nine-chinese-entities-related-human-rights.

③ US Department of Commerce. Commerce Department adds eleven Chinese entities implicated in human rights abuses in Xinjiang to the Entity List. July 20，2020，https：//www. commerce. gov/news/press-releases/2020/07/commerce-department-adds-eleven-chinese-entities-implicated-human.

④ US Department of Commerce. Commerce Department further restricts Huawei access to U. S. technology and adds another 38 affiliates to the Entity List. August 17，2020，https：//www. commerce. gov/news/press-releases/2020/08/commerce-department-further-restricts-huawei-access-us-technology-and.

海修建人工岛"。① 同时，美国国防部决定将包括中国交通建设集团有限公司等在内的 11 家中国企业列入中国军方拥有或控制的公司清单，为美国出台新一轮的制裁措施奠定了基础。

（三）"净网行动"

除技术封锁之外，中美科技领域摩擦正在向整个网络空间蔓延。2020 年 4 月，美国国务卿蓬佩奥宣布，国务院将要求所有进入和离开美国外交机构的 5G 网络流量通过的是"清洁路径"。"5G 清洁路径"是一种端到端的通信路径，其中不使用任何不可信 IT 厂商（如华为和中兴）的传输、控制、计算或存储设备，这也意味着在即将到来的 5G 网络中，进入美国外交系统的移动数据流量如果经过华为设备，将受到新的严格要求。8 月，蓬佩奥宣布从五方面扩大针对中国的"净网行动"范围，涉及电信运营商、应用商店、应用程序、云服务和海底光缆，试图在通信网络领域与中国企业完全"脱钩"，以便全面保护美国公民隐私和关键基础设施安全。该计划指出，"清洁网络"旨在应对"威权恶意行为者"对"自由世界"带来的数据隐私、安全、人权和有原则合作的长期威胁；"清洁网络"植根于国际公认的数字信任标准，意味着政府需要在可信赖的合作伙伴联盟的基础上，基于迅速变化的全球市场技术和经济状况，制定一个长期的、全政府的、持久的战略加以推进。②

作为"出头鸟"，位居美国市场下载量第二的 TikTok 和在中国社交媒体市场占据绝大份额的微信成为美国"清洁网络"计划的第

---

① U. S. Department of Commerce. Commerce Department adds 24 Chinese companies to the Entity List for helping build military islands in the South China Sea. August 26，2020，https：//www. commerce. gov/index. php/news/press-releases/2020/08/commerce-department-adds -24-chinese-companies-entity-list-helping-build.

② US Department of State. The Clean Network. https：//www. state. gov/the-clean-network/.

一批目标。蓬佩奥表示，特朗普政府因安全风险，敦促美国公司从手机下载应用商店中删除不可信的中国应用程序，并将 TikTok 和微信称为"重大威胁"。2020 年 8 月，特朗普签署两项行政命令，依据 5 月宣布的关于"确保信息和通信技术与服务供应链安全"的国家紧急情况行使《国际紧急经济权力法》的职权，自发布后 45 天起禁止 TikTok 和微信两款应用程序与美国公司进行任何交易，以防范其带来的国家安全、外交政策和经济威胁。随后，根据美国外国投资委员会（CFIUS）的建议，特朗普发布第二项行政命令，要求字节跳动 90 天内必须完成 TikTok 美国业务出售交易的交割。[①] 与前一项行政命令相比，此项行政命令的依据为美国《国防生产法》（修正案），其内容包括：强迫字节跳动在限期内剥离 TikTok 美国业务，并明确了 TikTok 美国业务完成交易的交割时间为 2020 年 11 月 12 日；命令字节跳动立即着手按照 CFIUS 要求从 TikTok 中撤资，包括一切与 TikTok 有关的有形及无形资产，以及所有从 TikTok 或 Musical. ly 提取或衍生出的与美国用户有关的数据；字节跳动须在剥离后，向 CFIUS 确认其已销毁所有需要剥离的数据及副本，并接受 CFIUS 的审计。

（四）外交围堵

特朗普政府以保护国家安全和数据安全为名，一方面试图游说其盟友禁用华为的 5G 设备；另一方面加紧抵制华为参与全球产业规则的制定，大力呼吁各国政府和行业盟友加入其中，对华为实行外交围堵。2019 年 5 月，美国联合全球 32 国政府和业界代表共同签署了《布拉格提案》，警告各国政府关注第三方国家对 5G 供应商施加影响的总体风险，特别是依赖那些易于受国家影响或尚未签署网络

---

① Paul LeBlanc and Maegan Vazquez. Trump orders TikTok's Chinese-owned parent company to divest interest in US operations. CNN, Aug. 15, 2020, https://edition. cnn. com/ 2020/08/14/politics/tiktok-trump-executive-order/index. html.

安全和数据保护协议国家的 5G 通信系统供应商。尽管该提案并未直接提及中国，但是在美国大肆渲染中国通信系统威胁的背景下产生的，其背后的真实意图不言而喻，美国政府更是表示"计划将该提案作为指导原则，以确保我们的共同繁荣和安全"。^① 此后，美国在欧洲展开了一系列外交活动，与波兰、爱沙尼亚、罗马尼亚、芬兰等国发布了一系列包含 5G 内容的联合声明，其中部分声明直接提到"来自中国公司的 5G 安全风险"，试图将《布拉格提案》的内容落实到双边协议中，用双边规范将华为等中国企业排除在欧美市场之外。进入 2020 年，美国陆续与多国签署 5G 安全宣言，承诺在开发 5G 网络时严格评估供应商和供应链，认真考虑"法治、安全环境、供应商的道德状况以及供应商是否符合安全标准和最佳实践"。7 月，英国政府正式做出决定，将禁止本国运营商采购华为的 5G 设备，并要求在 2027 年前逐步将华为设备从本国 5G 网络中清除。截至 2021 年 10 月已有 30 多个国家和地区与美国签署了有关 5G 安全的条款，其中包括加拿大、澳大利亚、英国、法国、希腊、挪威、瑞典、日本、越南、斯洛文尼亚、塞尔维亚等。

在美国的示范效应影响下，印度、澳大利亚等国纷纷跟进，借机加大对华互联网企业的打压和围堵。2020 年 6 月，印度信息技术部援引印度 2000 年《信息技术法案》第六十九条第一款（"发出指令以阻止通过任何计算机资源公开访问任何信息的权力"），宣布在移动和非移动互联网接入设备中禁用包括 TikTok、微信等在内的 59 款中国应用，理由是"盗用并以未经授权的方式秘密地将用户数据传输到印度以外的服务器"，声称这些应用"损害印度的主权和完整，损害国家安全和公共秩序"，并存在数据安全以及个人隐私保护

---

① The White House. Statement from the Press Secretary. May 3, 2019, https://www.whitehouse.gov/briefings-statements/statement-press-secretary-54/.

等方面的安全问题。据印度媒体报道，印度将对 270 多款中国应用进行审查以确定是否存在任何所谓"损害印度国家安全及侵犯用户隐私"的行为。9 月，印度电子和信息技术部（MEIT）发布公告，宣称禁用 118 款"涉嫌参与危害印度主权与（领土）完整、印度国防、国家安全和公共秩序活动"的中国 App，其中包括微信企业版、微信读书、支付宝等。 此外，彭博社报道，日本、印度和澳大利亚正在就"供应链弹性计划"进行磋商，意图寻求建立更强大且多元化的供应链系统以对抗中国的主导地位。

（五）利用技术规则

如果在全球市场上限制中国科技产业的影响力，仅靠中美双边博弈显然无法满足美国维持其全球领导力的政策目标；同时，由于中美两国在经济全球化进程中相互依存度很高，美国很难做到全面彻底地对华科技"脱钩"。从这两个维度看，"规锁"就成为美国在世界范围内对华科技竞争的长期目标和策略。"规锁"的基本意思有两个：一是用一套新的国际规则来规范或限定中国在高科技领域的行为；二是借此把中国在全球价值链的位势予以锁定，使中美在科技层级上维持一个恒定且尽可能大的差距。 特朗普执政以来，中美在国际规则层面的博弈主要集中在个人隐私、数据安全和数据跨境流动方面，两国截然不同的立场与各自的国家利益诉求紧密相关。

在与经贸有关的国际数据规则的谈判进程中，大国地缘政治博

---

① India bans 59 Chinese apps. June 29，2020，https://indianexpress.com/article/india/china-apps-banned-in-india-6482079/.

② 朱梦颖，张晓雅. 印宣布禁用 118 款中国 App，称其"参与危害印度主权与完整的活动". 环球网，2020 - 09 - 02，https://baijiahao.baidu.com/s? id＝16767259588498396948wfr＝spider&for＝pc.

③ Japan，Australia and India to launch supply chain initiative. Bloomberg News，2020 - 09 - 01，https://www.bloomberg.com/news/articles/2020 - 09 - 01/japan-australia-and-india-to-discuss-supply-chains-alliance.

④ 张宇燕. 统筹发展和安全 把握发展主动权. 中国社会科学网，2021 - 01 - 14，http://ex.cssn.cn/zx/bwyc/202101/t20210114_5244655.shtml.

弈的角力愈加显著。与欧盟保护主义色彩浓厚的数字战略相比，美国的数字经济战略更具扩张性和攻击性，其目标是确保美国在数字领域的竞争优势地位。美国一方面主张个人数据跨境自由流动，进一步扩大自身的领先优势；另一方面界定重要数据范围，限制重要技术数据出口和特定数据领域的外国投资，遏制战略竞争对手的发展。在 2019 年 G20 大阪会议上，G20 主席国日本首提"有信任的数据流动"，并最终纳入 2019 年度数字经济部长宣言和领导人宣言，得到了美欧国家的响应。2020 年 6 月，美国在 APEC 事务会议上提议修改 APEC 成员的企业跨越边境转移数据的规则，即"跨境隐私规则"，使其从 APEC 中独立出来。有分析认为，美国意在将加入 APEC 的中国从框架中排除，避免获取左右国家竞争力的数据。① 面对美国的攻势，中国也在积极调整自己的政策立场。目前来看，由于国内相关治理机制尚不完善，中国在跨境数据流动、电信服务市场准入、网络内容管理、计算设施本地化和数据管辖权等议题上仍处于被动防守地位，但是，中国在网络设备进入国际市场、跨境电子商务等方面也形成了鲜明的立场。②

可以预见，中美未来将会围绕全球数据贸易规则的建立展开激烈的博弈。2020 年 9 月，国务委员兼外交部长王毅发布《全球数据安全倡议》，基于围绕数据和供应链安全的中美争议提出八条倡议，呼吁平衡处理技术进步、经济发展与保护国家安全和社会公共利益的关系。2020 年 11 月，布鲁金斯学会发布报告，建议美国发起多边数字贸易倡议，在进行国内立法的同时，寻求与在数据安全和互操作性方面有强大投入的国家建立数字贸易的共同立场，在由志同道合的国家所组成的联盟中构建可执行的数字贸易协定；当时的报告就认为，美国下一届政府（即拜登政府）很可能在数字贸易领域构

---

① 美国提议修改 APEC 数据流通规则. 日经中文网，2020 - 08 - 21.
② 徐程锦. WTO 电子商务规则谈判与中国的应对方案. 国际经济评论，2020 (3).

建更严格和全面的规则。[①]

四、结论

特朗普政府已经下台，拜登和民主党已经执政，但是不论哪个政府上台，中美两个大国竞争中的数字逻辑都将持续发生作用，数字空间已经成为大国竞争的重要领域和重要工具，中美在数字化时代的战略竞争也愈发激烈和白热化。当前中美两国在数字空间竞争中主要围绕科技创新、供应链安全以及数据安全等问题展开，而其科技主导权争夺的背后则是中美两个大国全方位的世界地位竞争。如果说中美关系从整体上看仍然是竞争与合作共存，那么在数字空间，美国毫无疑问已经将中国视为最大的竞争对手，这场战略性的竞争将会在未来数十年中持续。数字化时代，中美竞争将是一场融合意识形态、科技、经济和安全等多领域实力和治理能力的比拼和较量。正如美国在 TikTok 事件中采取的全政府-全社会模式所揭示的，哪个国家能够更有效地融合各领域的国力并将其投射在网络空间，哪个国家就能够在新一轮的科技竞争中获胜。

技术不仅改变了经济和社会，而且是国家权力的重要组成部分，因此数字化时代中美战略竞争的地缘政治本质并没有变化，即主权国家之间的权力博弈以及对财富和安全的追求，但竞争的内容发生了变化，表现为对数据、半导体、人工智能、5G 以及量子计算等颠覆性技术的争夺，只不过博弈的"棋子"变成了谷歌、苹果、脸书、华为、腾讯、阿里巴巴等大型科技公司。在大国竞争的背景下，中美竞争首先表现为对科技主导权的争夺，但从深层次看，科技主导权争夺的背后是国家主权的考量，与国家经济和安全利益密切相关。如果说冷战思维是过去半个世纪大国关系发展史的一贯逻辑，那么

---

① Ryan Hass, Ryan Mcelveen and Robert D. Williams. The future of US policy toward China: recommendations for the Biden administration. Brookings, November 2020.

数字思维体现的则是数字化时代的大环境对于国家行为塑造的影响力。中国作为正在快速发展的大国，面对复杂严峻的国际环境特别是美国的防范，要坚持新发展理念，坚定不移推进改革开放，沉着有力应对风险和挑战。尽管前景未明，但可以看到，作为当今世界最大的两个经济体，中美在数字化时代的战略竞争将成为国际秩序演进和重塑的主导力量，决定着世界的未来和走向。

第14章

拜登政府科技遏制特点
与中美科技竞争的新趋势

2021 年 2 月 4 日，拜登在其首次外交政策讲话中将中国定位为
"最严峻的竞争对手"，称其挑战了美国的"繁荣、安全和民主价值
观"，但只要符合美国的利益，美国就准备与中国进行合作；同时拜
登表示将提升网络议题在政府中的地位，包括在国家安全委员会任
命首位"网络与新兴技术"国安委副主任，启动一项提升网络空间
能力、成熟度和韧性的紧急计划。① 尽管其对中国的新战略还未正式
出台，但是科技竞争将在未来数十年中成为中美关系演进的主要矛
盾已经没有悬念。

基于美国两党对中国战略竞争对手定位的共识以及大变局下数
字化时代的国际背景，美国拜登政府对华科技竞争的战略目标不会
改变，即进一步确保美国在数字化时代的科技主导权和全球领导地
位。在此基础上，拜登政府与特朗普政府的不同将表现在所谓的
"小院高墙"政策，即其在出口管制措施、投资安全审查、切断人员
交流等政策工具运用上会更加精准。拜登政府推行这种政策的出发
点充分考虑到对华遏制政策的负作用：其一，在遏制中国科技企业
的同时尽量减少对美国自身现实利益的负面影响；其二，避免拖累

---

① Remarks by President Biden on America's place in the world. February 4, 2021,
https://www. whitehouse. gov/briefing-room/speeches-remarks/2021/02/04/remarks-by-
president-biden-on-americas-place-in-the-world/.

其自身科技进步速度，避免过度遏制中国的同时威胁到其在特定高科技领域的全球领导地位。

数字化时代，中美竞争将是一场融合意识形态、科技、经济和安全等多领域实力和治理能力的比拼和较量。在数字空间，美国毫无疑问已经将中国视为最大的竞争对手，这场战略性竞争将会在未来数十年中持续。

一、拜登政府更加关注科技遏制政策的负面影响

拜登政府技术和创新政策的总体理念是让政府与产业界一道，成为积极的合作伙伴，制定国家技术和创新议程。拜登政府在竞选中获得了科技公司的广泛支持，其候选委员会的前 10 位捐款人中，谷歌、微软、亚马逊、苹果和脸书占了 5 席（而特朗普的前 25 位捐款者中根本没有大型科技公司），副总统哈里斯与硅谷的关系更是密切。因此，拜登政府必然会对特朗普时期两败俱伤的对华科技政策做出调整，充分考虑科技遏制措施对美国的负面影响。

第一，美国对华出口管制将损害美国高科技公司商业利益，从而影响其研发投入。特朗普政府时期，美国通过将中国相关高科技企业列入实体清单，实施出口管制措施，试图限制中国企业获取美国高科技零部件、软件和相关技术，但这反过来也损害了美国高科技公司的商业利益。由于高科技产业的研发投入一般占其增加值的 20％～30％，商业利益下降将大大损害高科技公司的研发投入实力，从而放缓其技术创新的速度。

一方面，此举必然导致美国企业收入下降。从高科技产品贸易数据来看，自 2018 年 8 月美国公布第一批对华实体清单以来，美国对华高科技产品出口从 2018 年 8 月的 69 亿美元一路下降至 2020 年 5 月的 36 亿美元，几近减半。美国在中国高科技产品进口中的份额，也由 2018 年 8 月的 23％下降至 2020 年 5 月的 16％。

另一方面，也会在很大程度上损害美国企业在全球市场的主导

地位。美国虽然在全球高科技产品市场上继续保持领先地位，但并非遥遥领先。以半导体设备生产商为例，美国拥有应用材料（Applied Materials）、泛林集团（Lam Research）、科磊（KLA）三家全球顶级公司，但与此同时，荷兰的阿斯麦尔（ASML）、日本的东京电子（Tokyo Electron）也具备相当的竞争实力。出口限制会促使中国企业加大自主创新力度或转向其他国家市场寻求替代产品，最终都会降低中国对美国市场的依存度。

第二，美国对华人员交流限制将损害美国特定高科技领域的研发人力资本。在人员交流方面，2017年以来美国政府有针对性地加强对中国科技人员流动的监控与限制。美国作为全球科技创新领导者，正因为网罗了全球最优秀的科技创新人才，才拥有了强大的研发人力资本。保尔森中心研究显示，美国拥有全球人工智能领域60%的顶尖研究人员，其中美国本土研究者占31%，而中国出生的占27%。美国政府决定限制甚至禁止中国研究生从事敏感课题研究，这会在不久的将来大幅减少中国学者和学生在美国这些领域的贡献。

在中国赴美留学生中，约半数都是STEM（即科学、技术、工程和数学专业）专业的学生，而这些留学生毕业后有相当一部分留在美国从事科研工作。美国学生交流信息系统（SEVIS）数据显示，2017年中国在美留学生362 368人，其中STEM专业就有152 002人。美国对STEM专业中国留学生的限制将损害其特定高科技领域的研发人力资本。

第三，美中科技合作降温，美国国际科技合作中心位置相对弱化。美中科技合作受中美贸易战冲击大幅降温。从20世纪90年代中后期的"九五"时期开始到"十二五"时期结束，在中国与所有其他国家合作申请的国际专利中，中美合作数量的占比一直在40%~42%之间，并呈波动上升态势。但在"十三五"时期的前4年（2016—2019年），中美合作专利占比已跌至37.3%。从数量上看，中美合作申请的国际专利，从"十二五"期间的年均1 265项，降到了"十三五"时期前 4 年的年均 997 项，下降幅度超过 20%。

美国的国际科技合作中心位置受到削弱。中美贸易战以来，中欧、中日科技合作增强，部分弥补中美科技合作下滑空缺。"十二五"期间，中国与德国、英国、法国、日本的联合专利申请占比之和是 23.7%，仅为中美合作专利占比的一半左右，而 2019 年这一数字已达 40.5%，与中美合作专利占比相当。

二、拜登政府对华科技遏制的新特点以及中美竞争的新趋势

与特朗普政策相同的是，拜登政府的对华科技政策也是为了维持其对中国的技术代差优势。但是与特朗普政府不同，拜登政府更加关注对华科技竞争政策的负面影响，因此其政策框架的以下三方面特征将更为明显：第一，加大美国自身的科研投入；第二，以"小院高墙"为特征的精准遏制政策；第三，借助盟友圈和多边平台的杠杆。美国正在修复与传统盟友的关系，在关键技术领域形成针对中国的"盟友圈"，缩小中国的外交回旋空间。

第一，中美在网络空间的技术竞争和对抗加剧，平行体系出现的可能性上升。作为大国竞争的一个核心场域，地缘政治对抗使国家安全概念极度泛化，供应链安全与数据安全成为当今大国竞争的焦点，对全球的信息技术创新、数字经济发展以及网络空间和平与稳定带来更加动荡和不确定的前景。由于竞争性上升，国家间合作的意愿大大降低，多边治理机制的有效性下降，多边合作的难度加大。在美国的大力鼓动下，以意识形态安全风险为由，欧美国家针对中国的遏制和封堵有扩大和蔓延的可能，中国互联网企业出海的难度持续加大，世界产业链将出现以"脱钩"为目的的重新调整，两个平行体系出现的可能性上升。

第二，未来的中美科技竞争将进入全政府-全社会模式的融合国力竞争时代。一方面，信息革命正渗透到经济、社会、政治、安全的方方面面，各个领域都需要在时代大潮中重新调试；另一方面，

互联网企业和社交媒体平台的崛起正在分享原本属于政府的部分权力，无论是产业的发展还是网络安全的维护都需要各方协作来完成。无论是由于信息技术在各领域的应用还是地缘政治因素的强力介入，网络空间的碎片化趋势已经成为必然，这就决定了大国对网络空间话语权的争夺将在多领域、多节点展开，在客观上对一国政府的治理能力以及融合、调配各领域资源的能力提出了更高的要求。哪个国家能够更有效地融合各领域的国力并将其投射在网络空间，哪个国家就能够在新一轮科技竞争中获胜。

第三，中美博弈围绕新技术的国际规则、国际话语权争夺将更为激烈。过去两年来，法国、美国、俄罗斯和荷兰都提出了适用于网络空间行动的国际法立场文件，美国等 27 国发布了"关于推进网络空间中负责任国家行为的联合声明"，全球网络空间稳定委员会发布"推进网络空间稳定性"的总结报告。在联合国层面上，第六届联合国信息安全政府专家组（UNGGE）召开非正式磋商和第一次会议；不限成员工作组也先后举行了磋商和两次实质性会议；联合国"致命性自主武器系统"专家组通过了 2018 年确认的指导原则和人机交互的另一项原则；联合国大会通过决议，正式开启谈判制定打击网络犯罪全球性公约。新的规范不断涌现，大浪淘沙的过程到了一个重要节点。随着网络空间国际规范的生命周期由规范兴起向规范普及过渡，大国围绕规范制定话语权的博弈将更加激烈。

三、数字化时代中国如何应对中美科技竞争

第一，做大做强中国在科技竞争中的优势，确保形成中美在科技领域的相互依赖。尽管中国在半导体芯片等关键技术领域依赖美国的技术、产品、软件以及人员，但是作为当今最具潜力的新兴经济体，中国拥有巨大的市场规模、强大的生产能力以及人才储备，在科技领域的全球供应链、产业链和价值链中的作用同样不可或缺，由此赋予中国在中美科技竞争中不容忽视的市场性权力和生产性权

力，中国应对此加以巩固、强化并充分合理地运用。

第二，依据美对华科技制裁工具对美负面影响的大小，制定有针对性的应对措施。美国可能优先使用对美影响小而对中国影响大的措施，其次会使用对双方影响都小的措施，再次会使用对双方影响都大的措施，最后才可能使用对美影响大而对中国影响小的措施。对美负面影响较大的对华科技制裁工具，如人员交流限制、非核心领域的高科技出口管制，拜登政府摒弃的可能性较大。对美影响小但对中国影响大的措施，如联合他国在核心科技领域对中国进行出口管制，中国应重点防范，积极应对，降低相关领域损失。

第三，主动推进和塑造国际层面的科技合作进程。考虑到拜登政府将会重回规则和多边主义的全球战略，未来中美之间必将在国际舞台上展开更激烈的博弈，特别是围绕供应链和数据安全以及国际规则的制定。中国应积极参与国际技术标准的制定，务实推进科技领域国际多边合作，加强与英、法、德等欧洲国家在科技领域的双边交流与合作，在创新研发等领域提出国际合作方案，倡议共设全球科学研究基金，共建科技创新基础设施与平台，加强国际对话交流，共同推动全球科技创新。

第四，鼓励科技企业持续参与国际规则制定和国际合作进程。未来中国很可能面临以美国为首的打压中国科技发展的统一战线，国家地缘政治层面会面临更大的国际压力，因此在灵活务实开展国家间合作的同时，应重点推进产业层面的科技合作。作为科技创新的主体，私营企业参与到国际竞争中已是大势所趋，但是中国企业普遍缺乏参与国际进程的动力。中国应着眼供应链安全、数据安全、网络安全等美国对中国科技企业重点围堵的领域，制定不同时期的战略规划，塑造良性的政府-产业界互动，推动建立企业参与国际科技合作的长效机制。

第 15 章

制裁华为：美国供应商的损失
及其行业扩散效应

美国于 2019 年 5 月 15 日将华为列入出口管制实体清单，要求本国供应商必须获得特别许可才能向华为出售产品和服务。但是，出口管制政策是一把"双刃剑"，在制裁他国企业的同时，也可能给本国供应商带来反向冲击。本章首先基于事件分析测算美国出口管制政策的实体清单对华为在美供应商市场价值的反向冲击，然后用分组差异法考察异质性冲击的影响因素及其行业扩散效应，并分析冲击对出口管制政策的反作用。研究结果显示，华为在美国的大部分供应商在出口管制政策中都蒙受了损失。而且，供应商的业务特征与财务特征会影响市场反应的异质性，与华为的业务联系更紧密或盈利能力较弱的供应商受出口管制政策的冲击更大。同时，反向冲击还产生了显著的行业扩散效应。因此，供应商对出口政策采取了应对措施，导致管制政策推行受阻。而且本章发现，市值损失的规模而非比例更高的供应商对政策的影响似乎更为显著。

一、引言

2019 年 5 月 15 日，美国商务部宣布将华为列入出口管制实体清单，要求美国供应商必须获得批准才能向华为出售产品和服务。这不是美国政府第一次在供给端制裁中国科技企业。美国商务部早在

2018 年 4 月 16 日就曾禁止美国企业向与华为同为中国通信技术公司的中兴通讯销售零部件、商品、软件、技术，给中兴通讯带来了巨大打击。正如本书第 13 章所指出的，之后美国政府对华为等中国科技企业又采取了一系列打压政策。然而，出口管制政策对美国而言是一把"双刃剑"，在制裁目标对象的同时，也会对其国内供应商造成反向冲击。面对出口管制政策，具有不同特征的供应商所受的冲击程度可能存在差异。而且，美国企业在利益受到损害时会对政府施压，从而影响出口管制政策的效果（Matthews，2010）。因此，本章拟以华为在美供应商为研究对象，回答以下几个重要问题：出口管制实体清单是否会对华为在美供应商产生显著的市场冲击？供应商受冲击程度主要受哪些因素影响？冲击是否会产生行业扩散效应？受影响的供应商是否会对出口管制政策施加反向影响？

关于出口管制政策对供应商的反向影响，现有文献普遍认为出口管制政策会降低本国供应商的国际竞争力（Kamalick，2006；Reynolds，2013），并增加经营不确定性（刘斌，2019），给供应商带来负面影响。在此基础上，文献还进一步讨论了出口管制政策对国际贸易差额的影响。国内学者的研究普遍认为，美国的出口管制政策加剧了美国对外贸易逆差，是造成美国贸易逆差的主要原因（沈国兵，2006；张颖，2010；王孝松，刘元春，2017；姜辉，2019）。但也有国外学者认为出口管制政策的影响并不显著（Bown et al.，2005；Abbott，2009；Moosa，2013）。

但是，现有研究存在以下问题：第一，文献仅讨论了出口管制政策的影响方向，而少有对不同供应商的受影响程度加以区分，也缺少对出口管制政策冲击的影响因素的讨论。因此，现有研究虽表明了出口管制政策对供应商会带来负面影响，但无法衡量不同供应商受政策冲击的程度如何，有何差异。第二，文献主要关注出口管制政策对供应商本身的影响，但对冲击的行业扩散效应以及供应商行为的反作用缺乏进一步的研究。

因此，本章以针对华为的出口管制实体清单给其在美供应商产生的反向市场冲击为研究对象，探讨市场反应的影响因素、行业扩散效应以及对政策的反作用。具体而言，首先，本章基于事件研究法计算出供应商的累计异常收益率及市值异常变动，分别作为市场反应的相对与绝对指标。其次，基于分组差异法分析市场反应的影响因素。再次，进一步分析市场冲击带来的行业扩散效应。最后，通过梳理受到冲击的在美供应商行为与美国出口管制政策的调整和变化，分析受影响的供应商是否以及如何对出口管制政策施加反向影响。

结果表明，绝大部分供应商的累计异常收益率与市值异常变动皆为负，但各供应商之间存在明显差距。影响市场反应的因素包括业务实体性、业务主营性、盈利性、流动性、总资产、资产有形性，其中业务主营性和盈利性是最重要的影响因素，表明受管制业务对供应商的重要性和供应商的盈利能力很大程度上能影响市场反应。进一步研究发现，市场反应不仅影响了供应商应对出口管制政策的行为，在部分行业中还存在行业扩散效应，这最终会对出口管制政策产生反作用。本章的主要贡献在于通过研究美国对华为出口管制的具体案例，证实了出口管制政策对供应商的反向冲击以及行业扩散效应，解释了出口管制政策受阻的机理，为相关主体预测出口管制政策效果并制定应对措施提供了参考。

本章以下部分安排如下：第二部分介绍美国出口管制体系，并整理美国对华为出口管制事件的经过以及所涉供应商的信息。第三部分是文献与研究假说。第四部分是实证研究设计。第五部分计算出口管制政策的市场反应，分析供应商受到反向冲击的机理。第六部分分析导致异质性市场反应的影响因素。第七部分研究行业扩散效应的分布情况并分析原因。第八部分整理市场反应反作用于出口管制政策的机制。第九部分总结美国对华为出口管制政策部分受阻的原因，并得出相应启示。

二、针对华为的出口管制实体清单事件

(一) 美国出口管制体系和出口管制实体清单

出口管制政策是指国家通过各种方式对本国出口产品的种类及出口对象进行管控的政策，常用的方法包括出口许可证制度、出口配额、出口关税等（邹瑜和顾明，1991）。美国使用出口管制政策的历史可追溯到其建国之初，当时的美国为保证国家独立自主，需要进行战略储备，于是通过政策限制战略性物资的出口，避免物资流失。随着时代变化，美国的出口管制政策体现出了越来越强的政治导向性，逐渐成为美国制裁他国的一个重要手段。

时至今日，美国的出口管制政策已具备较为完备的体系，将出口产品分为军用产品和民用产品进行管理，所涉及的管理机构包括美国的商务部、国务院、国防部、国土安全局等。其中对于民用产品（包括军民两用产品）的出口管制主要由美国商务部负责，其最重要的法律依据为《出口管理法》（EAA）以及《出口管理条例》（EAR，为 EAA 的实施条例）。

美国的出口管制实体清单是在 EAR 下列出的一份包含多个最终用户的名单。按规定，美国供应商如要向被列入实体清单的企业提供出口，需要获得美国商务部下发的特别许可证。出口管制实体清单的管理由最终用户审查委员会（ERC）负责，其可对实体清单进行修改，将其认为可能威胁美国国家安全、与美国利益相悖的企业列入清单，但其审查标准并不明确，且不公开审查的过程及依据，这给美国利用实体清单进行制裁提供了便利。同时，企业申请将自己从实体清单中移除的难度非常高，需要最终用户审查委员会成员全票通过，这意味着被列入清单的企业大部分将面临长期的限制。

(二) 美国对华为实施出口管制实体清单政策的事件发展

2019 年 5—6 月，美国针对华为实施的出口管制实体清单政策经

历了从强硬到缓和的过程。我们将重要事件归纳整理为表 15-1。以 2019 年 5 月 20 日为分界点，我们可将此次事件分为两个阶段：在第一阶段，美国政府宣布对华为实施出口管制政策，同时华为做出回应。这些事件对供应商总体来讲都是负面的；在第二阶段，美国针对华为的出口管制政策开始出现逐步缓和的迹象，这很可能是由于华为在美国的供应商在第一阶段中受到了显著负面冲击。

表 15-1　美国对华为实施出口管制实体清单政策的事件发展

阶段	日期	事件发展
第一阶段	2019 年 5 月 15 日	美国总统特朗普宣布美国进入"紧急状态"，在此状态下美国企业不得使用"对美国国家安全构成威胁的企业"生产的电信设备与服务。同日，美国商务部将华为纳入出口管制实体清单，要求美国供应商须获得政府的批准才能向华为出口产品或技术。
	2019 年 5 月 17 日	华为旗下芯片公司海思半导体公开其已准备的备用芯片，这一消息加剧了对华为在美供应商的冲击。
第二阶段	2019 年 5 月 20 日	美国商务部官方网站宣布给华为及其供应商提供 90 天的临时许可，其作用是延缓对美国供应商的影响。在 90 天的有效期结束后，这一临时许可又被连续数次延期，为华为及其供应商提供了调整业务的时间。
	2019 年 6 月 29 日	美国总统特朗普在 G20 峰会闭幕式后的记者会上表示，将允许美国供应商继续向华为出口零部件。

资料来源：根据美国商务部官方网站新闻、百度搜索整理。

三、文献与研究假说

（一）文献综述

（1）出口管制政策的动机。对于美国出口管制政策的动机，国内外学者通过考察美国出口管制政策的发展历程，结合历史背景，发现美国实施出口管制政策在对象上有明显的政治针对性，对其希望遏制的国家有更强的出口管制（李安方，2004；王达和白大范，2012；彭爽和曾国安，2014）。另外，调查具体政策和相关人员可以发现，美国出口管制政策的主要目的是保障国家安全（Lichtenbaum and Fremlin，2006），且出口管制政策的拥护者大多把国家安全置于经济利益之上（Meijer，2016）。

上述文献表明，大部分学者认为美国实施出口管制政策的动机主要是政治动机，这使得美国出口管制政策往往与美国企业的目标冲突（Lindell，1986），而企业在利益受损时很有可能向政策制定者施压（Matthews，2010）。但是，这些文献并未进一步讨论以非经济动机指导出口管制政策会有什么影响。因此，本章以出口管制政策的市场反应为基础，研究市场反应对政策实施效果的影响，在明确出口管制政策动机的基础上，分析非经济动机是否会带来显著的经济效果，并使政策效果减弱。

（2）出口管制政策的影响。目前学术界的研究普遍表明，出口管制政策对本国企业与国际贸易都会产生负面影响。首先，美国已逐渐不再是高技术的唯一来源（Koo，2007），出口管制政策只会降低美国供应商的国际竞争力，而一些放松出口管制的措施有利于美国企业更公平地与他国对手竞争（Kamalick，2006；Reynolds，2013）。不仅如此，出口管制政策的不确定性还增加了本国企业的经营风险，限制了其市场扩张（刘斌，2019）。

其次，国内学者普遍认为，美国的出口管制政策是其贸易逆差的主要原因。出口管制政策强化了美国的反比较优势，尤其是在高技术领域存在管制政策错配问题，导致美国对中国的贸易逆差（沈国兵，2006；张颖，2010）。用反事实模拟也可得知，出口管制政策对美国贸易失衡的影响很大（王孝松和刘元春，2017；姜辉，2019）。而部分外国学者虽然认为出口管制政策不是贸易逆差的主要原因（Bown et al.，2005；Abbott，2009；Moosa，2013），但并未否认出口管制政策对所涉领域的贸易有负面影响。

此外，美国出口管制政策可能对本国供应商带来的好处主要是保持技术优势，鼓励技术创新。但通过在创新框架下引入出口管制政策相关的变量，可以发现出口管制政策存在一个临界强度，在到达临界值之前，政策强度的提高能维持技术优势；而当政策强度超过临界值后，出口管制的加强反而会削弱技术优势（于阳，2006；张群卉，2012）。这表明，出口管制政策给本国供应商带来的好处是有限的，更多的可能还是对本国供应商的负面影响。

虽然现有文献对出口管制政策的影响已有较为深入的研究，但是对于受影响主体对出口管制政策的异质性及应对措施少有涉及。因此，本章量化分析出口管制政策对供应商的市场反应，探讨其异质性的影响因素，联系现实中供应商的具体行为以及政策的主要动向，说明市场反应对出口管制政策的反作用。

（3）市场反应的影响因素。市场反应是供应商受出口管制政策冲击的体现，但在同一政策冲击下各供应商受政策冲击的程度可能存在差异，这是企业自身多种因素带来的影响。目前，研究市场反应影响因素的文献大多针对股票增发、股票回购等事件的市场反应。在股票回购事件中，回购的对象、规模、时间等因素以及公司财务因素均会影响市场反应（刘东霖等，2009），但财务因素具有比非财务因素更强的解释力（杨七中和韩建清，2013）。而在股票增发事件中，投资者情绪对市场反应有影响，大盘在上涨阶段市场反应更为平缓（孔东民和付克华，2005）。

从已有文献的思路中不难看出，在讨论市场反应的影响因素时，一般需要考虑的因素是财务因素以及与事件相关的因素。即使各个因素都有影响，其影响力也会有差异。但现有研究大多关注公司直接对股票进行操作的事件，而公司对这些事件有较强的控制力。本章要研究的是政策冲击带来的市场反应，涉及的公司对事件缺乏掌控，所以在找出影响因素的基础上，可以进一步探究公司的应对行为。

（二）研究假说

（1）出口管制政策的市场反应方向。出口管制政策有利于防止技术泄露，一定程度上能保持本国供应商的技术优势，有时能给供应商带来积极影响（于阳，2006；张群卉，2012）。但更多情况下，出口管制政策对供应商有消极影响。一方面，出口管制政策限制了本国供应商的对外业务，这会降低供应商的竞争力（Kamalick，2006；Reynolds，2013）；另一方面，美国针对华为的出口管制政策明显伴随着中美双方政治关系的恶化，而双边政治关系的波动达到一定程度会显著影响双边经贸关系（徐奇渊和陈思翀，2014），这会使供应商股票出现异常亏损。供应商股票的亏损可以用累计异常收益率和市值异常变动衡量，这两个指标为负表明其股票有超过市场水平的损失。累计异常收益率衡量的是每个供应商在政策下受冲击的程度，可以用于对比不同规模供应商所受的冲击差异。而市值异常变动考虑了供应商的市值规模，不仅体现出口管制对单个供应商的影响，还能反映对供应商所处行业可能造成的影响。由此，提出假说 H_{1a} 和假说 H_{1b}。

假说 H_{1a}：在出口管制政策冲击下，供应商的累计异常收益率为负。

假说 H_{1b}：在出口管制政策冲击下，供应商的市值异常变动为负。

（2）影响市场反应的业务因素。出口管制政策对供应商竞争力的冲击会因供应商的业务情况不同而有所差异。考虑到供应商规模的差异，用累计异常收益率来衡量不同供应商受冲击的程度较为合适，累计异常收益率越低说明负向的市场反应越强烈。

首先，受管制业务的类型可能影响冲击大小。供应商竞争力的一个重要影响因素是可替代性，新进入者和替代品的存在都会给竞争力带来威胁（Porter，1980）。在华为被列入实体清单后的第二天，华为旗下的海思半导体就公开了其"备胎"芯片。而根据参考消息网 2019 年 9 月 29 日报道，华为创始人任正非表示华为已可以生产不含美国任何部件的 5G 基站。这些现实情况表明，在美国供应商出口受到限制的情况下，华为可以通过自行研发或另寻供应商的方式满足自身对芯片等实体产品的需求。而对于软件等服务类的供应，虽然华为正在开发自己的系统，但包括手机系统在内的开发尚未取得大的进展。由此可见，在华为供应商中，实体产品供应商在政策冲击下受到了比非实体产品供应商更大的竞争力威胁，在政策冲击下累计异常收益率可能更低。

其次，受管制业务占供应商业务的比重可能影响冲击大小。如果供应商对华为业务占比较小，则政策对其整体竞争力的影响较小；反之，若供应商对华为业务占比很大，则政策对其整体竞争力的影响较大，事件冲击会导致其较低的累计异常收益率。这一指标可用对华为业务的收入占比衡量，因为当这一指标很小时供应商可以不进行披露，所以若供应商对华为业务占比未披露且无法查询，则视为该供应商对华为业务占比很小。由此，针对供应商的业务特征，可提出假说 H_{2a} 及假说 H_{2b}。

假说 H_{2a}：出口管制政策冲击下，华为的实体性业务供应商受到的市场冲击更为显著。

假说 H_{2b}：出口管制政策冲击下，华为业务占比较大的供应商受到的市场冲击更为显著。

(3) 影响市场反应的财务因素。出口管制政策使供应商的正常经营存在不确定性，这种不确定性对供应商的影响受财务因素的影响。其一，相比大企业，小企业更易受到政策冲击带来的不确定性的影响。从内部看，小企业的盈利不稳定，内部融资难以保证持续的支持（张西征等，2012）。从外部看，小企业存在银行融资抑制问题，外部融资更为困难（谭之博和赵岳，2012）。这意味着，当政策冲击给企业经营带来不确定性时，小企业比大企业更难调动资源以消化冲击。其二，盈利能力是与企业持续经营能力相关的重要财务指标，同样对经营不确定性有影响。具有经营不确定性的企业，通常盈利能力较弱，缺乏后续发展能力（朱超群和冯义秀，2010）。同时，较好的盈利能力会给投资者传递正面信号（杨七中和韩建清，2013），这也会减弱出口管制政策的冲击。其三，流动性过高会影响供应商的盈利能力，而流动性过低则可能使供应商周转不灵（胡进仓，2012)。由供应商的年度财务报表可以得知，华为在美供应商绝大部分有着100％以上的流动比率，可以满足财务周转需求，因此主要关注流动性对盈利能力的影响。由于流动资产通常盈利性较差，高流动性会降低企业的盈利能力，继而影响企业的持续经营能力。其四，资产有形性低，即无形资产占比高，是轻资产模式的一个重要特征（戴谢尔和代明，2008)。轻资产模式下，企业通常依靠内部融资，负债水平较低（戴天婧等，2012；何瑛和胡月，2016)，因此流动性风险较小，有利于减少经营不确定性的影响。由此，提出假说 H_{2c}、假说 H_{2d}、假说 H_{2e} 和假说 H_{2f}。

假说 H_{2c}：出口管制政策冲击下，总资产规模小的供应商受到的市场冲击更为显著。

假说 H_{2d}：出口管制政策冲击下，盈利能力弱的供应商受到的市场冲击更为显著。

假说 H_{2e}：出口管制政策冲击下，流动性高的供应商受到的市场冲击更为显著。

假说 H_{2f}：出口管制政策冲击下，资产有形性高的供应商受到的市场冲击更为显著。

(4) 市场反应的行业扩散效应。出口管制政策对供应商的冲击可能扩散到供应商所在行业的其他公司，即市场反应有行业扩散效应。行业扩散效应的存在意味着同一行业中可能有多家不在出口管制范围内的公司在出口管制政策下受到负面影响，这会促使受影响行业的行业协会发挥其干预政策的作用。由此，提出假说 H_3。

假说 H_3：出口管制政策对供应商的冲击具有显著的行业扩散效应。

本章研究假说可整理为图 15-1。如图 15-1 所示，出口管制政策给供应商带来反向冲击，表现为市场对供应商股票的反应。冲击的性质决定了市场反应的方向，但市场反应的强弱受到供应商业务与财务因素的影响。在市场反应下，供应商可能采取对政策的反抗

行为，这是市场反应对政策的反作用，而这一反作用也与市场反应
的行业扩散效应有关。

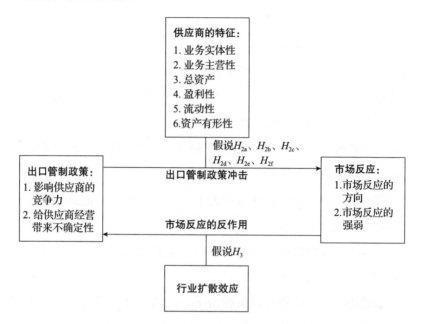

图 15-1　出口管制政策与市场反应的相互作用

四、研究设计

（一）华为在美供应商

根据华为核心供应商大会提供的名单，华为在美核心供应商共
有 33 家。其中，美满、莫仕、迅达科技、高意、迈络思、风河等 6
家公司为非上市公司；思博伦在伦敦证券交易所上市；美国国际公
司为金融公司。在剔除上述公司后，最终筛选出华为在美上市的 25 家
供应商，如表 15-2 所示。其中供应商行业通过北美产业分类体系
（NAICS）的六位代码识别。

表 15-2　华为在美供应商列表

公司名称	上市代码	行业及代码	对华为业务
新飞通	NPTN. N	半导体及相关设备制造（334413）	光通信产品
Inphi	IPHI. N	半导体及相关设备制造（334413）	数据互联解决方案

续表

公司名称	上市代码	行业及代码	对华为业务
科沃	QRVO.O	半导体及相关设备制造（334413）	无线设备
思佳讯	SWKS.O	半导体及相关设备制造（334413）	射频芯片
博通	AVGO.O	半导体及相关设备制造（334413）	芯片等多种零部件
赛灵思	XLNX.O	半导体及相关设备制造（334413）	FPGA 芯片和视频编码器
美光	MU.O	半导体及相关设备制造（334413）	存储产品
亚德诺	ADI.O	半导体及相关设备制造（334413）	芯片
安森美	ON.O	半导体及相关设备制造（334413）	各类器件
赛普拉斯	CY.O	半导体及相关设备制造（334413）	传感器和 BST 电容控制器
得州仪器	TXN.O	半导体及相关设备制造（334413）	DSP 和模拟芯片
英特尔	INTC.O	半导体及相关设备制造（334413）	处理器以及云存储支持
高通	QCOM.O	半导体及相关设备制造（334413）	调制解调器芯片
西部数据	WDC.O	计算机存储设备制造（334112）	存储技术及硬盘
希捷	STX.O	计算机存储设备制造（334112）	存储解决方案及硬盘
甲骨文	ORCL.N	网络发布及网页搜索（519130）	数据库软件
康沃	CVLT.O	网络发布及网页搜索（519130）	数据保护解决方案
红帽	RHT.N	软件发行商（511210）	技术服务
微软	MSFT.O	软件发行商（511210）	翻译技术
铿腾电子	CDNS.N	软件发行商（511210）	电子设计自动化软件
新思	SNPS.O	软件发行商（511210）	软件安全评估
菲尼萨	FNSR.O	摄影和影印设备制造（333316）	光电元件
朗美通	LITE.O	电话设备制造（334210）	光学元件
是德	KEYS.N	电信测量仪器制造（334515）	5G 技术测试
安费诺	APH.N	电子连接器制造（334417）	连接器及线缆

资料来源：Wind 数据库的华为核心供应商产业链及 Compustat 数据库。

在 25 家供应商中，半导体及相关设备制造行业的供应商数量最多，共 13 家，占总数的一半以上，其中大部分供应商对华为的业务以芯片、硬盘等零部件为主。而以非实体产品为主的供应商主要提供软件与技术方面的服务，主要分布在软件发行商、网络发布及网页搜索这两个行业，数量相对较少。

本章考察的华为在美供应商的特征主要包括业务实体性、业务主营性、总资产、盈利性、资产有形性、流动性，分别代表一个变量。各变量的符号及具体定义如表 15－3 所示。其中业务主营性变量的定义是由供应商对华为业务占比的分布决定的，25 家供应商中 13 家供应商的这一指标大于 1%，而另外 13 家为 1% 及以下。

表 15-3　华为在美供应商特征的变量定义

类别	变量名称	变量符号	变量定义
业务因素	业务实体性	*ENTITY*	虚拟变量。供应商向华为提供的产品若为实体产品，记为 1；若为非实体产品，则记为 0。
	业务主营性	*MAIN*	虚拟变量。供应商对华为业务收入占比若超过 1%，记为 1；若不超过 1% 或未披露，则记为 0。
财务因素	总资产	*SIZE*	供应商总资产的自然对数值。
	盈利性	*ROE*	供应商资产利润率。
	流动性	*CURRENT*	供应商流动资产与流动负债的比值。
	资产有形性	*FIX*	供应商的固定资产与存货之和与总资产的比值。

表 15-4 报告了各变量在横截面上的描述性统计，其中财务数据取自各供应商截至 2019 年 5 月 15 日之前公布的最新一期年度财务报表，数据来源为 Choice 数据库。*ROE*，*CURRENT*，*FIX* 为百分数。由表 15-4 可知，在业务因素变量中，业务主营性的均值非常接近 1，表明绝大部分供应商对华为的业务为其主营业务，这与业务实体性有较大区别。在财务因素变量中，盈利性相对于均值而言的标准差很大，这表明供应商之间盈利性的离散程度很大，各供应商的盈利能力有较大差异。

表 15-4　华为在美供应商特征变量的描述性统计

项目	*ENTITY*	*MAIN*	*SIZE*	*ROE*	*CURRENT*	*FIX*
最大值	1	1	26.28	78.05	819.30	62.86
最小值	0	0	19.65	−24.61	73.43	3.56
均值	0.625	0.958	22.96	17.41	319.17	25.52
标准差	0.495	0.204	1.682	25.931	215.621	16.384

资料来源：Choice 金融终端.

（二）数据来源

本章基于供应商的股票收益率数据，使用 Fama-French 三因子模型计算市场反应。计算所用的股票收益率数据来自 Choice 金融终端，包括 2019 年 1 月 2 日至 2019 年 5 月 31 日之间上述 25 家供应商的股票日收益率。三因子数据来自 Kenneth R. French 的主页，包括 2019 年 1 月 2 日至 2019 年 5 月 31 日之间每日的市场因子、规模因子、价值因子以及无风险利率。其中三个因子根据 Fama-French（1993）的方法计算得出，无风险利率为美国 3 月期国库券利率。此外，考察行业扩散效应时所用到的供应商所在行业及同行业公司的相关数据来自沃顿研究数据中心，包括供应商的 NAICS 行业代码、同行业公司名单等。

（三）事件研究法

本章采用事件研究法和 Fama-French 三因子模型计算市场反应。之所以引入 Fama-French 三因子模型，是因为股票价格的波动与市场波动、企业规模、企业价值等息息相关，直接将股票收益率作为市场反应可能会混入其他因素的影响，干扰对事件冲击的衡量，所以需要通过市场因子、规模因子、价值因子尽可能将与事件无关的异常剔除。

由于政策正式宣布是在 2019 年 5 月 15 日，因此将 5 月 15 日作为事件发生日，即 0 日。以 2019 年 1 月 2 日到 2019 年 4 月 30 日作为系数估计窗口，此区间即 [−92，−11]，共包含 82 个交易日。之所以从事件发生日向前推到 2019 年 1 月为止，是因为 2018 年 12 月 1 日，华为首席财务官孟晚舟在加拿大温哥华被扣留，而加拿大的行动显然是由美国授意。随着消息在 12 月 5 日前后公开，事件产生了持续的影响。这一冲击可能对华为在美供应商带来负面效应，因此将 2018 年 12 月纳入系数估计窗口可能导致计算出的系数包含异常的影响。

以 2019 年 5 月 15 日到 2019 年 5 月 20 日为事件窗口，即 [0，3]，共包括 4 个交易日。如前所述，5 月 15 日美国总统特朗普宣布美国进入"紧急状态"，华为被列入出口管制实体清单，这是事件的开端；而 5 月 20 日美国商务部宣布给予华为及其供应商 90 天的临时许可，暂时延缓政策的实施，使事件得到缓和，也意味着事件告一段落。因此，选取这一区间作为事件窗口，能够较好地反映这一事件对各供应商的冲击。

首先，要计算系数估计窗口之后每日的异常收益率。对系数估计窗口的股票收益率、无风险利率以及三因子，使用多元回归模型计算美国供应商的各项系数，模型如下：

$$R_{it} = R_{ft} + \alpha_i + \beta_{1i} \cdot MKT_t + \beta_{2i} \cdot SMB_t + \beta_{3i} \cdot HML_t + \varepsilon_{it}$$

$$(15-1)$$

式中，R_{it} 为供应商 i 在 t 日的收益率；R_{ft} 为 t 日的无风险利率；α_i 为供应商 i 的常数项；β_{1i}，β_{2i}，β_{3i} 分别是供应商 i 对 MKT，SMB，HML 的系数。系数估计完毕后，可计算系数估计窗口之后每日的异常收益率。异常收益率可由其收益率、系数及三因子算出，计算公式如下：

$$AR_{it} = R_{it} - (R_{ft} + \alpha_i + \beta_{1i} \cdot MKT_t + \beta_{2i} \cdot SMB_t + \beta_{3i} \cdot HML_t)$$

$$(15-2)$$

式中，AR_{it} 为供应商 i 在 t 日的异常收益率。随后可以计算累计异常收益率。某一区间的累计异常收益率可由该区间的异常收益率通过复利方法计算得出，具体公式如下：

$$CAR_{[k,g]} = \prod_{t=k}^{g} (1 + AR_t) - 1 \qquad (15-3)$$

式中，$CAR_{[k,g]}$ 为区间 $[k, g]$ 的累计异常收益率；AR_t 为 t 日的异常收益率。

市值异常变动是供应商在事件窗口内非正常的市值变动，计算方法是用供应商在事件窗口前一天（即 2019 年 5 月 14 日）的收盘市值乘以其在事件窗口内的累计异常收益率。计算公式如下：

$$AMC_{[k,g]} = MC_{k-1} \cdot CAR_{[k,g]} \qquad (15-4)$$

式中，$AMC_{[k,g]}$ 表示 k 日到 g 日的市值异常变动；MC_{k-1} 表示 $k-1$ 日的收盘市值。

通过计算累计异常收益率与市值异常变动，可以检验假设 H_{1a} 与假设 H_{1b}。

（四）备选影响因素检验方法：分组差异法与多元回归法

对假设 H_{2a} 到假设 H_{2f} 的检验，所用的方法是分组差异法和多元回归法。分组差异法，即通过对比备选因素在两类极端供应商上的差异，选出对市场反应有影响的因素。之所以采用分组差异法，一是因为极端供应商比一般供应商更有代表性；二是因为样本中的供应商仅有 25 家，仅使用多元回归法得出的结论可能存在小样本偏差。

多元回归法采用全样本回归，基本模型如下：

$$CAR = \alpha + \beta_1 \cdot ENTITY_i + \beta_2 \cdot MAIN_i + \beta_3 \cdot SIZE_i \\ + \beta_4 \cdot ROA + \beta_5 \cdot CURRENT_i + \beta_6 \cdot FIX \quad (15-5)$$

若影响因素在全样本多元回归中显著，且符号方向与分组差异法中的相符，则说明其对市场反应的作用不仅在极端供应商中存在，在全体供应商中也存在，具有较高的参考价值。

通过分组差异法和多元回归法，可以从备选因素中选出市场反应的影响因素，检验假设 H_{2a} 至假设 H_{2f}。

（五）行业扩散效应

供应商的市场反应是否有显著的行业扩散效应，主要用其所在行业其他公司在事件窗口内的平均累计异常收益率衡量。计算方法与供应商的累计异常收益率的计算相似，以公司市值为权重计算行业内公司累计异常收益率的加权平均值。此外，还可观察同行业公司中累计异常收益率为正与为负的公司比例，若正负比例接近 1，则说明同行业公司并非普遍受到供应商市场反应的影响。

通过考察行业扩散效应，可以检验假设 H_3。

五、华为在美供应商的市场反应及其异质性

美国对华为实施出口管制对华为在美供应商也产生了显著的反向冲击。此处，我们利用事件分析法计算的累计异常收益率和市值异常变动，分别衡量供应商市场反应的相对和绝对冲击程度。其中，我们根据表 15-1 中的事件梳理，以 2019 年 5 月 15 日至 2019 年 5 月 20 日期间的 4 个交易日作为事件窗口；事件异常收益率的估计是基于 Fama-French 的三因子模型；市值异常变动则由累计异常收益率与事件窗口前的公司市值相乘求得。

图 15-2 展示了华为在美供应商在事件窗口的累计异常收益率的估计结果。首先我们可以发现，华为在美供应商在事件窗口期间

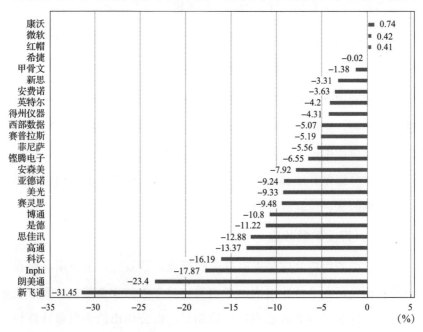

图 15-2 华为在美供应商的累计异常收益率分布
资料来源：Choice 金融终端及作者的计算和整理。

的累计异常收益率普遍为负。仅有康沃、微软和红帽三家公司的异常收益率微弱为正。而且，不同供应商之间异常收益率的差异非常显著，最低甚至达到−31.45％。换言之，华为被列入出口管制实体清单这一事件，对华为在美国的各个供应商普遍带来了负面冲击，而且不同公司受到冲击的程度存在较大差异。

尽管累计异常收益率衡量了不同供应商在政策下受冲击的程度，可以用于对比不同规模供应商所受的冲击差异，但是，市值异常变动同时考虑了供应商的市值规模，不仅体现事件对供应商个体的影响，还能反映出口管制实体清单对供应商所处行业乃至美国经济整体造成的打击程度。以供应商在事件窗口前（2019 年 5 月 14 日）的收盘市值乘以其在事件窗口内的累计异常收益率，我们可计算出供应商的市值异常变动，结果如图 15–3 所示。

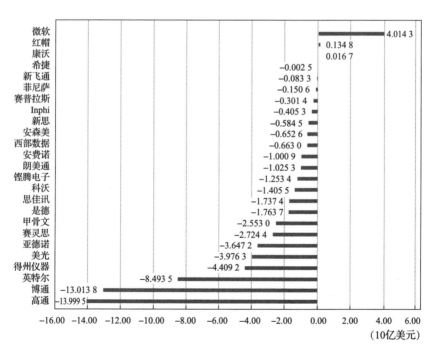

图 15–3　华为在美供应商市值异常变动分布
资料来源：Choice 金融终端及作者的计算和整理。

与图 15 - 2 的结果类似，华为在美供应商在实体清单事件中的市值异常变动也普遍为负，且相互之间差异明显。但是，进一步观察两种不同衡量标准下供应商的受冲击程度，我们可以发现两种排序结果差别很大。这是因为：一方面，累计异常收益率更低的供应商，例如，Inphi、新飞通等，往往总体规模偏小，所以市值异常变动的绝对损失也相对较小；另一方面，英特尔、博通等供应商虽然累计异常收益率的冲击并不突出，但是市值损失巨大，因此，此类公司的市值异常变动明显高于其他供应商。而高通公司，在两种标准下市场反应强度均排名前列，不仅异常收益率冲击非常显著，市值异常变动强度也排在首位。因此，高通公司在此次事件中采取的行动及其带来的影响需要重点关注。综上所述，在出口管制政策下，华为在美供应商的累计异常收益率与市值异常变动普遍为负，但供应商之间差异较大。

这一结果表明，美国针对华为的出口管制政策是一把"双刃剑"，在制裁管制对象的同时，也给本国供应商带来了反向冲击，这与过往研究的推论相符。

六、异质性市场反应的影响因素

（一）备选因素

首先，出口管制政策对本国供应商的影响之一是降低了其竞争力 (Kamalick，2006；Reynolds，2013)。对于受管制业务不同的供应商而言，政策带来的市场反应可能存在差异。供应商竞争力的一个重要影响因素是可替代性，新进入者和替代品的存在都会给竞争力带来威胁 (Porter，1980)。截至 2019 年 6 月，在美国供应商出口受到限制的情况下，华为可以通过自行研发或另寻供应商的方式满足自身对芯片等实体产品的需求，而对于软件等非实体产品的研发和替代尚未有公开的进展。由此可见，在华为供应商中，实体产品供应商在政策冲击下受到了比非实体产品供应商更大的竞争力威胁，出口管制政策的市场反应可能较大。此外，受管制业务占供应商业务的比重可能影响市场反应。如果供应商对华为业务占其全部业务的比重较小，则政策对其整体竞争力的影响较小，相应的市场反应可能较小；反之，若供应商对华为业务占其全部业务的比重很大，则政策对其整体竞争力的影响较大，事件冲击会带来较大的市场反应。因此，华为供应商的业务实体性与业务主营性可能导致市场反应异质性。

　　其次，出口管制政策给供应商的正常经营带来不确定性（刘斌，2019），这种不确定性受到供应商总资产规模和盈利性的影响。从内部看，总资产规模小的企业盈利更加不稳定，内部融资难以保证持续的支持（张西征等，2012）。从外部看，小企业存在银行融资抑制问题，外部融资更为困难（谭之博和赵岳，2012）。同时，通常盈利能力较弱、缺乏后续发展能力是具有经营不确定性的企业的一大特征（朱超群和冯义秀，2010）。相反，较好的盈利能力会给投资者传递正面信号（杨七中和韩建清，2013）。因此，华为供应商的总资产和盈利性可能导致市场反应异质性。

　　再次，资产结构也可能对供应商的市场反应有影响。资产流动性过高会影响供应商的盈利能力，而资产流动性过低则可能使供应商周转不灵（胡进仓，2012）。但根据年度财务报表，华为在美供应商绝大部分有着100％以上的流动比率，可以满足财务周转需求，因此重点关注资产流动性对盈利能力的影响。由于流动资产通常盈利性较差，高资产流动性会降低企业的盈利能力，给市场带来负面信号，在政策冲击下加剧负面的市场反应。资产有形性低，即无形资产占比高，是轻资产模式的一个重要特征（戴谢尔和代明，2008；李端生和王东升，2016）。轻资产模式下，企业经营通常更加灵活，这对出口管制政策的市场反应有削弱作用。因此，华为供应商的资产流动性和资产有形性可能导致市场反应异质性。

　　综上，初步整理出六个备选因素：业务实体性，即供应商向华为提供的是不是实体产品；业务主营性，即供应商对华为业务占其全部业务的比重是否超过 1%，因为 25 家供应商对华为业务占其全部业务的比重的中位数为 1%；总资产，取供应商总资产的自然对数值；盈利性，取供应商净资产利润率；资产流动性，取供应商流动资产与流动负债的比值，即流动比率；资产有形性，取供应商固定资产与存货之和与总资产的比值。

(二) 基于分组差异法的分析

我们根据图 15-3 的结果，分别选取市场反应强烈和微弱两组供应商进行差异对比分析。其中，将甲骨文、希捷、红帽、微软、康沃这五家供应商选为市场反应微弱组；将高通、科沃、Inphi、朗美通、新飞通等市场反应最强烈的五家供应商选为市场反应强烈组。通过对比两组供应商，我们可以检验异质性市场反应的影响因素。表 15-5 显示了两组供应商的业务特征。

表 15-5 极端供应商业务因素

供应商		与华为合作业务	业务实体性	业务主营性
强烈组	新飞通	光通信产品	是	是
	朗美通	光学元件	是	是
	Inphi	数据互联解决方案	否	是
	科沃	无线设备通信芯片	是	是
	高通	调制解调器芯片	是	是
微弱组	康沃	数据保护解决方案	否	否
	微软	翻译技术	否	否
	红帽	技术服务	否	否
	希捷	硬盘及存储解决方案	是	是
	甲骨文	数据库软件	否	否
对不同组别有无区分度		—	有	有

资料来源：道琼斯全球资讯教育平台.

在强烈组中，新飞通、朗美通、科沃、高通对华为出口的主要产品分别是光通信产品、光学元件、无线设备通信芯片、调制解调器芯片，均属于零部件，具有业务实体性；仅有 Inphi 为华为提供的是数据互联解决方案，具有业务非实体性。五家强烈组供应商中，高通对华为业务占其全部业务的比重为 5%，其余四家均超过 10%，其中新飞通为 47%，均具有业务主营性。

而在微弱组中，康沃为华为提供数据保护解决方案，微软、红帽、甲骨文则为华为提供技术方面的服务，这四家供应商的业务均属于技术支持，具有业务非实体性；而希捷为华为提供高速硬盘及存储解决方案，业务中包含较多的实体产品，具有业务实体性。在对华为业务占比方面，希捷为 4%，微软为 1%，其他则未披露，因此除希捷外其他四家供应商均具有业务非主营性。

表 15-5 中最后一行描述的是在两种标准下，两个因素在两组供应商之间有无区分度。结果表明，强烈组供应商大多具有业务实体性和业务主营性，而微弱组供应商大多具有业务非实体性和业务非主营性，因此这两个业务因素对于市场反应的强弱均具有区分度。

接下来，我们还进一步考察了四个财务因素变量，结果如表 15-6 所示。我们发现，盈利性、资产有形性这两个因素的差别较大。两类极端供应商的盈利性相反，强烈组盈利性为负，而微弱组盈利性为正。同时，强烈组的资产有形性是微弱组的 2 倍以上。但两类供应商在总资产因素上的差距并不明显，强烈组与微弱组的比值为0.91，非常接近 1，说明二者相差无几。强烈组与微弱组的资产流动性差距也在 2 倍之内。而且，四个因素在两组间的差异都非常显著。

表 15-6　极端供应商财务因素

供应商	总资产	盈利性	资产流动性	资产有形性
强烈组均值	21.58	−14.70%	408.06%	27.39%
微弱组均值	23.57	26.83%	229.77%	13.08%
强烈组与微弱组均值比	0.92	−0.55	1.78	2.09
单样本 t 检验 p 值	0.001 2	0	0.002 0	0.000 2

资料来源：Choice 金融终端及作者的计算和整理。

综上所述，六个备选因素均对异质性市场反应具有一定的影响。在两个业务因素中，业务主营性的组间差异比业务实体性更大；而在四个财务因素中，盈利性因素的两组均值比为负，单样本 t 检验结果也最为显著，可以认为比其他财务因素影响力更强。

（三）基于多元回归法的分析

最后看基于全样本多元回归分析（见式 15 - 5）的结果。选用全部供应商为样本，用各影响因素对累计异常收益率做回归，表 15 - 7 展示了各个模型中各因素变量的系数与 p 值。在全样本的情况下，结果与分组差异法有较大差异。在纳入全部因素的模型 6[①] 中，仅有业务主营性、盈利性为显著的影响因素，且这两个因素在所有模型中均为显著。业务实体性、总资产仅在少数模型中显著，且随着因素的加入，最终为不显著的结果。资产流动性和资产有形性在所有模型中均无显著结果。回归与分组分析的结果出现差异的原因可能是：其一，大部分影响因素仅在极端情况下发挥作用，而在全样本情况下作用不显著；其二，本章最后筛选的供应商仅有 25 家，样本量较小，回归结果可能存在较大误差。

（四）主要影响因素的传导路径分析

上述分析显示，在六个备选因素中，业务主营性和盈利性是核心影响因素。那么其影响市场反应的路径是如何的呢？

首先是业务主营性。一方面，从直接影响来看，出口管制政策限制了供应商对华为的业务往来，若无法找到替代的需求者，则会造成直接损失。此时，供应商对华为的业务占其总业务收入的比重越大，供应商的损失越严重，这直接影响了供应商的利润。投资者会对此做出反应，导致市场反应强烈。另一方面，从间接影响来看，具有业务主营性的供应商对华为的依赖度较高，而出口管制政策使得供应商与华为的未来交易存在巨大不确定性。因此，对于具有业务主营性的供应商而言，出口管制政策限制了其未来发展，甚至影响其存续能力。因此，投资者即使能容许供应商短期内的损失，也可能出于对供应商未来经营的担忧而对其重新估值。

---

① 基于式 15 - 5，分别采用 1~6 个变量，形成了 6 个回归模型。

表 15 - 7　供应商市场反应强弱的影响因素分析

变量	模型 1	模型 2	模型 3	模型 4	模型 5	模型 6
α	-4.601	-2.046	-41.832 6	-19.570 04	-18.99	-18.63
	(0.126)	(0.425 37)	(0.030 3)*	(0.236 94)	(0.271 93)	(0.301 83)
ENTITY	-5.519	-2.813	-3.463 2	-5.817 83	-5.789	-5.615
	(0.122)	(0.353 01)	(0.219 1)	(0.021 75)*	(0.026 40)*	(0.066 21)
MAIN		-8.944	-6.966 1	-6.221 97	-6.148	-6.067
		(0.003 24)**	(0.015 1)*	(0.009 09)**	(0.013 15)*	(0.021 48)*
SIZE			1.710 2	0.681 73	0.667	0.655 3
			(0.036 9)*	(0.337 77)*	(0.363 52)	(0.390 22)
ROE				0.151 77	0.150 7	0.151 8
				(0.003 32)**	(0.004 71)**	(0.006 52)**
CURRENT					-0.000 9	-0.000 9
					(0.856 05)	(0.856 42)
FIX						-0.010 1
						(0.905 96)
R^2 值	0.064 27	0.357 5	0.460 2	0.643 3	0.624 2	0.602 4

*、** 分别表示在 5%、1% 水平上显著。

资料来源：道琼斯全球资讯教育平台、Choice 金融终端及作者的计算和整理。

其次是盈利性。供应商的市场反应很大程度上取决于投资者对供应商未来发展的信心。若投资者认为供应商能确保其预期利润，就不太可能在出口管制政策冲击发生时出现显著的股价异常下跌；相反，若投资者不确信供应商的未来利润有保证，就可能会在出口管制政策冲击发生时抛售供应商股票，导致股价大幅下跌。而投资者对供应商利润的信心又在很大程度上受到供应商盈利能力的影响，所以盈利性因素对市场反应的影响路径是：较好的盈利性提高了投资者信心，出口管制政策冲击来临时投资者急于抛售股票的情况不易发生，因此市场反应微弱。此外，良好的盈利能力有利于保证供应商的持续经营，在出口管制政策冲击下可减少经营不确定性的影响，使得供应商的市场反应较微弱。

七、市场反应的行业扩散效应

（一）市场反应在供应商所在行业的扩散

出口管制政策对供应商的冲击可能扩散到供应商所在行业的其他公司，即市场反应有行业扩散效应。行业扩散效应的存在意味着同一行业中可能有多家不在出口管制范围内的公司在出口管制政策下受到负面影响，这会促使受影响行业的行业协会发挥其干预政策的作用。

为衡量供应商的市场反应是否会对其所在行业产生扩散效应，可用与供应商累计异常收益率相似的方法计算各供应商所在行业的其他公司在事件窗口内的平均累计异常收益率。表 15-8 报告了供应商所属行业受冲击情况，其中公司数量为剔除华为供应商后的各行业公司数量，平均累计异常收益率为各行业以市值为权重计算的加权平均值，正负比例为各行业内除华为供应商外累计异常收益率为正与为负的公司数量之比。

表 15-8　供应商所属行业受冲击情况

行业	公司数量	平均累计异常收益率（%）	p 值	正负比例
半导体及相关设备制造	72	−5.17	0	12∶60
电信测量仪器制造	8	−3.63	0.001 2	1∶7
网络发布及网页搜索	216	−1.20	0.046 3	101∶115
摄影和影印设备制造	9	−1.86	0.425 4	5∶4
软件发行商	80	−1.70	0.241 2	34∶46
电子连接器制造	3	−0.01	0.382 5	1∶2
电话设备制造	15	0.53	0.226 5	7∶8
计算机存储设备制造	3	5.23	0.379 4	2∶1

资料来源：Compustat 数据库.

在供应商所属的八个行业中，有三个行业存在显著的平均累计异常收益率。其中，半导体及相关设备制造行业的平均累计异常收益率最低，达到华为供应商的中等水平（5%～7%），显著性也最高，同时存在大量累计异常收益率为负的公司。相比之下，同样具有显著结果的电信测量仪器制造行业公司数量较少，而网络发布及网页搜索行业正负比例接近于 1。因此，出口管制政策的市场反应在半导体及相关设备制造行业中的行业扩散效应最强。

（二）行业扩散效应的原因分析

供应商在出口管制政策下的市场反应可通过两种主要途径影响其所在行业的其他公司股票。第一，行业内多家公司股票收益受损，尤其是龙头公司的股票收益受损，会给投资者对该行业的态度带来负面影响，降低投资者对该行业公司的投资意愿。第二，市场反应折射出出口管制政策对供应商业务的影响程度，而供应商业务受限的损失可能会通过挤占同行业公司的业务来弥补，因此供应商市场反应强烈对同行业公司而言是一个利空消息。由此可见，行业内华为供应商的数量、行业地位、市场反应强度可能对行业扩散效应的产生与强弱有影响，可结合这三点对供应商所属行业的平均累计异常收益率情况进行分析。

首先看半导体及相关设备制造行业，供应商的市场反应在该行业的行业扩散效应最为明显，且行业内公司的累计异常收益率普遍为负。该行业中华为的供应商共有 13 家，占比约为 15%，且市值异常损失最为巨大的高通、英特尔、博通等供应商均为该行业地位较高的公司。综上所述，该行业的华为供应商数量众多、行业地位高、市场反应强烈，一方面影响投资者对行业的信心，另一方面使得行业内其他公司面临来自华为供应商的竞争压力，这可能是该行业存在较强的行业扩散效应的原因。

其次是电信测量仪器制造行业，该行业同样存在行业扩散效应，行业内公司的累计异常收益率也普遍为负。属于该行业的华为供应商仅有是德一家，其市值异常变动强度在供应商中也不突出。但该行业公司数量较少，且是德为行业内规模最大的公司，因此是德的市场反应在该行业内依然能形成显著的行业扩散效应。

再次是网络发布及网页搜索行业，该行业的行业扩散效应并不显著，且累计异常收益率为正与为负的公司数量几乎持平。该行业的华为供应商只有甲骨文、康沃两家，而行业内其他公司数量多达216 家；同时，甲骨文与康沃的市值异常变动并不突出。基于以上原因，虽然甲骨文有较高的行业地位，但其市场反应所引起的行业扩散效应较小，且只影响了部分同行业公司，未造成普遍影响。

最后，在平均累计异常收益率不显著的行业中，大部分行业的华为供应商数量与占比都很低，供应商的市场反应难以产生行业扩散效应。例外的是，电子连接器制造、计算机存储设备制造这两个行业公司数量少，华为供应商占有一定比例。然而，在电子连接器制造行业中，作为行业龙头的泰科电子累计异常收益率不显著，稳定了投资者信心；在计算机存储设备制造行业中的华为供应商为希捷、西部数据，其市场反应较为微弱，对同行业公司的影响有限。因此，这两个行业也未出现显著的行业扩散效应。

八、市场反应对出口管制政策的反向影响

美国针对华为的出口管制政策给供应商带来了损失。一方面，受损的供应商为保障自身利益，会规避管制甚至向政府施压；另一方面，供应商所受的冲击传导到同行业的其他公司，这使得供应商所在行业的行业协会可能干预出口管制政策。

（一）供应商行为

首先，面对出口管制政策带来的损失，供应商会采取各种方法规避出口管制政策的约束。根据华为主要创始人任正非的描述，在美国商务部将华为列入出口管制实体清单后的几天之内，美国许多供应商积极向华为备货、供货，希望赶在政策落实之前尽可能多地将其所拥有的产品和半成品向华为出口。根据《纽约时报》2019 年 6 月 27 日报道，部分美国芯片制造商准备改为在海外生产芯片，将其中不受出口管制政策约束的产品销售给华为。美光公司在 2019 年 6 月也曾对外透露，其部分产品可"合法地"向华为出口。其次，具有强大影响力的供应商会直接向政府施压，要求特殊许可证或放宽政策。据路透社报道，包括高通、英特尔在内的多家华为芯片供应商于 2019 年 5 月底参加了美国商务部的会议，并在会上就管制对华为出口一事向政府抗议。此外，高通与英特尔从 2019 年 6 月起就开始向美国商务部申请向华为出口产品的特殊许可证。

综上所述，市场反应不仅仅是供应商被动接受出口管制政策的结果，也会对政策起到反作用，强烈的市场反应甚至会阻碍政策的施行，影响政策的效果。本章以累计异常收益率和市值异常变动作为市场反应的标准，分别表示供应商市值变动的规模和程度。应对出口管制并取得明显效果的供应商主要包括高通、英特尔、美光等，这些供应商的累计异常收益率负值并不突出，但市值异常损失位于前列。这说明相较于市值损失程度大的供应商，市值损失规模更大

的供应商对出口管制政策的反作用更为明显。

（二）行业干预

供应商在出口管制政策下的市场反应可通过两种主要途径影响其所在行业的其他公司股票的价格走势。第一，行业内多家公司股票收益受损，尤其是龙头公司的股票，会给投资者对该行业的态度带来负面影响，降低投资者对该行业公司的投资意愿。第二，市场反应折射出出口管制政策对供应商业务的影响程度，而供应商业务受限的损失可能会通过挤占同行业公司的业务来弥补，因此强烈的市场反应对同行业公司而言是一个利空消息。由此可见，行业内华为供应商的数量、行业地位、市场反应强度可能对行业扩散效应的产生与强弱有影响。在华为在美供应商中，属于半导体及相关设备制造行业的供应商共有13家，占比约为15%，且市值异常损失巨大的高通、英特尔、博通等供应商均为该行业地位较高的公司，这导致了供应商市场反应在该行业的行业扩散效应。

行业内公司利益受损严重促使行业协会对政策进行干预。据路透社报道，除了一些公司向政府施压以外，美国半导体产业协会也积极在政府与供应商之间协调，一方面替政府督促半导体行业供应商遵守政策；另一方面也帮供应商向政府传达意见，要求放松对华为的出口管制政策。

（三）政策部分受阻

一方面，出口管制政策的施行受到了阻碍。尽管在2020年9月15日，美国对华为的禁令最终正式生效，但在此之前，美国商务部一再宣布"临时许可证延期"，事实上对华为及其供应商的临时许可证已经延期6次，例如在2020年5月美国商务部在其官方网站给出的延期理由是"让偏远地区用户继续得到服务"。而且临时许可证下发超过半年之久，给华为调整在美业务留出了充足时间。可以推断，供应商的抗拒对出口管制政策起到了较强的反作用。另一方面，出口管制政策的约束力被削弱。美国总统特朗普在 2019 年 G20 峰会闭幕式后宣布将允许美国企业向华为出售零部件。从 2019 年 11 月底起，美国商务部开始逐步给供应商签发向华为出口的特殊许可证。虽然美国商务部未公布获得特别许可证的供应商名单，但美光公司已对外宣称其获得了向华为出口所需的全部许可证，而 AMD、高通、英特尔等早在 2019 年 6 月就开始提交申请的供应商也有很大机会获得特别许可证。

九、结论与启示

自美国宣布将华为列入出口管制实体清单以来，美国商务部已对方案进行多次修订和延期。截至 2020 年 5 月 15 日，对华为出口管制政策的延期时长已超过一年。这表明美国针对华为的出口管制实体清单是一把"双刃剑"，因此受到了较大的政策阻碍。首先，美国的出口管制政策在制裁华为的同时，也对华为在美供应商产生了显著的反向冲击。由本章研究可知，在出口管制政策宣布后，绝大部分华为在美供应商的累计异常收益率和市值异常变动都出现了明显下跌。显著的负向冲击表明，市场认为供应商在此次对华为的出口管制中将会蒙受损失。这可能成为供应商反对出口管制政策的主要动机。而且，相较于市值损失程度，市值损失规模更大的供应商对出口管制政策的反作用更为明显。其次，不同供应商受到的冲击程度具有较大差异。异质性市场反应的主要影响因素是业务主营性与盈利性。与华为业务联系更为紧密或盈利能力较弱的供应商受到出口管制政策冲击的影响更为显著。此外，产品类型、公司规模、资产流动性、资产结构等因素也具有一定程度的影响。再次，市场反应不仅会影响供应商，还会形成行业扩散效应。在供应商所在的八个行业中，至少有三个行业存在显著的行业扩散效应，覆盖了 25 家供应商中的 16 家。行业扩散效应可能促使行业协会对政策进行干预，加强供应商受到的反向冲击对出口管制政策的反作用。最后，受到反向冲击的供应商对政策采取了应对措施，包括在政策实际生效前加快对华为的出口、将相关生产线转移至海外、向政府施压等。同时，由于行业扩散效应的影响，美国半导体产业协会也干预了政策实施。其中，市值损失规模较大的供应商包括高通、美光、英特尔等采取的应对措施最为强烈，取得的反制效果也较为明显。最终，在主要供应商及行业协会的压力下，美国对华为的出口管制政策被迫多次修订和延期。

通过上述分析结果我们发现，虽然出口管制政策是一把"双刃剑"，但是我们迫切需要了解这把"双刃剑"的威力以及决定其威力的主要因素。如果这把剑对美国供应商的反向冲击非常微弱，那么政策顺利实施的可能性就会较高，反之则可能受到供应商及相关主体应对措施的影响。作为中国企业，一方面需要加紧勤练内功，做好更加充足的准备来应对各种政策冲击；另一方面，应该更加关注受冲击影响且规模较大的供应商，特别是那些在业务性和盈利性上具有较强关联性的供应商。通过与在美供应商的密切沟通与协同，才有可能将出口管制带来的负面影响降至最低。

第 16 章

中美贸易冲突对中国国际
科技合作格局的影响

新冠肺炎疫情席卷全球，成为 21 世纪迄今为止最大的"黑天鹅"事件，对高度相互依赖的全球经济造成严重冲击，对世界的负面影响直逼 20 世纪大萧条。一方面，新冠病毒搭载全球化的快车，将自身超常的传染优势成倍发挥，造成巨大的病亡和恐慌；另一方面，借助通信信息、生物医学、人工智能和无人设备等技术的飞速发展，人类能以史无前例的速度认识、控制和抵抗这一新型病毒。新冠肺炎疫情既凸显出国际科技合作的重要性，也凸显出掌握科技制高点对维护国家生物安全，保障人民生命、经济发展和社会稳定的决定性意义。疫情影响下，叠加中美贸易冲突，中国国际科技合作遇到更为复杂艰苦的局面，需加大政策支持力度、灵活应对。

一、美国对中国科技"规锁"后，中国国际科技合作逐步
转向欧日

奥巴马执政后期，以及特朗普政府上台后，美对华政策转向战略竞争，高科技竞争成为双边斗争最激烈的领域。美国对中国科技发展实施"规锁"政策，意图将中国压制在全球产业价值链中低端，而部分对华鹰派甚至极力鼓吹对华科技"脱钩"。为衡量中国对外科技合作在此战略环境中的变化，我们考察了国际专利合作中跨国联合专利申请变动的情况。联合专利申请是国际科技合作成果表达和

转化的核心指标，通过分析联合专利申请的历史，可以观察到如下情况：

（1）中美科技合作受贸易战冲击大幅降温（见图 16‐1）。从 20 世纪 90 年代中后期的"九五"时期开始到"十二五"时期结束，在中国与所有其他国家合作申请的国际专利中，中美合作数量的占比一直在 40％～43％之间，并呈波动上升态势。但是在"十三五"时期的前 4 年（2016—2019），中美合作专利占比已跌落至 37.3％。从数量上看，中美合作申请的国际专利，从"十二五"时期的年均 1 265 项，降到了"十三五"时期前 4 年的年均 997 项，下降幅度超过 20％。

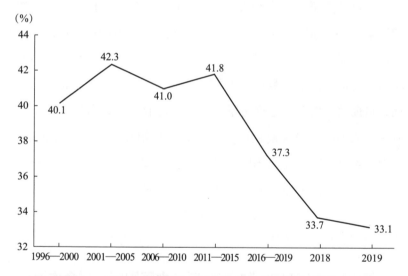

图 16‐1　中美合作专利占中国所有合作专利的比重变化图

说明：数据来源为 PCT 专利数据库。横轴的时间标注中，1996—2015 年的时间分段对应各五年计划时期。但是由于统计时 2020 年的 PCT 专利数据仍在持续更新、结果尚不稳健，因此"十三五"期间只取了 2016—2019 年。另外，为了反映中美贸易冲突之后的变化，2018 年、2019 年单列呈现。

（2）中欧、中日科技合作增强，部分弥补中美合作下滑空缺。中国与欧洲、日本科技合作日益密切，"十二五"期间，中国与德国、英国、法国、日本的联合专利申请占比之和是 23.7％，仅为中美合作专利占比的一半左右，而 2019 年这一数字已达 40.5％，已经高于中美合作专利占比。而且中国与日本、英国、德国联合申请的国际专利数量在同期都出现了显著上升，但这一趋势能否持续还有待观察。例如中国和日本合作的专利数量，在"十二五"期间年均为 201 项，而且数量较为稳定。2018—2019 年，中日合作专利数量已分别达到 424 项、494 项。除了上述四国之外，近年来中国与瑞典、芬兰的科技合作也在明显加强。

（3）美国的国际科技合作中心位置相对弱化，但地位仍难以撼动。美国仍是中国最重要的科技合作伙伴，但美国科技合作对象数量较多且相对分散。2019 年中美联合申请国际专利 1 165 项，依然占联合申请专利总数 1/3 强，大于中德（439 项）和中日合作数量（494 项）之和。

此外，中美科技合作对中国的重要性大于对美国的重要性，或者说中国比美国更需要与对方进行科技合作。目前中国已成为美国专利合作第一大国，但是在美国的国际专利合作中占比仅为 17.2%。中美科技合作受冲击后，2018 年美国同英、德、日、法的合作专利占比明显上升，尤其是美英合作占比已达 15.2%，接近中美合作的占比。

二、新冠肺炎疫情推动中国国际科技合作多元化发展

（1）新冠肺炎疫情难以缓解中美科技冲突。美国一度成为新冠肺炎确诊病例最多的国家，疫情的持续使中美科技合作呈现两面性：一方面美国有意愿与中国共同合作应对疫情，但医疗卫生领域与疫苗研究的合作能否顺利开展，仍取决于中美关系的大局能否因疫情有所缓解，能否就抗疫合作达成一致。另一方面美国遏制中国科技发展的战略仍在推进。美国不会放松对 5G、人工智能等"中国制造 2025"所列举领域的打压，部分科技产业研发与供应链"脱钩"仍在加速。

中美科技前景很可能是非对称性"平行体系"。中美共同承认的

国际规则和标准将减少，美国将运用各种手段迫使中国退出西方国家高科技市场，同时与中国争夺知识产权等各相关领域的领导权和制度、规则制定权。中国企业将面临金融制裁、核心零部件断供、科技研发封锁等日益严峻的局面，中资持股或与中国合作的科研机构、企业都会受到美国的限制和打压。科研人员将被迫在美国和中国两套科研体系中二选一，敏感领域的联合研发将变得稀缺。

（2）新冠肺炎疫情或加速中欧、中日科技合作势头。疫情冲击下，欧、日与美国的裂痕将进一步加深，美国优先政策将导致中欧、中日民间合作更为顺畅。欧洲对华部分竞争、部分合作的政策已经定调。由于意识形态差异，欧洲将继续限制中国在欧高科技和研发投资，但中欧科技合作已有一定基础，进一步深化合作符合各方利益。日本对美国技术依赖性更高，但对中国市场依赖度也高，中日关系回暖后，中日科技合作有望继续深化。

（3）新冠肺炎疫情将进一步推升中俄科技合作。2020—2021 年是中俄科技创新年，中俄科技合作已经向多点扩散，迎来新的局面。疫情前，中俄医药科技合作就已蓬勃发展，疫情为中俄合作带来了新契机，中俄同时向伊朗、意大利提供援助，展现了大国国际协作的力量。俄罗斯在基础研究和原始创新方面独具优势，中国在信息通信、卫星导航、超级计算机等方面逐步走向世界前列，两国可以取长补短、彼此借力。未来中俄在航天科技、人工智能、物联网、农业、能源、电子、军工等诸多领域的研发合作仍有巨大潜力。

三、新冠肺炎疫情改变科技合作重点，科研投入下降将削弱合作基础

（1）疫情短期内将强化公共卫生领域国际科技合作。疫情当前，各国都认识到无法独善其身，因此都积极开展科技合作，资源向疫苗和药物研发方面倾斜。中国于 2020 年 1 月 11 日就向全球分享了新型冠状病毒基因序列信息，1 月 21 日向世界公布了核酸检测引物

和探针序列，为各国开发检测试剂提供了科技支撑。加强国际公共卫生合作呼声高涨，公共卫生、生物医药及相关领域的国际科技合作意愿大幅上升。

（2）疫情冲击经济前景和各国财政，国际科研投入面临大幅下滑。全球疫情迅速恶化已经迫使各国大幅增加政府赤字以支持相关应急政策，缓解经济"大停顿"对社会的冲击。G20 峰会上各国承诺拿出 5 万亿美元稳定经济，仅美国就已通过高达 2 万亿美元的经济援助法案，而就目前疫情和经济状况，更大规模的经济救助难以避免。疫情后各国债务飙升、财政困难，必然导致科研投入压缩、联合研发减少，如果叠加欧美对中国实施的科技领域投资限制，长期国际科技合作的财政基础和支持体系将被削弱，令合作雪上加霜。

（3）疫情引发全球产业链分工反思，激化信息主权与个人隐私争论。新冠肺炎疫情全球蔓延期间，多国出现防护和医药物资的短缺，还出现对防护和医药产品的出口限制。全球经济分工和相互依赖在新冠肺炎疫情等安全挑战面前，退化趋势日益明显，随着对外直接投资、外包活动下降，国际科技合作也将逐步放缓。

限制信息科技合作的阻力将有增无减。疫情期间，远程医疗、线上教学、视频会议、智能疫情追踪等大批信息科技应用繁荣发展，为相关研发提供了广阔平台。但以 5G 为基础的大规模信息流动引发了信息主权和个人隐私的双重忧虑，各国对网络安全和个人信息保护更加重视。美国为遏制中国科技发展，不惜禁止中国企业在美研发机构向中国转移技术和研发成果，以保护信息安全为名迫使中国科技企业放弃已收购的美国企业，甚至直接采取非市场手段帮助中国企业的海外竞争对手。美国已限制政府采购中国科技产品，很可能在未来抗疫经济刺激计划特别是庞大基建投资中排除中国产品。同时，疫情后其他国家也有可能在美国压力下限制与中国科技合作的范围。

四、抓住疫情变局的机会调整国际技术合作方式

（1）以医疗卫生领域为突破口，推进全球科技合作深入发展。公共卫生安全是人类面临的共同挑战，需要各国携手应对，目前疫情防控科研攻关国际合作仍有很大深化和拓展空间。中国已在世界卫生组织的框架下积极开展了科技合作，可在与各国深入开展溯源、药物、疫苗、检测等方面的双边科研合作的同时，凝聚各方共识，以中国为主加大中长期投入，引导建立医疗卫生领域多边长效国际科研合作机制。

（2）抓住疫情下国际变局契机，积极调整国际科技合作战略。继续努力推进中欧、中日、中俄科技合作，对冲中美科技合作损失，将中国科技进步受到美国的负面影响降到最低。此外，应特别重视与其他第三方国家的科技合作。一些第三方国家在多领域保持世界领先的创新优势，与美国联系极为紧密，但对华友好、优势互补。中国宜加大与具有科技特色优势的发展中国家的科技合作，鼓励相关成果以中文发表、在中国进行专利申请和市场转化。

（3）发挥民间国际科技合作优势，多元化投入渠道以弱化政府背景。消除不合理限制，拓展以民间科技组织为纽带，以企业、高校和研究院所为主体的国际科技合作模式，包括共同资助合作项目，设立联合实验室等，弱化政府背景，尤其是敏感的军民融合科技项目。中国宜协助民间力量针对合作项目相互提供政策咨询，协调解决有关的知识产权问题，就创新政策、科学技术规划和相关规章制度等互通信息，共同组织科技创新交流与研讨会，增强国际科技合作的活力与韧性。

第四篇

中国在未来全球产业链中的地位

产业链外移、区域重组，还是向中西部地区内迁在中美冲突这条主线，及疫情冲击、数字化和低碳化三条辅线的作用下，全球产业链的重构正在推进。尤其是结合中国和各国产业链的基本面，以及中美在贸易领域、科技领域的冲突与对抗，我们可以尝试对中国在未来全球产业链中的地位进行思考。

展望未来，中国在全球产业链中的地位变化可以通过以下三个视角进行观察：产业链外移、区域重组，以及向中西部地区内迁。本篇的第17～18章关注产业链外移的挑战，其中第17章关注越南，第18章关注更为普遍的制造业外移问题；第19～20章关注产业链在亚太地区、东亚地区的重构；第21～22章关注中国存量产业链向中西部地区的内迁，以及增量上如何稳定外资投向中国。

越南是否会替代中国，
成为下一个世界工厂

越南是否会替代中国，成为下一个世界工厂？或者虽然不会完全替代中国，但是削弱中国的世界工厂地位？在大变局下，如何看待中国和越南的经贸关系？如何看待中国、越南在全球生产网络中的竞争、互补关系？在全球生产网络中，越南会成为中国的替代者还是互补者，抑或是兼而有之？如果是兼而有之，两者的关系何者更为重要？

近年来，中国对越南出口贸易迅速上升（见图 17-1）。2020年，按国别划分出口目的国，越南已经超过韩国成为中国的第三大出口目的地。在本章，我们将基于中国对越南出口贸易的视角进行研究。其总体逻辑是，中国对越南的出口贸易可以分解为消费品、资本品、中间品。在三个分类中，哪些是因为中美贸易冲突而引致的出口转移？这部分是否可观？哪些是中美贸易冲突引致的生产地转移？哪些是其他因素引致的生产转移？哪些是越南国内需求引致的中国出口？基于上述角度的分析，将有助于理解越南在国际分工中的地位发生变化的事实以及这种变化的发展趋势。

过去十余年，越南作为中国出口目的国的排名持续上升。[1] 2007年，越南在中国的所有出口经济体中排名第 22 位，其排位在东盟国

---

[1] 出口数据来自中国海关总署统计数据。

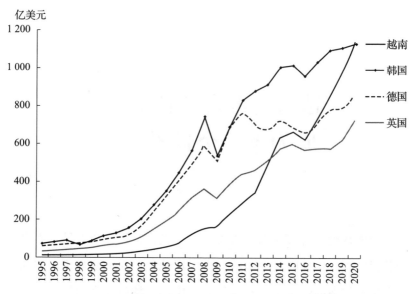

图 17-1　中国对越南、韩国、德国、英国出口趋势图
资料来源：海关总署，WIND 数据库.

家中位于新加坡、马来西亚、印度尼西亚和泰国之后。2008 年全球
金融危机爆发后，越南的排名迅速上升，2013 年越南首次进入前十
（排名第九），并在所有东盟国家中位居第一。在超过了所有东盟国
家之后，越南又进一步赶超主要欧盟国家，并于 2017 年正式超越德
国，成为仅次于美国、日本和韩国的中国第四大出口目的国。
2017—2019 年，中国对越南出口进一步加速，与韩国的差距进一步
缩小。在 2020 年，越南首次超过韩国，成为首个位列中国前三大出
口目的国的发展中经济体，此前未有发展中经济体处于这一地位。
在中国对东盟的出口总额中，越南约占三成。同时，越南也是中国
对"一带一路"沿线国家出口排名第一的经济体。

　　中国对越南的出口为何持续快速上升？特别是在 2018 年以来的
中美贸易冲突背景下，中国对越南出口快速上升，其背后是出口贸
易本身的转移、生产能力的转移，还是越南受益之后其国内需求的
爆发式成长？

一、基于中美贸易冲突背景对第三国影响的现有研究

在文献上，分析中美贸易冲突的经济影响主要是通过贸易模型[①]和国际宏观经济模型[②]来实现。贸易模型重点关注新增关税措施将如何传导至贸易继而影响经济增长，核心变量是关税传递率和产品需求的价格弹性。前者是指增加征关税的行为将在多大程度上传导至最终商品中；后者是指消费者对于因加征关税带来的商品价格上升会做出多大程度的减少购买决策。

这类研究同样关注中美贸易冲突对第三国的影响，文献中对越南和墨西哥作为直接获益国具有普遍共识。具体到中美贸易冲突对越南的影响，野村证券（2019）[③]、Reed and Romei（2019）[④] 认为越南是中美贸易冲突的最大受益方，2019 年美国自中国进口萎缩的部分很大程度上被越南替代，越南的比较优势在于其出口商品在很大程度上能与加税清单产品匹配，进而快速补缺。美国彼得森国际经济研究所（PIIE）的 Jung（2020）[⑤] 认为在中美贸易冲突和新冠肺炎疫情的双重影响下，全球价值链安全性需求上升，这使得越南成为全球供应链上的主要参与者。从研究越南的学者的研究来看，他

---

① 代表性文献包括：李春顶，何传添，林创伟. 中美贸易摩擦应对政策的效果评估. 中国工业经济，2018（10）：137－155；徐建炜. 中美贸易战第一枪影响几何. FT 中文网，2018－07－10；Krugman，Paul. Thinking about a trade war（very wonkish）. New York Times，2018－06－17.

② 代表性文献包括：Berthou，Antoine，Caroline Jardet，Daniele Siena and Urszula Szczerbowicz. Quantifying the losses from a global trade war. Bank of France Eco Notepad，2018-07-19；Liadze，Iana. Trade wars-any winners？. National Institute Economic Review，No. 245 August 2018；Caceres，Carlos，Diego A. Cerdeiro and Rui C. Mano. Trade wars and trade deals：Estimated effects using a multi-sector model. IMF Working Paper，WP/19/143.

③ Nomura. US-China trade diversion：Who benefits？. June 2019.

④ Reed，John and Valentina Romei. US-China trade war gives Vietnam a winning streak. Financial Times，June 23 2019.

⑤ Jung，Euijin. Vietnam and Mexico could become major players in global supply chains. PIIE Trade and Investment Policy Watch，August 3，2020.

们对中美贸易冲突对越南影响持审慎乐观态度[1]，Lam and Nguyen (2019)[2] 指出了中美贸易冲突对越南经济的负面影响，主要包括：扩大越南对华逆差，挤压越南国内市场，中国向非越南地区的贸易转移会加大这些市场与越南的竞争，中国经济走向内需导向不利于越南对华出口，越南对美顺差将承受来自美方更多的压力。

对于越南成为中国重要出口目的国的分析，也需要包含中美贸易冲突这一重要背景。和一般性分析不同，本章研究首次在统一的框架下量化了中美贸易冲突的影响，这一影响的相对强弱和其他因素是可比的。

二、本项研究使用的出口结构分解方法

对一国出口的分解是本章方法论的基础，出口分解方面最具代表性的文献是 KPWW 分解法[3]（Koopman et al.，2014），在增加值贸易的框架下将出口总值分解为增加值出口、最终返回国内的中间品出口国内部分和国外部分三大类共计九个子项，将此前垂直分工和增加值贸易测算融合至同一框架，整合了传统贸易和增加值国民账户统计。

该方法较为常用，本章也借鉴 KPWW 方法对出口分解的思路，但由于这一方法基于投入产出表数据，而这一数据存在较长时滞，因此分解方法本身不适用于这里的分析目的，特别是对于中美贸易冲突这一近期发生事件的分析。

基于上述全面分解的思路，本章构建了基于传统贸易流的全面分解框架，使之更适用于分析出口结构的变动。这也是我们这项研

[1] 顾强. 越南对中美贸易摩擦的认知与政策选择. 东南亚研究，2019（3）：38－59.

[2] Lam Thanh Ha and Nguyen Duc Phuc. The US-China trade war: impact on Vietnam. Iseas-Yusof Ishak Institute Perspective，2019（102）.

[3] Koopman, Robert, Zhi Wang, and Shang-Jin Wei. Tracing value-added and double counting in gross exports. American Economic Review，2014，104（2）：459－494.

究的主要贡献。由于传统贸易流的数据更新及时，我们的分析框架更适合对近期发生的特定政策冲击效果展开研究。同时，分解也包含了对于不同技术类别产品的区分与讨论，继而这一分析框架也更适合在中国语境下的分析。

本研究的分解和以下基于传统贸易流分解的国际组织文献相关：(1) 联合国广义经济类别分类（broad economic categories，BEC）(UN，2003），将产品分解为消费品、投资品和中间品①；(2) 联合国贸易和发展会议制造业水平分类（manufactured goods by degree of manufacturing groups）（UNCTAD，2020），以区分不同劳动密集型、技术密集型产品②；(3) 不同产品编码之间的转换（UN，2017）③。

更加具体地，本章就中国对越南的出口贸易分解包含以下三个维度：

A 视角：中美贸易冲突的冲击因素导致中国对美国的出口通过借道越南转变为越南的出口。在此背景下，美国对中国出口加征关税举措的直接影响是带来部分产品绕道越南，这部分产品既可能再出口至美国，也可能用于补充越南市场上的产能不足，但是这一出口与加征关税直接相关。

B 视角：区域价值链上的竞争因素导致生产转移，从而导致中国对越南的出口增加。一方面，随着对产品加征关税持久性预期的上升，中美贸易冲突由短期冲击转变为产业转移的催化剂，继而带来产业转移相关出口的上升，加速东亚地区产业链格局的重构。在中美贸易冲突之外，东亚区域分工体系的变革也会带来中国部分产业向越南的转移。越南自身具备相对低廉的劳动力成本优势，同时越南在参与高标准经贸规则谈判中走在前列，其参与了跨太平洋伙伴关系协定（TPP）

---

① United Nations. Classification by broad economic categories. Statistical Papers，Series M，No. 53 Rev. 4.

② UNCTAD. Manufactured goods by degree of manufacturing groups（SITC Rev. 3）.

③ United Nations. Correlation and conversion tables used in UN Comtrade. May 2017.

谈判，2019 年分别签署了 CPTPP 和越南-欧盟自贸区两项高标准经贸协定。因此，由于追逐稳定的预期、较低的劳动力成本和较高的制度规则所引致的产业转移部分，可以视为中越两国在区域价值链上的竞争特征，竞争领域主要集中于存在一定技术密集度的产业，这部分因产业转移带来的出口可以视为中越之间竞争所引致的出口。

C 视角：由于最终需求和区域差异化分工带来的互补因素，导致中国对越南的出口增加。在东亚区域分工体系之下，中越之间同样存在互补性特征，主要包括两个方面：一是越南最终需求所引致的从中国的进口，这也是中国对传统主要贸易伙伴出口的重要部分；二是越南对于低技术和劳动密集型产业链的承接，这一部分的产业转移可视为东亚地区分工转变和中国经济转型的自然结果，因而可以将这部分出口视为产业链上的互补特征。

上述三个视角中，B 视角和 C 视角显然分别对应于竞争、互补关系。而 A 视角下的转移出口则反映了中越之间复杂、微妙的关系。当然我们将看到，中国对越南出口的上升，以 B 视角和 C 视角下的出口增长为主体。

三、参考 KPWW 方法和三个视角对中国出口越南数据进行分解

第一步，我们按照联合国广义经济类别分类的划分，将中国出口至越南的产品分为消费品、资本品和中间品三种类型（见图 17 - 2）。

第二步，在三种产品分类下，将消费品出口（EX_t^C）分解为两个部分（中美贸易冲突引致的转出口（RE_t^C）、国内消费（DC_t^C））；将资本品出口（EX_t^K）分解为三个部分（中美贸易冲突引致的转出口（RE_t^K）、生产地转移（TR_t^K）、国内投资（DI_t^K））；将中间品出口（EX_t^I）分解为三个部分（中美贸易冲突引致的转出口（RE_t^I）、生产地转移（TR_t^I）、一般价值链贸易（VA_t^I））。

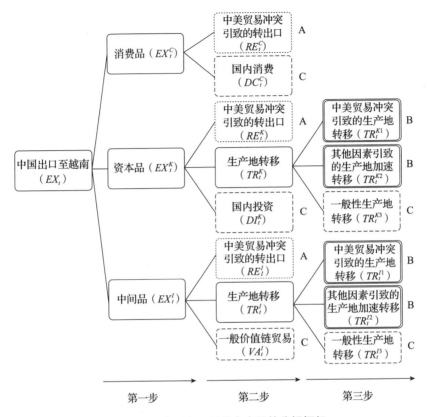

图 17-2　中国出口至越南产品的分解框架

中美贸易冲突引致的转出口（RE_t）在三类出口品中均存在，以消费品为例[①]，转出口效应主要包括两个方面：一是加征关税后中国商品绕道越南出口至美国，但是加征关税后日趋严格的监管以及相关的合规问题使这部分效应起初较强，后期逐渐淡化。二是针对同时在中国和越南生产，且同时供国内和第三国消费的产品。中国出口至美国的产品因为加征关税后不再合算，越南转而替代中国成为同类产品的美国进口来源，由于越南短期内产能难以提升，这一产品供至美国之后国内需求短缺的部分依靠从中国进口来满足，这也造成中国对越南出口的上升。理论上这两种效应同时存在，本研

———————————

① 资本品和中间品情况类似。

究将这两种效应均视为转出口效应。

第三步，我们注意到，生产地转移效应 TR_t 只存在于资本品和中间品出口中。依照生产地转移的原因，资本品和中间品的生产地转移 TR_t^K 和 TR_t^I 可进一步分解为：（1）中美贸易冲突引致的生产地转移——TR_t^{K1} 和 TR_t^{I1}，中美贸易冲突会加速生产地转移，特别是对一些正在观望的企业起到了催化作用；（2）其他因素引致的生产地加速转移——TR_t^{K2} 和 TR_t^{I2}，这一项核算除了中美贸易冲突之外，其他因素加速的生产地转移有多少，其主要政策背景是越南于2019 年签署了 CPTPP 和越南-欧盟自贸区两项高标准经贸协定；（3）一般性生产地转移——TR_t^{K3} 和 TR_t^{I3}，这是基于越南劳动力成本和经贸规则等考虑向越南的生产地转移，侧重于考量中高技术密集型产业转移的趋势性特征。

各产品种类分解的最后一项反映的是中国对越南出口中两国合作和互补特征。国内消费（DC_t^C）和国内投资（DI_t^K）主要体现中国向越南出口中被越南最终需求吸收的部分；其他价值链贸易（VA_t^I）反映在亚太区域价值链上两国之间的分工与合作关系。图 17-2 总结了上述分解思路。

在此基础上，本章的目标是对 2019 年中国对越南的出口数据进行分解，分析中国对越南出口逆势而增的各种驱动因素。

本章使用的核心数据是产品层面六位码的双边出口数据，包括中国出口至越南和越南出口至美国的数据，数据来源为 UN Comtrade 数据库。① 在数据编码方面，UN Comtrade 同时提供 HS2012 和 HS2017 数据编码下的产品出口数据，但是由于在 HS2017 编码体系中仅包含2017—2019 年的数据，而本章的分解方法需要利用最早至 2014 年的数据，因此使用 HS2012 编码。本章同时使用了中国对越南出口的

① 由于研究时在数据库中以中国作为观察视角的 2019 年数据还没有更新，无法直接获得从中国出口至越南的数据，因此使用越南从中国进口的数据作为中国出口越南产品数据的替代。

数据以及越南对美国出口的数据，其目的在于精确匹配和识别中美贸易冲突所带来的出口变化。

为了准确分解中国出口至越南的产品构成，本章还用到了如下数据和数据分类：第一，美国对华加征关税的产品清单文件。该清单信息用于识别中国出口至越南以及越南出口至美国的产品中有哪些是在中美贸易冲突中被美国加征关税的产品。美国共计发布了四轮关税清单，其中 2018 年 4 月 4 日发布了第一轮和第二轮共计 500 亿美元产品金额的关税清单，2018 年 7 月 10 日发布第三轮共计 2 000 亿美元关税清单，2019 年 5 月 13 日发布第四轮共计 3 000 亿美元关税清单。[①] 本章选择第一、二、三轮关税清单所涉及产品进行被加征关税产品的匹配和识别，原因在于：其一，第四轮清单发布于 2019 年年中，考虑到产品出口存在相应迟滞，其对 2019 年出口的影响不易衡量；其二，中美第一阶段协议达成之后，贸易冲突有所缓和，第四轮清单所涉及产品征税并未完全执行。因此，本章在分析中主要考虑前三轮关税清单的影响。关税清单是 HS2017-10 位码，其中前 6 位与 HS-6 位码保持一致，后 7～10 位由各国自行决定，考虑到出口数据为 HS-6 位码，因此，本章截取关税清单编码前 6 位，之后匹配出口 HS2012-6 位码产品。第二，使用联合国统计（UNSTATS）BEC 分类识别出口中的消费品、资本品和中间品。正如本章分解框架所述，对于消费品、资本品和中间品的区分是出口品分解的起点，因此在数据处理时需要将出口数据中的这三类产品识别出来。除了标准分类，在 BEC 分类中，有几项可由研究人员基于研究目的自行确定分类，本章确定的分类如下：321（车用汽油，motor spirit）和 51（乘用车辆，passenger motor cars）为消费品，

---

① 关于关税清单的研究可参见：吕越，娄承蓉，杜映昕，屠新泉. 基于中美双方征税清单的贸易摩擦影响效应分析. 财经研究，2019（2）：59－72；姚曦，赵海，徐奇渊. 美国对华加征关税排除机制对产业链的影响. 国际经济评论，2020（5）：26－42.

7（未分类产品，goods not elsewhere specified）不考虑①，此外，将主要为手机的 6 位码产品门类 851712 由资本品改为消费品。第三，区分产品的劳动和技术密集度。按照 UNCTAD 的分类方式，将产品区分为劳动密集型和资源密集型、低技能和技术密集型、中技能和技术密集型、高技能和技术密集型产品四大类。

经由上述数据处理过程可实现以下目标：其一，区分消费品、资本品和中间品以及三大品类下的细分产品，以便后续分解和分析讨论；其二，识别关税清单上的产品，识别相应产品在中美贸易冲突中被加征关税的批次以及产品的性质；其三，识别不同劳动和技术密集度的商品，以便开展贸易转移相关分析。

四、出口分解的主要结论

本章从两个维度讨论中国对越南出口的分解，分别是产品种类和产品性质。

从产品种类来看，中国对越南的出口较多反映了区域的生产分工联系，较少反映了越南对中国的最终需求。产品种类的分解反映了中国对越南出口中消费品、资本品和中间品的分布及其细项产品信息。中国对越南的出口中，中间品占比最高，达到 73.8%；消费品占比最低，为 9.8%；资本品介于二者之间，占比 16.4%。作为中国重要的出口贸易伙伴，越南呈现出和中国其他主要出口贸易伙伴截然不同的特征（见图 17-3）。中国对美国、欧盟和日本出口的中间品占对这些国家出口的比重分别为 30.2%，37.1% 和 40.0%，显著低于对越南的中间品出口占比；与之相对应的是，中国对这些出口贸易伙伴的消费品出口占比则比越南高得多，分别为 33.9%，26.2% 和 34.2%；资本品出口占比也高，分别为 35.9%，36.7% 和 25.8%。中国对韩国的出口与越南相似，但中

---

① 该项金额占比 0.03%，可忽略不计。

间品出口的占比仍然比越南低 10 个百分点，同时消费品出口的占比则高 10 个百分点。

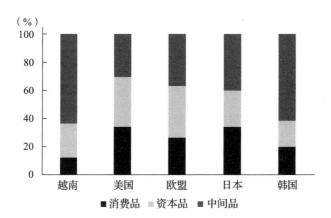

图 17 - 3　中国对主要贸易伙伴的出口结构
说明：中国对其他主要贸易伙伴出口的数据来源和测算方法与上面对越南出口的测算一致。

从中国对越南出口的消费品结构来看，中美贸易冲突引致的转出口占比约为 7.2%，占比相当低，剩余的 92.8% 被用于国内消费。中美贸易冲突引致的转出口的消费品结构集中度较高，转出口第一大产品是数码相机和摄像机类产品（852580），占比达 66%，家具及部件（10%）、蔬菜、干燥菌类（10%）占比也较高，前 10 种 6 位码出口产品金额占该项金额的 96%。从用于国内消费的产品结构来看，中国出口至越南的第一大消费品是手机（851712），占比约为 25%，其他出口规模较大的产品包括塑料（10.7%）、鞋类（3%）等。由此可见，用于国内消费的规模更大，产品种类更多，结构相对分散，前 10 种 6 位码产品大约占总产品金额的一半。

从中国对越南出口的资本品结构来看，中美贸易冲突引致的转出口占比为 8.5%。从转出口的资本品结构来看，转出口的第一大产品是自动数据处理机单元（847160），占比约为 50%。转出口占比也非常集中，前 10 种 6 位码产品占据了转出口的 85%，其他规模较大的产品还包括发电机（10%）、电机和电器（4%）、电力变压器（3%）。

在中国对越南出口的资本品中，与生产地转移相关的出口占比为 56.7%，其中有约两成影响源自中美贸易冲突带来的生产地加速转移。除此之外，一般性生产转移仍占据主要位置。出口的资本品中有 34.7% 用于国内投资。总的来说，用于生产地转移的资本品较为分散，可以加总至 4 位码来观察。从 4 位码揭示的前十大商品来看，三类机械占据主导地位：第一类是纺织类机械和缝纫机等；第二类是机械设备，包括加工产品的机械、装卸机械等；第三类是变压器和发电机。而用于国内投资的投资品则较为集中，6 位码前十位产品占 57.9%，主要包括通信设备和基站、发电及相关设备和电子设备等。

从中国对越南出口的中间品结构来看，中美贸易冲突引致的转出口占比约为 4.9%；生产地转移占比达 58.9%，其中由中美贸易冲突引致的生产地转移占比约为 16.1%，一般性生产地转移占比达到 80%，这反映出越南除了承接劳动密集型和低技术性产业的正常转移之外，在中高技术产品领域的竞争角色也日益凸显；其他价值链贸易占比 36.2%，反映东亚区域价值链形成较稳定的贸易联系。从转出口的中间品结构来看，转出口的第一大产品是电子集成电路（854239），占比约 20%。尽管转出口中间产品的类型较多，种类较为分散，前 10 种 6 位码产品占据转出口约 60% 份额，且前几大产品的份额较为可观，包括钢铁（10%）、机械设备零件（9%）等。生产地转移的中间品较为分散，从 4 位码的情况来看，规模占比较大的产品多与信息和通信技术产业（ICT 产业）相关，其中，手机和电话机的配件约占生产地转移中间品的 20%，其他占比较大的产品包括电子集成电路、半导体组件、电路电气设备等。其他价值链贸易部分的产品特征充分体现了东亚价值链的特色，主要包括两类：一是和纺织品相关的各种面料；二是钢铁、铝等金属原材料和制品。

从产品性质特征来看，可以将中国对越南的出口分为转出口、竞争和互补等三种不同效应所引致。从全部出口的产品性质分解来看（见图 17-4），2019 年，中美贸易冲突带来的转出口效应显著，占总出口的 5.7%；中美贸易冲突预期带来的产业加速转移效应所引致的出口比转出口规模更高，占总出口的 8.8%。两项相加意味着中国对越南 2019 年的出口中有约 14.5% 与中美贸易冲突相关，这一数字和 2019 年中国对越南出口同比增速（16.3%）已非常接近。除中美贸易冲突引起的生产加速转移，其他因素引致的加速转移在 2019 年并不大，总产出仅为 1.5%。一般性生产地转移贡献最多，占据了生产地转移引致出口的最大部分，一般性生产地转移和其他因素引致的加速转移共占约 43.9%（1.5%＋42.4%）的出口规模，产业转移的竞争效应所引致的合计出口规模在所有出口中占比过半（52.7%＝8.8%＋1.5%＋42.4%）。互补效应仍是中越贸易的重要基础，占所有出口约 41.5%（14.8%＋26.7%）。不过，即使不考虑中美贸易冲突因素，竞争效应在中国对越南出口的重要性中也超越了互补效应。但也要全面看待这种竞争关系。生产地转移，又分为中资和外资企业的生产地转移。从国内就业、税收角度看，这些生产地转移都有竞争效应，但从国内利润、产业互补等角度看，中资的生产地转移也可能是互补关系。

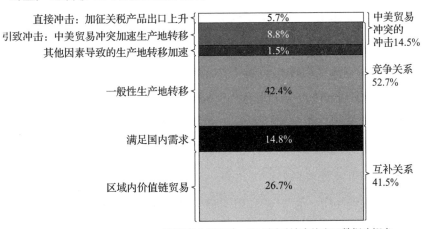

观察产业链外移：以中国对越南的出口数据为视角

图 17-4　中国对越南出口产品性质分解

中美贸易冲突引致的转出口产品结构与中国对越南总体的出口结构较为一致，呈现中间品占比较高，而资本品和消费品占比相对较低的特征。中间品占比最高，为63.3%，其中，电子集成电路相关中间品占比最高，接近20%，其余较高的包括铁或钢的部分、机械设备的零件等；资本品的占比次之，为24.4%；消费品占比最低，为12.3%。这一结构与美国加征关税清单中的产品结构也比较类似，以6位码计算关税清单上的产品数量在消费品、资本品和中间品上的占比分别为17.6%，15.2%和67.2%。此外，中间品出口比例较高也部分反映出中间品的转出口较最终品更易实现。

生产地转移主要引致资本品和中间品的出口，其中，资本品占比为17.6%，中间品占比为82.4%。按照生产地转移的原因划分，中美贸易冲突引致的生产地转移占比约16.7%，其他因素引致的生产地转移占比约2.9%，一般性生产地转移是主因，占比为80.4%。中美贸易冲突引致的生产地转移和一般性生产地转移的产品种类差异较大，前者带来二极管等电气设备、铜、纺织原料等的加速出口，而后者是和电子设备、集成电路、机械设备等相关产品的加速出口。从增量规模来看，中美贸易冲突是生产地转移的催化剂，是2019年生产地加速转移的主要原因。但是越南缔结各类贸易和投资协定带来的出口低关税以及本国的税收优惠政策①，均使得一般性生产地转移在过去几年持续进行，并构成生产地转移引致出口的最重要部分。

中国对越南的出口中，互补特征主要体现为用于国内消费、国内投资和价值链贸易的产品出口。从这个分解出发，中国出口至越南的互补产品中，有21.9%用于越南国内消费，消费品出口的前三

———————
① 根据安永2020年发布的《东盟投资指南》，满足条件的外商投资企业可以享受最高至4年的免税期和最高至9年的减半征收期（"四免九减半"）。

大 4 位码产品分别为电话和移动电话、塑料制品及鞋类；13.7％用于国内投资，重要的出口资本品主要是电脑和与发电、电力相关的产品；64.4％用于价值链贸易，主要是指劳动和资源密集型、低技术密集型产品的价值链贸易。如果将国内消费和国内投资视为满足越南的最终需求，则在互补特性中，约 1/3 的产品出口是基于越南的最终需求，2/3 的产品出口用于服务区域价值链。

综上所述，以越南为例，我们对中国产业链外移进行了观察，并对其性质进行了研究。2020 年，越南超过韩国成为中国第三大出口目的国。以此现象为切入点，我们就中国对越南快速增长的出口进行了拆解，从而在一定程度上回答了中国向越南产业转移的成分和性质。研究表明，中国对越南的出口有两大特点：第一，中国向越南出口的大部分产品是中间品，这与越南处于区域价值链中的节点位置有关，而不是为了满足越南的最终需求；第二，中国企业对越直接投资和产业转移是中国对越南中间品出口上升的重要原因。

事实上，中国向越南的直接投资和产业转移，使得中越在国际分工上的关系更为紧密，中国对欧美国家的部分顺差转变成中国对越南以及越南对欧美的顺差，中国国际收支失衡过于集中的压力得以减轻。可见，现在的中越经贸关系较类似于此前日中经贸关系：中国成为全球价值链重要节点，越南则有成为次级节点的潜力。但从长远来看，全球产业链的数字化、低碳化趋势将对越南的发展空间形成一定的挑战。

附录：中国与越南总体经贸关系的竞争性、互补性分析

如何衡量中国出口与越南出口在全球市场的竞争程度？我们可以引入竞争压力指数（CSI）来度量这一竞争程度。根据樊纲、关志雄和姚枝仲（2006）的研究，竞争压力指数可以通过图 17 - 5 形象地表示。在图 17 - 5 中，假定曲线 A 和曲线 B 分别代表 A 国和 B 国

的出口技术分布曲线，曲线的高度表示出口额，两国分布曲线相交
的阴影部分表示两国在这些产品上都有出口，因而在这些产品上呈
竞争关系。相交的阴影部分面积越大，说明在同类商品上竞争越强。
由于两国之间的贸易规模不一样，同样的交叉面积对不同国家的影
响可能不同，比如，如果 B 国在某一产品的出口规模远超 A 国，则
该产品上 B 国对 A 国的竞争压力要远高于 A 国对 B 国的竞争压力，
因此，在相交的阴影部分面积的基础上，其相对于 B 曲线的面积就
可视为 A 国对 B 国的竞争压力。

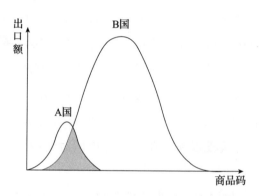

图 17 - 5   A，B 两国出口分布曲线显示出的竞争关系
资料来源：樊纲，关志雄，姚枝仲. 国际贸易结构分析：贸易品的技术分布. 经济研
究，2006（8）：70～80.

图 17 - 6 给出了竞争压力指数（CSI）的计算结果，包括中国对
越南的出口贸易竞争压力以及越南对中国的出口贸易竞争压力。具
体来讲，竞争压力指数在 [0，1] 之间，其中 0 表示完全没有竞争
压力；1 表示完全的竞争压力。指数越大，一国出口贸易对另一国的
压力越大。由于两个国家的出口贸易规模存在差异，因此两个国家
的双向竞争压力一般表现为不对称。根据图 17 - 6 可以看到，在双
边显著上升的竞争关系中，中国对越南、越南对中国的出口竞争压
力都在同步上升。2007—2019 年，中国对越南的出口竞争压力从
0.634 上升到 0.843，越南对中国的出口竞争压力则从 0.025 上升到
0.089。可见，虽然越南对中国的竞争压力指数显著上升，增长了

2.56 倍，但是在出口贸易方面，中国对越南的竞争压力仍然具有压倒性优势，当然，这种压倒性优势确实有一定程度的减弱。

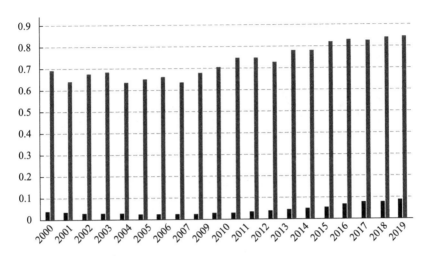

■越南对中国的贸易竞争压力　■中国对越南的贸易竞争压力

图 17 - 6　中越双向出口竞争压力指数

资料来源：根据联合国商品贸易统计数据库（UN Comtrade）计算，具体计算方法参见：樊纲，关志雄，姚枝仲 . 国际贸易结构分析：贸易品的技术分布 . 经济研究，2006（8）：70 - 80.

另外，我们还可以使用竞争互补指数（CCI）来观察中越在出口贸易上的互补关系。这同样也是基于贸易品技术分布提出的贸易结构分析方法，表示在全球市场上两国之间的竞争和互补关系。具体来讲，竞争互补指数在［0，1］之间，其中 0 表示完全互补，没有任何竞争关系；1 表示完全竞争关系，没有任何互补关系。指数越大，表明两国分布图的交叉面积相对较大，因而竞争关系越强，互补关系越弱。

根据图 17 - 7 可以看到，在过去 20 年中，中越两国出口贸易的竞争程度显著上升。2007 年两国出口贸易的互补竞争指数为 0.048 6，2019 年这一指数上升到 0.161，增长了 2.32 倍。但是，总体上中越之间的出口贸易竞争互补指数仍然较低，2019 年更接近于 0，远低于 1。由此可见，两国出口贸易仍然以互补为主。

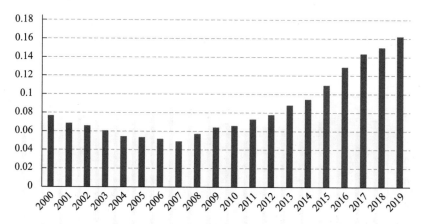

图 17 - 7 中越出口贸易的竞争互补指数

资料来源：根据联合国商品贸易统计数据库（UN Comtrade）计算，具体计算方法参见：樊纲，关志雄，姚枝仲. 国际贸易结构分析：贸易品的技术分布. 经济研究，2006（8）：70 - 80.

第 18 章

制造业外移：
经验、挑战及政策建议

新冠肺炎疫情引发了外界对中国产业链可靠性的担心：中国控制疫情的措施导致生产放缓，国外部分电子、汽车、纺织、医药行业的企业，因为无法获得中国生产的中间品，其经营受到影响，这引发了"过于依赖中国产业链是否有危险"的讨论，促使一些国外企业寻找供应商"备份"。

在华外企也可能因为类似的担心而加速转移，部分国家甚至出现了使用补贴政策鼓励本国企业撤出中国的倾向。[①] 发达国家这样做的部分原因是，疫情的不确定性使得经济增长预期大幅下降，因此更加强调本国经济增长的可持续性，应对国内失业问题成为当务之急，逆转本国产业空心化似乎更是发达国家解决疫情危机的一剂良药。当然多年以前，美国已经提出制造业回流，德国也提出了重振制造业的计划。新冠肺炎疫情暴发是否加速了发达国家制造业回流的进程，已经成为各界关心的重点问题。

事实上，疫情发生后中国企业率先复工复产，中国境内疫情对全球产业链供应端的影响相对有限。不信任中国产业链的可靠性和企业外移的选择，除了商业上的权衡，某种程度上也反映了外界对

---

① 美国白宫首席经济顾问库德洛建议，美国政府允许美国制造业企业因回流而付出的成本进行税前抵扣。日本媒体的报道是，企业供应链改革支持日本企业将产能搬回国内，或者向东盟国家转移。

中国制造业升级的焦虑。如果制造业的外移成为普遍现象，将对中国作为重要中间品出口国的地位产生重大负面影响。

另一个问题是，在中国之后其他国家疫情也在持续扩散，叠加美国对高科技和新兴行业的出口限制，中国从其他国家购买中间品也面临一定风险。随着疫情在全球的持续扩散，不同国家之间传统意义上的全球化可能减速，产业链"脱钩"成为当前经济学界关注的重要问题。无论是从供给还是需求的角度来说，中国都有必要考虑自身作为国际生产网络的一部分，在现有约束条件下，针对制造业外移的政策重点何在，何种选择可能带来相对合意的转变。

为了回答以上问题，我们回顾了先进国家的制造业外移的过程、其目的何在以及为了实现这个目标做出了何种放弃。对中国这样的后进国家来说，先进国家的取舍客观上促进了中国经济增长，但外商投资是中国位于全球价值链分工中中低端的部分原因，在长期中使得中国制造业面临能否成功升级的挑战。就当前而言，中国制造业更现实的挑战是：如何避免中低端技术型制造企业的外移带来的风险。对于这个问题，我们认为：首先，中国需要对制造业各行业进行更细致的工序划分，确定中国在不同工序中的比较优势。其次，对制造业进行工序细分的目的在于保证"转出去"的产业能"回得来"。中国尤其要避免出现两种情况：某个制造业产业链整体的外迁，以及关键工序、原材料、零部件、工艺流程等的外迁。再次，中国在制定制造业外迁政策过程中，需同时考虑国内产业安全问题，医疗卫生行业的法规可以具有更高的强制性。最后，维持并提升中国制造业的优势，关键在于改善国内企业的营商环境，增强对企业的吸引力。当然，上述建议是基于当前中国制造业在全球产业链中的地位和分工，未来的政策重点可能发生变化。

一、先进国家的制造业外移：目的和取舍

制造业先进国将部分生产环节转移到"落后国"是由来已久的

正常选择。20 世纪初英国的制造业大量转向德国，英国的海外投资一度超过了国内投资。近年的例子是，去工业化使得欧洲和美国国内的部分产业和环节转出，先转移到"亚洲四小龙"建立生产基地，然后劳动密集型产业被转移到其他发展中国家。先进国家这样的选择保留了产业链上的高端环节，即技术密集程度高、产品价值增值度高、利润丰厚的环节，从好的方面看实现了产业结构的升级；坏的效果是，产业升级的另一面通常是投资母国的产业空心化，反映在数据上是制造业的产出、行业增加值、就业人数的下降。究其原因，资本的跨国流动较为容易，而劳动力与土地要素的流动性较低，且国别之间的价差客观存在。资本逐利的特点使得企业总有动力将劳动力或资源密集的产业转移到成本更低的国家或地区，降低成本是先进国家制造业外移的主要目的。

先进国家企业的选择相当于在价值链和产业链之间进行了取舍。首先有必要区分这两个概念。价值链和产业链通常当作同义词切换使用，但严格来说，价值链关注的对象是商品，区分的是不同要素投入和要素的不同回报问题，默认的结论是通常来说持有技术和人力资本者获得的回报将高于仅仅凭劳动力获得的回报。产业链关注的对象是企业，其关注的是不同企业或者企业的不同部门生产不同的产品，或承担不同的生产环节的分工问题。

先进国家的跨国公司将部分生产环节转移至其他国家，投资所获利润以投资回报的形式返回母国，跨国公司攫取了资本和技术要素的丰厚回报，保留了价值链的大头。同时，跨国公司在某种程度上放弃了对低端生产环节和产业链的控制权。

对外直接投资中的大多数情况下，回报在不同企业间的分配与企业对产业链的控制权大小是同一件事的两个方面。国际生产布局也确实会在一段时间基本如母国所愿，但随着时间推移，两者背离的情况并不罕见：当一家先进国家企业对投资目的地产业链的控制力下降，这将侵蚀其投资回报，如果这是一个普遍现象，将带来母国产业的空心化，国内生产能力下降，失业上升，并引发其他社会问题。德国承接英国制造业转移后，加速发展并取代英国；日本对外投资随之而来的国内经济空心化和竞争力下降都是典型的例子。

二、先进国家的制造业外移：中国所得

承接外国的产业转移是中国融入国际生产网络的主要方式，也是中国经济发展的重要原因之一。这始于 1979 年，当时中央决定在广东和福建建立经济特区，经济特区的方针是：建设资金以吸引外资为主，产品以外销为主。

之所以选择这样的方针，是因为在改革开放初期，中国国内劳动力数量庞大且价格低廉，这是当时中国最大的比较优势。而资本和技术均为当时中国欠缺的生产要素。当时中国这样一个人均收入很低的国家，要想促进经济增长、实施赶超，面临的最大制约条件是储蓄不足、资本匮乏。吸引外国资本以直接投资的形式（FDI）进入中国，中国就有机会使用这些资金购买生产所需的设备与其他资本品，外资也能够获得高于发达国家的投资回报率，对双方都是合算的买卖。中国将购得的资本品与国内的廉价劳动力相结合，生产得到的产品对外出口，获取利润与外汇。在其他多方政策的配合下，中国的出口导向政策取得了较大的成功，好处包括但不限于：中国进口所需资金不再短缺，国内储蓄的上升为进一步的国内投资提供了可能，避免了借款这种负债形式，降低了危机发生的可能性。

外商资金流入中国，伴随着发达国家眼中"落后技术"的转移，也就是在发达国家由于生产成本过高而形成的"过剩产能"的转移，主要是制造业的转移。但这些技术和相关的管理经验对于当时的中国无疑是先进的，解决了大量劳动力就业，促使中国生产效率的提高，在相当长一段时期内促进了经济增长。"出口导向＋吸引 FDI"总体上被认为是中国发展的成功经验。

上述过程就是大家熟悉的中国制造业嵌入全球产业链、融入国

际生产网络的过程。数据显示：中国在全球价值链中的参与度不断提高，用出口的垂直专业化比率①来衡量中国参与程度的论文大部分支持这个结论。

三、外资转移下的中国制造业现状：亟须升级

（一）外商直接投资对中国价值链的影响

虽然先进国家的产业转移和投资在一定程度上带来了中国制造业的发展，但整个过程既不是没有代价，也不是没有弊端的。

弊端之一是，目前中国制造业仍处于全球价值链低端，亟须转型升级。② 分析中国制造业的产值、增加值、就业、资本产出比等数据，我们可以得到类似的结论：中国的工业企业中，劳动密集、中低端技术的企业仍然占据较高比重。

具体到进出口，现在国际贸易研究通常使用贸易增值的统计方法来衡量一国在全球价值链中的分工地位。这种方法的基本结论是：当一国大量向其他国家提供中间品，即中间品出口占所有出口的比重高，这个国家通常处于价值链的高端；当一国大量从其他国家进口中间品来生产最终产品，即出口最终品中的国内增加值高，则这个国家通常处于价值链的低端。

这个结论有两层含义：第一，在一国的出口中，中间品占比越高越好，这意味着这个国家是其他国家中间品的来源国。第二，如果一国出口中间品，来源于他国的中间品出口中的国内增加值占比越高越好，因为这等于一国对进口的中间品进行了改造更新，提高了产品的附加值。

---

① 该指标是指来自直接进口国＋第三国的中间品出口中的国内增加值占总国内增加值的比重。

② 制造业有不同的划分标准，按照要素密集的程度，分为劳动密集型、资本密集型和技术密集型制造业；按照技术水平高低，分为高端、中端和低端技术制造业。如果采用后面这种划分方法，粗略来看中国的中高端技术是相对欠缺的，相关制造业有待进一步发展。

数据表明，中国企业的出口全球价值链位置在 2000—2011 年间有所上升。[①] 其中，2000 年后，中国的进口上游度高于出口上游度且两者差距增大，这说明中国进口的商品中上游产品较多，出口的产品中下游产品较多。[②] 这些研究都指向一个结论：中国的中间品出口占比仍有待提高，中国制造业仍处于全球价值链较低端。

（二）中国攀升价值链与外商直接投资的关系

中国制造业处于全球价值链较低端有多方面原因，对华投资的外商大量从事加工贸易是其中的一个原因。2011 年的外资数据显示[③]，中国的外商投资企业出口的国内附加值用于最终产品的比例高于内资企业，也就是说外资企业中大部分从事加工贸易的劳动密集型产业。与此同时，外资企业出口的国内附加值用于中间品的比例低于内资企业。外资企业最终具备这种特征的原因在于，外资企业在中国劳动密集型产业的投资已经能获得较高的收益，因此增加研发投入提升技术水平的动力不足。

即使外国跨国公司本身属于高技术高资本行业，在过去数十年中向中国转移的也可能是劳动密集型的生产环节。这一点可以笔记本电脑制造行业为证，美日韩企业通常从事关键零部件（CPU、操作系统、芯片组）生产，中国台湾的企业从事产品设计，中国大陆企业生产的则是一般零部件以及从事最终产品的组装。

目前外资对中国的投资中，投资于资本密集型和技术密集型行业或环节的比重已经有所提高，但中国制造业企业中，如果关注资本和技术密集度最高的行业或环节，我们仍然会发现外企可能不是主力军。

---

① 张鹏杨，唐宜红. FDI 如何提高我国出口企业国内附加值. 数量经济技术经济研究，2018（7）：79-96.

② 陈琳，房超，田素华，俞晓燕. 全球生产链嵌入位置如何影响中国企业的对外直接投资. 财经研究，2019（10）：86-98.

③ 罗伟，吕越. 外商直接投资对中国参与全球价值链分工的影响. 世界经济，2019（5）：49-73.

但我们不在本章中讨论中国制造业如何攀升价值链，增强高端技术产品生产能力问题。因为这涉及产业政策的多方面，是一个系统工程。也因为中高端制造业是中国一定会努力发展的部分，这一点在国内的政策上和行动上有广泛的共识。

仅就外资来说，中国仍然欢迎外资流入，并鼓励其发挥对中国制造业升级的作用。中国对内外资企业一视同仁，外企进入中国后和内资企业同样待遇，这是《中华人民共和国外商投资法》的精神，但绝不仅仅是停留在书面上的口号。制造业的外商投资大多促进了中国国内的固定资产形成，有实际的生产能力，培养了中国的工程师和工人。虽然外资企业的技术能力还有相当数量保留在母国，但仍可能存在正向的中高端技术溢出，中国国内的市场需求也为国外技术实现市场价值提供了可能性。中国可以通过多种方式参与利润的分配，包括提供贷款、并购、购买上市公司股票等方式利用外国的资本。

和 40 年前不一样的是，除了外资的贡献，中国还需更加重视其他促使制造业升级的方法。虽然目前美国对中国通过出口管制、投资审查、联合盟友等方法试图将中国踢出中高端制造业的价值链，但中国仍然可以通过自主创新、与第三国合作等方式减缓美国限制的影响，提升本国制造业的技术含量。

四、中低技术制造企业的外移：另一挑战

(一) 中国制造业对外投资的特征

目前中国面临的最迫切挑战是中低端制造业企业的转移问题，这个问题与制造业升级有同等重要性。

制造业对外投资和制造业外移不完全相同。在最宽泛的意义上我们可以将中国制造业对外投资都视为转移，也就是说对外投资减少了国内的制造业投资，或者说是以减少国内投资为代价的。精确一点的区分是，投资于劳动密集程度更高的国家更多的是外移。目前中国制造业对外投资的特征可以归纳如下：

（1）中国制造业对外投资与制造业发展水平基本持平。2015—2019 年制造业占中国对外直接投资（ODI）的比重约为 30%，与制造业占中国 GDP 比重以及制造业出口占中国总出口比重较为接近。

（2）中国制造业外移集中在特定发展中国家。如表 18-1 所示，东盟是中国 ODI 的主要目的地之一，更是中国制造业外移的重要目的地。数据显示，中国对越南制造业的投资占中国制造业 ODI 的比重，约为越南占中国 ODI 比重的 3 倍。其他东盟国家也有中国制造业投资比重较高的情况。

表 18-1　东盟直接投资的主要来源国　　　单位：亿美元

项目	2013 年	2014 年	2015 年	2016 年	2017 年	2018 年
日本对东盟 ODI	246.1	134.4	129.6	142.4	162.7	211.9
新加坡对东盟 ODI	132.7	157.2	137.0	154.6	175.0	172.1
中国对东盟 ODI	61.7	68.1	65.7	96.1	137.1	101.9
中国对东盟 ODI①	47.7	78.1	146	102.8	141.2	99.5
东盟吸引 FDI 总量	1 209.7	1 301.1	1 186.7	1 189.6	1 469.0	1 547.1

注：①本行数据来自中国商务部。
资料来源：除注明外，均来自 ASEANSTATS。

（3）东盟国家制造业的投资者主要来自日本和新加坡。如表 18-2 所示，2012—2018 年，日本和新加坡并购东盟各国制造业企业的案例数，几乎 10 倍于中国的数量。所以在讨论制造业外移问题时，外商投资企业比内资企业更值得关注。

表 18-2　2012—2018 年不同国家对东盟并购案例数

国家	中国并购案例数	日本并购案例数	新加坡并购案例数
越南	26	167	67
马来西亚	57	138	271
菲律宾	6	53	26
泰国	26	191	46
印尼	44	177	203
柬埔寨	11	9	9
老挝	3	2	2

资料来源：Dealogic 数据库.

（4）对东盟的投资外移主要来自中国传统制造业大省。目前中国对东盟的投资者主要来自浙江、江苏、广东等传统制造业大省，这在一定程度上和这些省份的制造业企业特点相关，例如民营企业多，中小企业多，劳动密集程度高，对成本敏感，有一些环保程度不高的行业等。

由此得到如下结论：从多个经济指标来看，在中国制造业中中低端技术制造业占主导。但目前已有一些劳动密集型行业外移的趋势，其中外资转移投资可能是重点，需要特别关注。在中国继续攀升价值链的过程中，如果出现中低端技术制造业的大量外移，并带来利润和控制力的丧失，其结果是难以承受的。先进国家由于劳动密集型产业和环节转移给母国经济带来的负面影响，可为中国提供前车之鉴。

（二）制造业外移可能带来的问题

目前中国还处于全球价值链的中低端，基于这个前提，当中国的制造业出现外移趋势，必然会产生一系列问题。

第一，中国能否从这类对外直接投资中获得足够的利润，提高中国海外资产的整体收益率，并弥补中国因为出口下降而造成的顺差下降？

第二，制造业外移是否会带来中国中低端技术产业的空心化、国内生产的下降、失业的上升并引发其他社会问题？

第三，承接中国投资的国家是否有可能挑战中国制造业的地位？

第四，如果外资将原本在中国进行的投资转投至他国，或是在短时期内集中撤资，哪怕是集中进行利润汇出，是否会带来系统性风险，例如对外储的冲击？

第五，制造业外移的过程中是否需要考虑国家安全问题？

新冠肺炎疫情暴发后，不少发达国家反思部分行业产业链的回流，主要是医疗卫生等关系国家安全的行业，而粮食安全的重要性也再次被提升。美国目前加强了对国家安全相关行业的投资审查，包括关键技术、关键性基础设施、敏感个人数据，一方面限制来自外国（主要是中国）的投资，另一方面也有提议监管美国企业在相关领域的投资。中国的制造业外移中虽然高端的比重并不高，但中低端制造业同样存在国家安全问题，医疗卫生等健康基本保障行业无疑是与国家安全相关的。而且出现类似疫情、战争、自然灾害等极端情况时，制造业产能所在地提供给人民的安全程度要高很多，这也需要我们丰富国家安全的定义，将极端场景纳入其中。

基于中国制造业的现状和以上几方面的考虑，我们给出了对中国制造业外移的一些思考与建议。

五、对中国制造业外移的思考

我们对中国制造业外移的基本思路是，在分析中国制造业优劣势前提下，有意识、主动地将不具有比较优势的部分外移，在经济效果上将优于被动的、迫于情况变化而发生的、匆忙的制造业外移。为了实现合意的制造业外移，我们具体提出如下建议：

（一）工序细分

中国需要对制造业各行业进行更细致的工序划分，确定中国在不同工序中的比较优势。

这其中包括两个层面的问题：一是如何将制造业划分为高端、中高端、中低端、低端技术制造业；二是在每一类中，再细分出高中低端的生产工序。第二个层面划分的标准是：增加值（或利润率水平)＋控制力（或可替代性）。

我们认为，工序细分有较高的可行性，中国的制造业企业或者行业协会对每个企业在产业链上所处位置具有清晰的认识，哪些是该行业的关键工序，哪些企业具有无可替代的原材料、零部件、工艺流程或产品功能，哪家企业对某个工序甚至整个产业链有绝对话语权都属于比较容易获得的信息，这为经济管理部门的决策提供了必要的信息。

这样划分的原因是：即使是中国的低端技术制造业或者说劳动密集型制造业外移，例如纺织服装业，也存在高端工序（设计、品牌、研发、销售）与中端工序（服装制造）和低端工序（纺织印染）的差异，针对不同工序的政策应该是不一样的。中国将各类制造业企业的低端部分或者说纯劳动密集型工序对外转移，其风险是可控的。

系统梳理生产工序能够便利中国形成有针对性的政策，提高政策的精确度，避免对低端技术制造业"一刀切"或者放任转移带来的负面影响。

对制造业的工序细分关键在于保证"转出去"的产业能"回得来"。"回得来"的意思是，转移出去的工序需要帮助中国企业整体利润的提高，也指投资目标国的产品以中国为主要市场。

中国尤其要避免出现两种情况：某个制造业产业链整体外迁，以及关键工序、原材料、零部件、工艺流程等的外迁。中国制造业开始具备独立升级的能力，是多个条件共同作用的结果：投资目的国形成了较为完整的产业链，掌握了单个产业链的核心技术，本土企业积累了其他优势，有较大的市场需求等。中国当前的情况，在赶超阶段的德国、美国、日本、"亚洲四小龙"等经济体也都出现过，这正是中国制造业对外转移要避免出现的情况。

为了实现"回得来"的目的，有以下具体建议：

（1）及时评估并定时更新产业链工序划分的目录。

（2）鼓励中国企业掌握关键工序、原材料、零部件、工艺流程，掌控对行业标准的话语权。

（3）参考跨国公司的母公司与子公司之间的供应合同，给出对外投资的中端技术型企业产品返销中国的建议比例。

（4）鼓励企业将生产环节分布在不同的国家，分散风险。

为了增强全球从中国购买中间品和最终品的动机，我们同样提出如下建议：增加制造业的服务增值，例如对产品质量的把控、鉴别、筛选；提供一站式购物便利；提供金融、物流等配套服务，这有助于稳定制造业中间品的出口；提高中国制造业最终产品的软实力。这可以参考苹果公司产品的营销，通过品牌效应提升消费者使用中国产品的满足感。以上措施的实现都是一个长期过程，需要其各方面的配套努力。

（二）保障国内产业安全

中国在制定制造业外迁政策过程中，需同时考虑国内产业安全问题。中国要梳理涉及国计民生、基本生活保障、医疗健康相关制造业产能以及保障国内特定时间供应所需保有的产能基本线。可以参考天气预警机制，当某一行业的外迁导致国内产能下降接近基本线附近，或是比基本线高的不同层级时，给出不同程度的预警。

中国还需要完善医疗卫生及其他国家安全相关制造业的法规或条款，应对美国的技术转移限制。新冠肺炎疫情后发达国家可能促成医疗卫生行业特别是中低端环节的回流，这对相关的跨国公司而言不完全是商业上的考虑，更多可能是在母国的国家安全压力下的选择。但成本的原因可能使得发达国家选择财政补贴国内生产的方式，甚至需要修改国内法来授权政府对医疗卫生企业施加更多约束。中国也可以通过类似法律加以应对。

（三）改善国内营商环境

维持并提升中国制造业的优势，关键在于改善国内企业的营商环境，增强中国对企业的吸引力。这一点对外资和内资企业都适用，中国需要进一步优化与良好营商环境存在客观差距、能降低制造企业成本的项目。

企业的成本包括人力、用地、能源、税费、物流、融资成本等。按照测算，中国和东盟的成本差异主要在于劳动力、税费、融资成本及可获得性、其他（例如关税、环保成本、劳动生产率、汇率差）。

由于劳动力成本的差异客观存在，由此产生的劳动密集型行业或环节转移的趋势难以避免，或许可以通过精简办事手续，降低能源、用地成本，提高生产率等方式降低企业的整体成本。

对中小制造企业而言，融资可获得本身不是容易的事。新冠肺炎疫情后，即使出台整体较为宽松的贷款政策，银行出于自身利益的考虑，也更倾向于贷给优质客户，中小民营企业真正获益程度并不确定。中小企业通常资金链更紧张，降低企业为资金付出的代价，对银行是利润率下降的问题，但对制造业企业可能是生死存亡的问题。

最有提升空间、效果也最显著的选项可能是，降低制造业企业的税费。税费高是影响中国企业竞争力的重要原因。全球营商环境最好的国家税收仅占企业利润的 25% 左右，而 2005—2018 年中国税收占企业利润平均约为 70%，高税费成为拖累中国营商环境的最重要原因。中国降低税费空间较大，有可选的政策工具。当然，这也取决于中国中央和地方两级财政体系改革的进展。

最后，上述建议是基于当前中国制造业在全球产业链中的地位，而产业链和工序都是快速变化的，中国在全球产业链中的地位也会发生变化。未来将不断出现新的高端环节，同样也有一部分高端将转变为中端或者中端转变为低端环节。随着中国制造业整体技术水平的提高，中国制造业外移的关注点可能会发生变化。

‖ 第 19 章 ‖

疫情冲击、中美贸易冲突对亚太价值链重构的挑战

一、引言

2020 年 1 月，《中华人民共和国政府和美利坚合众国政府经济贸易协议》的签署，在一定程度上缓和了中美面临的对峙和冲突。然而此后受新冠肺炎疫情影响，美国反华情绪显著增强，美国两党均认为需要一个更强硬、更现实的应对中国的战略，以减少美国对中国的依赖。全球生产网络中，产品各生产阶段跨境次数增加，供应链面临冲击时断裂风险和不确定性增加，而疫情在各国传播的不同步性，意味着供应链可能在不同时期、不同位置接连出现断点，这使供应链上的企业面临的形势比地震等一次性冲击更加复杂，特别是疫情和中美贸易冲突叠加，美国重拾"脱钩论"，全球供应链发展面临重大挑战。本章利用亚洲开发银行多区域投入产出表（ADB-MRIO）及社会网络分析方法，分析亚太生产网络的拓扑特征以及中美在其中的地位，并在此基础上基于假设抽取法探讨疫情冲击、中美贸易冲突对亚太生产网络的影响。

与本章最相关的文献主要分为两类：一类为在全球价值链下中美贸易冲突、疫情冲击影响效应的研究。例如樊海潮和张丽娜（2018）从中间品贸易自由化角度、齐鹰飞和 Li Yuanfei（2019）基于投入产出网络模型量化分析了中美贸易冲突的福利效应，其研究

结果均表明，在全球价值链下，由于中间品贸易占比提高，中美贸易冲突会通过投入产出关联产生不同于传统贸易模式的累积和放大效应。相较单纯的供给侧冲击或需求侧冲击，关税冲击会通过跨国投入产出网络传导至上游国家和下游国家，对供给侧和需求侧同时产生冲击，造成价值链上资源和利益的再配置。随着新冠肺炎疫情的暴发和蔓延，全球价值链带来的外部冲击及链条断裂风险强化了各界对该种生产模式的质疑，引发多种形式贸易保护主义，发达国家加快资本回撤，多国启动出口管制。佟家栋等（2020）认为，考虑到生产成本和系统风险，中长期内，全球价值链会趋于简单化、区域化和国内化。另一类文献则为社会网络分析方法在贸易领域的应用。国内外诸多学者利用社会网络分析方法研究贸易网络的拓扑结构及演进。随着全球价值链的兴起，学者们开始尝试将投入产出法与网络分析法结合，研究全球生产网络的特征以及对冲击传播的影响，例如马述忠等（2016）、Acemoglu et al.（2012）、Amador et al.（2017）、许和连等（2018）、姚星等（2019）、Giammetti et al.（2020）等。

与现有文献相比，本章研究的增量贡献在于：第一，利用局部均衡的假设抽取方法，量化分析了疫情冲击、中美贸易冲突的经济效应。已有文献主要基于一般均衡贸易模型进行量化模拟，相比来说我们的方法在不失可靠性基础上，更加简便且可以识别更容易成为冲击源的国家行业。第二，测算了中美不同行业贸易冲突带来的影响。本章不仅考虑了中美商品贸易冲突，还测算了服务贸易冲突的经济效应。第三，本章利用最新的投入产出表分析亚太生产网络的特征。已有文献大多使用 WIOD 数据库，测算年份截至 2014 年，而本章使用 ADB-MRIO 数据库，时间更新到 2018 年，且包含更多亚太国家。

本章结构安排如下：第二部分利用社会网络方法评估中美在亚太生产网络中的地位；第三部分量化中美贸易冲突的经济效应；第四部分分析疫情冲击与中美贸易冲突叠加下的亚太价值链重构趋势；

第五部分为结论。

二、亚太生产网络的拓扑结构

亚太地区是当今全球价值链活动最为密集的地区，既包括全球最大的发达国家美国，也包括全球最大的"世界工厂"中国。通过融入区域生产网络，从事价值链低端的劳动和资源密集型生产环节，一些曾经贫困落后的亚太经济体逐步实现工业化，经济快速崛起。但是随着生产网络的复杂化和链条的增长，价值链的稳定性和可控性减弱，自然灾害、地缘政治、贸易冲突都会给全球价值链的运作带来风险，并波及链条上的其他国家。在亚太生产网络中，究竟哪些国家、部门扮演着"震源"的角色，若受到冲击将给整个亚太甚至全球带来深重的影响？借鉴 Giammetti et al.（2020），本章基于亚洲开发银行发布的 2000—2018 年多区域投入产出表（ADB-MRIO）和社会网络分析方法，利用投入产出表中的中间消耗矩阵 M 评估中美在亚太价值链的中心地位并识别中美贸易冲突对亚太生产网络冲击较大的行业。

（一）研究方法及数据说明

我们选取中国大陆、中国香港、中国台湾、澳大利亚、文莱、加拿大、印度尼西亚、日本、韩国、墨西哥、马来西亚、菲律宾、俄罗斯、新加坡、泰国、美国、越南、老挝等 18 个亚太经济体各自的 35 个行业（行业分类见表 19-1）作为节点，中间消耗矩阵反映的行业内或行业间的贸易流作为边，构建有向加权邻接矩阵 M：

$$M = \begin{pmatrix} M^{11} & \cdots & M^{1G} \\ \vdots & & \vdots \\ M^{1G} & \cdots & M^{GG} \end{pmatrix}$$

$$M^{ij} = \begin{pmatrix} m^{sr}_{11} & \cdots & m^{sr}_{1N} \\ \vdots & & \vdots \\ m^{sr}_{N1} & \cdots & m^{sr}_{NN} \end{pmatrix} \tag{19-1}$$

表 19 - 1　ADB-MRIO 行业分类

ISIC Rev. 3	产业名称	ISIC Rev. 3	产业名称	ISIC Rev. 3	产业名称
AtB	农业	29	机械制造业	62	航空运输
C	采矿业	30t33	电气电子设备制造业	63	其他支持性运输活动
15t16	食品业	34t35	运输设备制造业	64	邮政和电信业
17t18	纺织业	36t37	其他制造业及废弃材料加工业	J	金融业
19	皮革制鞋业	E	电煤气水生产和供应	70	房地产业
20	木材制造业	F	建筑业	71t74	其他商业服务
21t22	造纸和印刷业	50	汽车摩托车销售维修	L	公管、国防及强制性社会保障
23	焦炭石油冶炼业	51	批发业	M	教育
24	化学制品业	52	零售业	N	卫生和社会工作
25	橡胶塑料制品业	H	住宿和餐饮业	O	其他社区、社会及个人服务
26	非金属制造业	60	内陆运输	P	私人雇佣的家庭服务
27t28	金属制品业	61	水路运输		

中间消耗矩阵是一个 $GN \times GN$ 的矩阵,反映了各个经济体各个行业之间的投入产出关系。其中,G 为经济体数,N 为行业数,矩阵的每一行表示某经济体总产出被各经济体各行业作为中间投入品的部门,每一列表示某经济体总产出中使用的各经济体各行业中间产品;边的方向由出口经济体指向进口经济体。同时,我们构建相应的二元邻接矩阵 A,若 M 中的元素 m_{ij}^{sr} 大于 0,则 $a_{ij}^{sr}=1$,否则取值为 0[①]。

可以看出,亚太生产网络的直径和平均距离较短、网络密度较高,说明基本上任意两个国家产业之间都存在直接投入产出关联。从变化趋势来看,2000—2018 年,平均距离从 1.216 8 下降为 1.131 8,网络密度从 0.727 5 上升至 0.818 1,说明亚太生产网络越来越紧密,区域间的分工合作更加密切。但这也表明亚太各经济体各产业对价值链上其他经济体带来的冲击变得更加敏感。

---

① 数据集包括 630 个节点,324 701 个有向边。

(二) 亚太生产网络的拓扑结构

1. 紧密程度

我们选取网络密度和平均距离刻画生产网络紧密程度。(1) 网络密度衡量亚太生产网络中经济体产业之间联络的紧密程度，其值等于实际存在的关系总数除以理论上可能存在的关系总数 N。对于有向网络，如果实际关系数等于 M，则整体网络密度为 $M/[N(N-1)]$。网络密度取值在 0～1 之间，越接近 1 说明网络密度越高，整个网络对参与其中的经济体产业影响越大。(2) 网络直径指任意两个经济体产业之间最短路径的最大值。(3) 平均距离指任意两个经济体产业之间最短路径的平均值。2000—2018 年亚太地区的中间品贸易网络紧密程度计算结果如表 19-2。

表 19-2 亚太生产网络密度和平均距离

项目	2000 年	2007 年	2008 年	2010 年	2012 年	2014 年	2016 年	2018 年
网络密度	0.727 5	0.813 1	0.817 6	0.810 3	0.817 2	0.818 8	0.819 5	0.818 1
网络直径	3	3	3	3	3	3	3	3
平均距离	1.216 8	1.135 6	1.129 3	1.135 7	1.134 2	1.133 8	1.133 1	1.131 8

资料来源：根据 ADB-MRIO 测算得到。

2. 网络中心性

为了评估在亚太生产网络中产业之间在多大程度上存在关联性，我们选取中心性测度指标点度数和点强度进行分析。

(1) 点度数 (degree) 指与该节点相连的其他节点的个数。如果网络是有向的，则每个节点有两个度数——出度和入度，分别表示为：

$$outd_i^s = \sum_{j}^{N} \sum_{r}^{G} a_{ij}^{sr} \tag{19-2}$$

$$ind_j^r = \sum_{i}^{N} \sum_{s}^{G} a_{ij}^{sr} \tag{19-3}$$

式中，s 经济体 i 行业为起始节点；r 经济体 j 行业为目的节点；a 是邻接矩阵中的元素；$outd_i^s$ 表示出度数；ind_j^r 表示入度数。图 19-1 展示了 2018 年亚太生产网络出度数和入度数分布的散点图。从图中可以看出，亚太生产网络度数分布高度左偏，说明每个经济体行业与绝大多数经济体行业存在关联。入度数和出度数的平均值约为514，且出度的很多数值集中于更高的值上，说明在亚太生产网络中，某些经济体行业扮演着一般中间供应商的角色，为许多甚至所有其他经济体的行业提供中间产品。

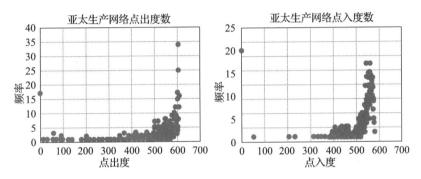

图 19-1　亚太生产网络 2018 年点出度和点入度分布

（2）点强度（strength）是二元网络中节点度数的推广，反映了一个经济体与其他经济体之间的贸易强度。在有向网络中，区分为出强度和入强度，分别表示为：

$$outs_i^s = \sum_j^N \sum_r^G m_{ij}^{sr} \qquad (19-4)$$

$$ins_j^r = \sum_i^N \sum_s^G m_{ij}^{sr} \qquad (19-5)$$

图 19-2 展示了亚太生产网络点出强度、点入强度和点总强度的分布。x 轴表示各个节点三类强度的对数值，y 轴表示对数取值大于等于 x 的概率。从三个子图的左上部分可以看出，几乎 100% 的经济体产业的入强度、出强度和总强度大于 100，而入强度、出强度和总强度大于 1 000 000 的仅分别占 0.79%，1.11% 和 3.2%。所以，与点度数分布正好相反，亚太生产网络中的经济体行业入强度、出强度和总强度的分布均呈现正偏态厚尾分布特征。后尾特征表明网络中节点强度出现极端值的概率较大，也就是说，在亚太生产网络

中，多数经济体行业具有较低的点强度，仅仅一小部分经济体行业具有高点强度，这些经济体行业可视为生产网络的枢纽或中心。

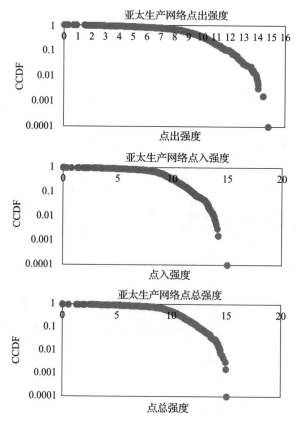

图 19 - 2 亚太生产网络 2018 年点入强度、点出强度和点总强度逆累计分布函数（CCDF）

为节省篇幅，表 19 - 3 依次展示了亚太生产网络点出强度、点入强度、点总强度排名前 30 位的经济体行业。可以看出，亚太生产网络的中心行业主要集中于中国和美国，在入强度排名前 30 位的行业中，中美分别占 56.7％和 43.3％；在出强度排名前 30 行业中，中美分别占 60％和 36.7％，说明中美作为亚太生产网络最重要的两个枢纽国，不仅可以通过前向参与对其他经济体造成供给冲击，还可以通过后向参与对其他经济体造成需求冲击。

表 19-3　亚太生产网络点出强度、点入强度、点总强度排名前 30 的经济体行业

单位：百万美元

经济体行业	入强度	经济体行业	出强度	经济体行业	总强度
中国_建筑业	2 864 137	美国_其他商业服务	2 571 416	美国_其他商业服务	3 516 865
中国_电气电子设备	1 403 201	中国_金属制品	1 782 114	中国_金属制品	3 097 150
中国_金属制造	1 315 036	中国_建筑业	1 254 180	中国_建筑业	3 028 878
美国_公管和国防等	1 183 130	中国_电气电子设备	1 252 668	中国_电气电子设备	2 467 668
中国_食品业	1 111 433	中国_化学制品	1 225 627	中国_化学制品	2 230 539
美国_零售业	1 014 973	中国_农林牧渔业	1 129 452	美国_其他商业服务	1 939 844
中国_化学制品	977 871	中国_其他商业服务	1 110 250	中国_食品业	1 845 945
中国_其他商业服务	945 450	中国_电子电气设备	1 064 466	中国_采矿业	1 820 870
中国_运输设备	836 228	中国_金融业	996 617	中国_农林牧渔业	1 725 561
中国_焦炭石油冶炼业	829 594	中国_其他非金属制造	863 969	中国_批发业	1 711 567
中国_其他非金属制造	792 194	中国_房地产业	857 609	中国_零售业	1 566 682
美国_房地产业	702 713	美国_金融业	855 987	美国_房地产业	1 539 862
美国_金融业	683 875	美国_批发业	764 007	美国_公管和国防等	1 502 193
美国_批发业	626 919	美国_电煤气水供应	749 624	中国_其他非金属制造	1 451 615
中国_电煤气水供应	594 006	中国_食品业	738 306	美国_机械制造	1 355 977
中国_食品业	582 114	中国_批发业	734 512	美国_批发业	1 318 210
中国_内陆运输	568 586	中国_金融业	566 833	中国_金融业	1 291 783
中国_机械制造	567 416	中国_机械制造	563 783	中国_电煤气水供应	1 271 651

续表

经济体行业	入强度	经济体行业	出强度	经济体行业	总强度
中国_采矿业	566 690	美国_金属制品	465 009	美国_金融业	1 227 463
中国_电煤气水	533 345	中国_橡胶塑料制造	461 671	中国_运输设备	1 203 716
美国_食品业	523 468	美国_其他社会个人服务	417 927	美国_卫生和社会工作	1 062 152
美国_运输设备	522 746	日本_其他商业服务	413 827	美国_建筑业	923 631
中国_公管和国防等	500 044	中国_其他社会个人服务	405 442	中国_内陆运输	882 304
中国_农林牧渔业	499 933	美国_焦炭石油冶炼业	382 412	美国_其他社会个人服务	864 540
中国_卫生和社会工作	476 990	美国_电信业	373 004	中国_橡胶塑料制品	833 852
美国_金融业	463 456	中国_运输设备	367 488	美国_焦炭石油冶炼品	785 511
美国_其他社会个人服务	446 613	美国_化学制品	352 265	美国_食品业	781 670
美国_住宿餐饮业	442 418	中国_住宿餐饮业	343 831	美国_金属制品	753 146
中国_纺织业	425 443	美国_采矿业	341 318	美国_零售业	746 951
美国_焦油冶炼业	403 100	美国_公管和国防等	319 063	美国_运输设备	744 511

3. 亚太生产网络的中心节点

在前面，我们利用点强度指标，识别了亚太生产网络中的主要节点，但是这种测度方法略显粗糙，没有考虑一个特定的经济体行业多大程度上参与全球价值链，不能全面反映一个产业的重要性。所以，我们进一步使用投入产出文献的传统方法对亚太生产网络的节点进行局部分析。

（1）Laumas 指标。在投入产出模型中，$X = (I - A)^{-1} Y = BY$，式中，X 为总产出矩阵，B 为里昂惕夫逆矩阵，Y 为最终需求矩阵。B 的第 j 列之和表示行业 j 的最终需求每增加一个单位所引致的总产出的变动，因此 Rasmussen（1956）建议使用 B 的列加总对行业进行排序以识别经济中的关键产业。但是，Rasmussen（1956）的后向关联方法假定所有部门具有同质性，对所有部门赋予相同的权重，并不符合亚太生产网络的特征，因此我们借鉴 Cerina et al.（2015）和 Giammetti et al.（2020），利用 Rasmussen（1956）方法的最终需求加权版本，即 Laumas（1976）方法识别亚太生产网络的关键部门：

$$w = i'B \circ \frac{Y'}{i'Y} \tag{19-6}$$

研究结果表明，从强调最终需求作用的 Laumas 指数来看，需求最能带动亚太地区产出的产业主要集中于中国、美国和日本。排名前 30 的行业中，中国占 43.3%，分别为建筑业、运输设备、食品业、公管和国防等、卫生和社会工作、电气电子设备、机械制造、农林牧渔业、其他商业服务、纺织业、其他社会个人服务和批发业；美国同样占 43.3%，分别为公管和国防等、卫生和社会工作、房地产业、建筑业、零售业、金融业、其他商业服务、住宿餐饮业、其他社会个人服务、食品业、运输设备、批发业；日本占 13.3%，分别为建筑业、卫生社会工作、公管和国防等和房地产业。

（2）Diezenbacher 特征向量指标。鉴于 Laumas（1976）方法对

于权重赋值的随意性以及未考虑产业间关系的异质性，Diezenbacher（1992）提出了后向关联特征向量方法，该方法的核心思想是来自较强权力产业的中间投入应当比来自较弱权力产业的中间投入有更高的权重。Diezenbacher（1992）证明，可以通过计算各产业的权力指数（power indicator）来识别重要的产业，该指数对应于投入产出系数矩阵 A 的左特征向量。在投入产出文献中，Diezenbacher（1992）方法实际上与特征向量中心性（eigenvector centrality）一致。特征向量中心性综合考虑了直接关联与间接关联的影响，并使用相邻节点的重要性来衡量该节点的中心性，是社会网络分析中最常用的影响力度量指标之一（蒋海和张锦意，2018）。特征向量中心性的计算方法如下：

$$\lambda X = AX \qquad\qquad (19-7)$$

式中，λ 是投入产出系数矩阵 A 的最大特征值；X 是对应的特征向量。

根据我们的测算，在排名前 30 的行业中，中国占比为 53%，说明进一步考虑间接关联，中国在亚太生产网络的中心度更高，同时美国的重要性下降。此外，该指标揭示了中国和俄罗斯国内产业之间的关联性，在生产网络中，若一些产业集聚在一个国家内部，特征向量矩阵会高估这些节点的重要性。例如，由于俄罗斯国家内部行业之间的关联性，特征向量方法可能赋予中国所有其他行业高中心度，且该过程存在自强化性。因此，对于中美贸易冲突，不仅应当关注通过国际投入产出关联的外溢效应，还应当防控国家内部不同地区不同产业之间的冲击传递。

总的来说，我们的研究表明，在亚太生产网络中，中国和美国扮演着重要角色，中美贸易冲突会通过投入产出关联对亚太地区的其他经济体产生负面影响。至于中美贸易冲突将在多大程度上影响其他经济体，我们在下一部分利用假设抽取方法进行量化分析。

三、中美贸易冲突对亚太生产网络的影响

（一）假设抽取方法

假设抽取方法（hypothetical extraction method，HEM）最早由

Paelinck et al.（1965）和 Strassert（1968）提出，其基本原理是将一个产业从经济系统中抽走，通过对比抽取前后经济系统的变化来评估该产业的重要性和对整个经济系统的影响。HEM 方法广泛应用于污染物排放（钱明霞等，2013；毛国柱等，2018；马忠和耿文婷，2019）、水和土地等资源使用的关联效应（王亚菲，2011）。在贸易领域，HEM 通常被用于投入产出文献中，以识别产业关联中的重要部门。Dietzenbacher and Lahr（2013）和 Miller and Blair（2009）对此进行了完整综述。相较于 KWW（2014）对贸易增加值的分解，Los et al.（2016）证明 HEM 方法更加简单、符合直觉，且可利用该方法分解国内投入产出表得出一国的垂直专业化程度。Giammetti et al.（2020）利用该方法识别了英国与欧盟贸易网络中的关键产业，并评估了脱欧对英国、欧盟以及世界其他国家带来的影响。

（二）基于假设抽取方法评估中美贸易冲突对亚太生产网络的影响

假定世界包括 G 个国家、N 个行业。从使用角度看，一国总产出可被分解为本国使用的中间品或最终品以及被国外使用的中间品或最终品等四部分。一国总产出可表示为：

$$\boldsymbol{X}^s = \boldsymbol{A}^{ss}\boldsymbol{X}^s + \boldsymbol{Y}^{ss} + \sum_{r \neq s}^{G} (\boldsymbol{A}^{sr}\boldsymbol{X}^r + \boldsymbol{Y}^{sr}) \qquad (19-8)$$

式中，$\boldsymbol{X}^s$ 为 $N \times 1$ 的总产出矩阵，表示一国各行业的产出；$\boldsymbol{A}^{sr}$ 为 $N \times N$ 的直接投入产出矩阵，其第 i 行第 j 列表示从 s 国 i 行业进口的中间品占 r 国 j 行业总产出的份额，称为直接投入产出系数；$\boldsymbol{Y}^{sr}$ 为 $N \times 1$ 的最终需求矩阵，表示 s 国各行业向 r 国出口的最终品。

于是，国家间投入产出模型可以表示为 $\boldsymbol{X} = \boldsymbol{A}\boldsymbol{X} + \boldsymbol{Y}$，即

$$
\begin{bmatrix} X^{\text{CHN}} \\ X^{\text{USA}} \\ \vdots \\ X^{G} \end{bmatrix} = \begin{bmatrix} A^{\text{CHN,CHN}} & A^{\text{CHN,USA}} & \cdots & A^{\text{CHN},G} \\ A^{\text{USA,CHN}} & A^{\text{USA,USA}} & \cdots & A^{\text{USA},G} \\ \vdots & \vdots & \ddots & \vdots \\ A^{G,\text{CHN}} & A^{G,\text{USA}} & \cdots & A^{G,G} \end{bmatrix} \begin{bmatrix} X^{\text{CHN}} \\ X^{\text{USA}} \\ \vdots \\ X^{G} \end{bmatrix} + \begin{bmatrix} \sum\limits_{r}^{G} Y^{\text{CHN},r} \\ \sum\limits_{r}^{G} Y^{\text{USA},r} \\ \vdots \\ \sum\limits_{r}^{G} Y^{G,r} \end{bmatrix}
$$

$$(19-9)$$

$$
\begin{bmatrix} X^{\text{CHN}} \\ X^{\text{USA}} \\ \vdots \\ X^{G} \end{bmatrix} = \left\{ I - \begin{bmatrix} A^{\text{CHN,CHN}} & A^{\text{CHN,USA}} & \cdots & A^{\text{CHN},G} \\ A^{\text{USA,CHN}} & A^{\text{USA,USA}} & \cdots & A^{\text{USA},G} \\ \vdots & \vdots & \ddots & \vdots \\ A^{G,\text{CHN}} & A^{G,\text{USA}} & \cdots & A^{G,G} \end{bmatrix} \right\}^{-1} \begin{bmatrix} \sum\limits_{r}^{G} Y^{\text{CHN},r} \\ \sum\limits_{r}^{G} Y^{\text{USA},r} \\ \vdots \\ \sum\limits_{r}^{G} Y^{G,r} \end{bmatrix}
$$

$$(19-10)$$

各国可以 GDP 表示为 $GDP = V(I-A)^{-1}Y$，即

$$
\begin{bmatrix} GDP^{\text{CHN}} \\ GDP^{\text{USA}} \\ \vdots \\ GDP^{G} \end{bmatrix} = \begin{bmatrix} v^{\text{CHN}} & 0 & \cdots & 0 \\ 0 & v^{\text{USA}} & \cdots & 0 \\ \vdots & \vdots & \ddots & \vdots \\ 0 & 0 & \cdots & v^{G} \end{bmatrix} \left\{ I - \begin{bmatrix} A^{\text{CHN,CHN}} & A^{\text{CHN,USA}} & \cdots & A^{\text{CHN},G} \\ A^{\text{USA,CHN}} & A^{\text{USA,USA}} & \cdots & A^{\text{USA},G} \\ \vdots & \vdots & \ddots & \vdots \\ A^{G,\text{CHN}} & A^{G,\text{USA}} & \cdots & A^{G,G} \end{bmatrix} \right\}^{-1} \begin{bmatrix} \sum\limits_{r}^{G} Y^{\text{CHN},r} \\ \sum\limits_{r}^{G} Y^{\text{USA},r} \\ \vdots \\ \sum\limits_{r}^{G} Y^{G,r} \end{bmatrix}
$$

$$(19-11)$$

式中，CHN 为中国；USA 为美国；V 为 $1 \times N$ 的增加值系数矩阵。

假设中美两国因为贸易争端互相终止双边贸易，则 $A^{CHN,USA}$，

$A^{USA,CHN}$，$Y^{CHN,USA}$，$Y^{USA,CHN}$ 等于 0，我们将新的直接投入产出系数矩阵和最终需求矩阵定义为 A^* 和 Y^*，可以得到抽取中美贸易冲突前后各经济体 GDP 损失：

$$\Delta GDP = V(I-A)^{-1}Y - V(I-A^*)^{-1}Y^*$$

为了解中美各产业加征关税或增加其他非关税壁垒对亚太地区的影响，我们将假设抽取方法应用于行业层面，依次抽取中美各个行业的贸易。通常来说，贸易壁垒会减少双边贸易，利用假设抽取方法可以识别贸易规模减小会对经济体产生较大损失的行业，也就是价值链网络中比较脆弱的节点。

（三）测算结果

1. 双边贸易流中断对亚太生产网络的影响

我们依次提取中美第 i 个部门的双边贸易，各经济体 GDP 的损失如表 19-4 所示。表 19-4 展示了双边贸易流中断后使得经济体 GDP 总损失最大的前 10 个行业，这些行业如果从中美双边贸易中移除将会对相应经济体的总 GDP 造成更大的损失。对于中国，电子电气、纺织、机械制造双边贸易的中断对其影响最大；对于美国，交通运输、航空运输、电子电气等行业的变化对其影响更大；而亚太地区的其他经济体以及欧盟似乎更易受到中美电子电气、金属制品业、机械制造业和运输设备制造业贸易冲击的影响。

对比各经济体 GDP 损失大小，显而易见，中国是全球受中美贸易冲突影响最大的国家，其中风险敞口最大的商品部门是电子电气行业，服务部门是航空运输业。同时，可以看出，中美已经高度融入亚太区域价值链和全球价值链，双边贸易冲突不仅影响两国经济发展，而且对其他经济体也造成了较大的冲击，特别是为中国提供中间产品的亚太经济体，包括日本、韩国、中国台湾和东盟。此外，欧盟也受到一定程度影响，其中受影响最大的国家为德国、法国和英国。

表 19-4　中美双边各行业贸易流中断导致各经济体 GDP 总损失排名前 10 的行业

单位：百万美元

中国 行业	ΔGDP	美国 行业	ΔGDP	澳大利亚 行业	ΔGDP	日本 行业	ΔGDP	韩国 行业	ΔGDP	俄罗斯 行业	ΔGDP
电子电气	129 363	交通运输	19 420	电子电气	1 270	电子电气	3 241	电子电气	4 542	电子电气	903
纺织	37 975	航空运输	13 279	金属	423	运输设备	761	机械	454	金属制品	272
机械	29 487	电气电子	12 473	机械	285	机械	520	运输设备	417	机械制造	216
其他制造	27 027	化学	10 099	化学	265	化学	255	纺织	236	化学	197
皮革	21 743	机械	9 125	纺织	190	纺织	227	化学	235	运输设备	172
金属	19 699	农业	8 228	电子电气	184	金属	209	金属	170	其他制造	119
运输设备	18 599	其他商业	7 607	其他制造	155	其他制造	172	其他制造	168	纺织	111
橡胶塑料	18 145	食品	5 366	皮革	104	橡胶塑料	124	皮革	123	航空运输	111
航空运输	9 732	内陆运输	4 450	航空运输	98	皮革	107	橡胶塑料	121	橡胶塑料	69
化学	7 309	其他制造	3 052	非金属	93	航空运输	79	航空运输	73	皮革	59

墨西哥 行业	ΔGDP	东盟 8 国 行业	ΔGDP	中国台湾 行业	ΔGDP	中国香港 行业	ΔGDP	欧盟 28 国 行业	ΔGDP	世界 行业	ΔGDP
运输设备	702	电子电气	2 689	电子电气	3 335	电子电气	349	电子电气	4 578	交通运输	516
电子电气	206	机械	321	机械	292	纺织	50	运输设备	1 826	电子电气	388
机械	187	运输设备	291	运输设备	239	机械制造	40	机械制造	1 231	航空运输	268
航空运输	95	其他制造	266	纺织	176	其他制造	34	化学	822	机械制造	219
化学	89	化学	209	化学	127	皮革鞋类	28	金属	587	化学	199
金属制品	71	纺织	200	其他制造	97	交通运输	27	其他制造	458	焦炭石油	153
农业	53	金属	183	金属	97	航空运输	23	航空运输	456	金属	129
食品	45	皮革鞋类	181	皮革鞋类	72	化学	23	纺织	456	农业	120
其他制造	40	航空运输	120	橡胶塑料	70	金属	21	皮革鞋类	295	木材	103
机械制造	37	橡胶塑料	114	其他商业	31	橡胶塑料	13	橡胶塑料	276	食品	91

资料来源：根据 ADB-MRIO 测算。

　　抽取双边部门层面的贸易流造成的 GDP 总损失，同样可以理解为部门层面贸易壁垒对经济可能造成的影响。对于商品部门，既存在关税壁垒，也存在非关税壁垒，而服务部门贸易壁垒更多体现为边界内的管制措施。表 19 - 4 表明，中国更易受到制造业贸易壁垒的影响，而美国对于农林牧渔业、制造业和服务业的贸易壁垒都比较敏感。

　　2. 美国停止从中国进口对亚太生产网络的影响

　　我们依次抽取中国各部门对美国的出口，各经济体 GDP 总损失如表 19 - 5 所示。对于亚太 15 个经济体排名靠前的行业，例如电子电气、机械制造、金属制品，我们可以理解为中国在亚太地区外部中心性较强的部门，也就是说在中国对美国的出口中，这些部门受到冲击对亚太生产网络具有更大的影响。除中国外，受中国电子电气业对美出口影响最大的五个经济体依次是韩国、欧盟、中国台湾、日本、东盟；受中国机械制造业对美出口影响最大的五个经济体依次是欧盟、日本、韩国、美国、东盟。

表 19 - 5　中国各部门对美国出口中断造成的各经济体 GDP 总损失

单位：百万美元

行业	世界	行业	亚太 15 个经济体	行业	中国	行业	美国	行业	欧盟 28 国
电子电气	162 175	电子电气	16 471	电子电气	129 261	电子电气	2 110	电子电气	4 362
纺织	41 354	机械制造	1 929	纺织	37 967	机械制造	336	机械制造	872
机械制造	34 240	金属制品	1 390	机械制造	29 286	纺织	287	运输设备	603
其他制造	29 697	纺织	1 237	其他制造	26 974	化学制造	223	金属制品	500
皮革鞋类	24 076	化学制造	1 114	皮革鞋类	21 742	皮革鞋类	213	纺织	438
金属制品	23 772	运输设备	1 043	金属制品	19 668	金属制品	204	化学制造	377
化学制造	21 062	其他制造	1 014	化学制造	18 053	其他制造	200	其他制造	371

续表

行业	世界	行业	亚太15个经济体	行业	中国	行业	美国	行业	欧盟28国
运输设备	20 753	皮革鞋类	715	运输设备	17 957	运输设备	192	皮革鞋类	293
橡胶塑料	11 259	橡胶塑料	589	橡胶塑料	9 704	航空运输	187	航空运输	216
航空运输	8 491	航空运输	398	航空运输	7 253	橡胶塑料	120	橡胶塑料	213
非金属矿	7 078	非金属矿	329	非金属矿	6 182	非金属矿	53	非金属矿	112
食品	6 281	其他商业	168	食品	5 879	食品	43	其他商业	68
其他商业	4 636	造纸印刷	149	其他商业	4 205	造纸印刷	40	造纸印刷	66
造纸印刷	3 679	焦炭石油	143	造纸印刷	3 235	其他商业	36	食品	46
木材制造	3 253	食品	108	木材制造	2 910	木材制造	23	木材制造	35
焦炭石油	1 787	木材制造	95	焦炭石油	1 402	焦炭石油	15	焦炭石油	31
采矿	1 199	采矿	41	采矿	1 085	采矿	6	采矿	14
内陆运输	694	电力等	25	内陆运输	651	电力等	3	电力等	7
其他社会服务	555	内陆运输	15	其他社会服务	519	其他社会服务	3	内陆运输	6
农业	489	其他社会服务	13	农业	467	内陆运输	3	其他社会服务	6

3. 中国停止从美国进口对亚太生产网络的影响

同样，我们依次抽取美国各部门对中国的出口，各经济体GDP总损失如表19-6所示。测算结果表明，美国在亚太地区外部中心性较高的部门为运输设备制造业、机械制造业和电子电气业。除美国外，受美国运输设备制造业、机械制造业、电子电气业对中国出口影响最大的五个经济体均为欧盟、中国、墨西哥、加拿大、日本。

表 19 - 6 中国各部门对美国进口中断造成的各经济体 GDP 总损失

单位：百万美元

行业	世界	行业	亚太 15 个经济体	行业	中国	行业	美国	行业	欧盟 28 国
运输设备	24 379	运输设备	2 281	运输设备	818	运输设备	19 248	运输设备	1 231
航空运输	14 430	机械制造	611	机械制造	265	航空运输	13 214	化学制造	449
电子电气	11 843	航空运输	504	电子电气	258	电子电气	10 651	机械制造	362
化学制造	11 448	化学制造	493	化学制造	186	化学制造	9 932	航空运输	242
机械制造	10 362	电子电气	486	农业	66	机械制造	8 829	电子电气	227
农业	9 111	农业	276	其他制造	59	农业	8 227	农业	157
其他商业	7 912	食品	211	航空运输	58	其他商业	7 574	食品	114
食品	5 920	焦炭石油	196	食品	56	食品	5 328	其他商业	98
内陆运输	4 832	金属制品	188	其他商业	44	内陆运输	4 448	金属制品	88
其他制造	3 238	内陆运输	168	金属制品	43	其他制造	2 859	其他制造	87
金属制品	2 690	其他制造	142	橡胶塑料	31	金属制品	2 270	内陆运输	79
造纸印刷	2 302	其他商业	101	内陆运输	31	造纸印刷	2 130	橡胶塑料	63
采矿	1 988	橡胶塑料	74	造纸印刷	23	采矿	1 860	造纸印刷	44
焦炭石油	1 635	采矿	60	木材制造	14	焦炭石油	1 330	采矿	24
橡胶塑料	1 324	造纸印刷	57	邮政电信	11	橡胶塑料	1 102	焦炭石油	22
邮政电信	925	木材制造	45	采矿	11	邮政电信	864	木材制造	20
木材制造	893	非金属矿	39	纺织	11	木材制造	763	纺织	18

续表

行业	世界	行业	亚太15个经济体	行业	中国	行业	美国	行业	欧盟28国
非金属矿	703	水路运输	23	非金属矿	10	非金属矿	616	非金属矿	17
其他社会服务	604	纺织	23	焦炭石油	10	其他社会服务	574	邮政电信	15
水路运输	595	邮政电信	21	其他社会服务	4	水路运输	538	水路运输	14

资料来源：根据 2018 年 ADM-MRIO 测算。

四、疫情冲击与中美贸易冲突叠加下的亚太价值链重构

本轮中美贸易冲突始于 2018 年 3 月，双方经过三轮五次互征关税，于 2020 年 1 月 15 日达成第一阶段协议。新冠肺炎疫情的暴发和全球蔓延，对未来中美关系走向带来了较大的不确定性。

从中美贸易冲突对亚太价值链的影响来看，2018 年 11 月开始，中国对美国出口开始呈现负增长，同时从其他经济体进口增速反弹，与亚太地区的加拿大、墨西哥、越南、韩国贸易关系进一步深化。以中高端制造业产品为例，受中美贸易冲突影响，2019 年中国对美汽车及零部件、机电设备、计算机产品出口增速均呈现不同程度下降，同时从韩国、东盟等地区进口上升。在新冠肺炎疫情暴发之前，中美贸易冲突对亚太价值链重构的影响主要在于加速部分低端制造业向东南亚的转移以及美国部分产业链的回撤，但中美完全"脱钩"可能性不大。表 19-5 表明，中国对美国经济依赖度最高的行业为电子电气、纺织、机械制造、其他制造、皮革鞋类，倘若这些行业中断对美国出口，对中国 GDP 造成的损失分别达到 1 292.61 亿美元、379.67 亿美元、292.86 亿美元、269.74 亿美元和 217.42 亿美元。同时，美国对中国市场也有一定的依赖关系。短期来看，鉴于东盟产能容量及技术水平，中国电子电气、机械制造和其他制造业等中高端制造业向其大规模转移可能性不大，但美国部分产业回流可能对中国造成一定冲击。至于纺织业和皮革鞋类制造业，随着中国向价

值链高端攀升，这些产业的重要性将进一步下降。

新冠肺炎疫情暴发后，作为亚太生产网络的枢纽以及电子电气设备、汽车、机械设备、纺织等的中间品供应商，中国的减产对越南、韩国、日本、泰国、印度尼西亚、马来西亚、新加坡等经济体造成了严重冲击，同时从需求侧冲击了中东、拉丁美洲、中亚和北美洲的全球价值链出口（佟家栋等，2020）。为减少对中国的依赖，特别是在全球供应链出现断裂的情况下，美国重拾中美"脱钩"论调。随着疫情在全球的蔓延，供应链中断的风险进一步引起各国关注，从中长期来看，亚太价值链可能呈现简单化和国内化趋势。各国在寻求生产合作的同时，将加强对价值链的风险管理。

五、结语

本章基于亚洲开发银行多区域投入产出数据库，利用社会网络分析方法和假设抽取方法，分析了新冠肺炎疫情冲击、中美贸易冲突对亚太价值链的影响。通过研究，我们发现：第一，亚太地区是当今全球价值链活动最为密集的地区，21 世纪以来，亚太生产网络密集度不断提高，价值链分工不断深化。第二，无论是中美贸易冲突还是新冠肺炎疫情，在亚太地区中美两国受到冲击相比其他国家外溢效应更强；中美贸易冲突中，中国风险敞口最大的商品部门是电子电气业，服务部门是航空运输业。同时，中美贸易冲突对于为中国提供中间产品的亚太经济体包括日本、韩国和东盟等造成了较大冲击。第三，随着疫情的暴发和全球蔓延，以及中美"脱钩"论的再度兴起，中长期来看，亚太价值链将趋于简单化和国内化，美国很有可能将其生产网络向北美地区收缩，而亚太其他经济体为控制价值链风险，也可能进一步减少对中国的依赖。

对此，我们提出以下建议：

第一，深化结构性改革，稳定外资企业。中国各级政府为稳定外企，缓解外企面临的疫情压力，出台了多项措施，但外企寻求中国市场更加根本性改变，包括提高监管过程的透明度、可预测性和公平性，中国应通过实施国民待遇政策和竞争中性原则使内外资、公私营的各方均处于平等的、有竞争力的环境，保护知识产权，促进创新等。

第二，积极务实推进中美第一阶段协议的执行，稳定中美关系。中美第一阶段协议的执行情况将对中美关系下阶段走势产生重要影响。在金融、汇率与宏观政策领域，随着中国金融开放不断深化，现已经基本达到协议要求；在知识产权和技术转移领域，协议提出了要求中国加强知识产权司法和执法力度的具体要求，相关条款有助于创造可预测和透明的规则框架，促进营商环境改善，中国应积极推进落实。当然，在疫情影响下，以及受美国出口管制等因素的干扰，中国将很难实现相关的采购增量目标，可以考虑延长期限，以及通过相关采购项目调整的方式来实现，如将较难实现的服务进口目标调整为货物进口目标。

第三，积极应对供应链重构和制造业对外转移。从短期看，要积极借助美国大选和提振经济的现实需要，通过加大购买等方式，增加美国对中国经济的依赖，利用中国大市场的优势，稳定在华外资企业，稳定中美经贸格局。从中长期看，积极推进自主创新战略，随着中国企业自身创新能力在不断提升，对美国的核心技术依赖程度会逐步下降，替代程度逐步提升；同时积极推进"一带一路"倡议，加强"一带一路"沿线并购重组，拓展全球供应链的空间范围，巩固和优化中国中心地位。

‖ 第 20 章 ‖

从欧洲的疫情冲击看东亚
汽车产业链合作之可能

2020 年 3 月初之后，欧洲成为新冠肺炎疫情的重灾区，意大利、西班牙、德国、法国、英国等欧洲主要国家都一度陷入较为严重的疫情当中，并出现多次反复。其间，为了控制疫情的快速蔓延，一些欧洲国家采取了停航、停课、停产、禁止集会及人员流动管控等方面措施。

虽然制造业工厂在有严格防护措施保障下可继续运营，但随着确诊人数不断攀升、恐慌情绪快速蔓延，企业防疫力量有限，叠加运输通道受限，一些欧洲车企开始进入停产状态。2020 年 3 月末，欧洲的大众、奔驰、雷诺等知名车企开始宣布"停产避险"；戴姆勒、菲亚特克莱斯勒集团（FCA）、标致雪铁龙集团（PSA）等在内的 12 家车企关停或计划关停的工厂一度超过 100 家。这导致全球车企生产发生了暂时中断，也是历史上罕见的汽车供应链中断。

在全球产业链中，汽车产业链是全球化生产的典型代表。一辆汽车通常由上万个不可拆解的独立零部件组装而成，需要上百家零部件厂商配套，但仅美国、德国、日本、韩国等少数国家具备主要汽车零部件和系统自主研发制造的能力。汽车生产高度集成，生产过程需要全球供应链的协同，因此该产业受到疫情的冲击也较为显著。当前，中国的汽车工业供应主要依赖以德国为主的欧洲国家以及日本、美国和韩国，受到疫情冲击较为显著。本章将重点从汽车产业链中间品供需的视角讨论欧洲疫情对东亚和全球产业链的影响和启示。

一、欧洲与东亚汽车产业链的联系和欧洲疫情对东亚的冲击

1970 年以后全球化生产逐步兴起，到今天形成了以亚洲、欧洲和北美三大区域集群为核心的全球产业链。一方面，全球产业链融合各国资源优势，通过不断深化分工和专业化提高效率，实现了全球贸易规模和经济的快速增长。但是另一方面，全球产业链的高度融合也意味着，当局部生产中断时外部冲击的经济影响将基于全球产业链从肇始国传向其他国家。这一影响包括需求和供给两个方面。其中，需求冲击涉及最终消费品和中间投入品两类。前者指疫情导致部分国家进口需求下降，属于传统的总需求的概念；后者指疫情导致部分国家产出下降，引致企业对进口中间投入品需求下降。类似地，供给冲击也包括最终消费品和中间投入品两类。

在欧洲，汽车产业主要的研发中心在德国、法国和英国，这些国家通过在国外建厂来降低企业的综合成本，留在其本国的核心工厂主要是研发最先进的技术。在此基础上，欧洲传统汽车产业链是以整车 OEM（original equipment manufacturers，原型设备制造商）[①] 代工生产为平台，以此为框架汇集了大型的一级供应商，辅之以各种小型供应商协同构成了一个个有机的生产链条。

这些生产链条不但组织着欧洲范围内的汽车产业链，而且涉及东亚、北美地区的汽车产业链。其中，美国与德、法、英同时存在较大规模的中间品贸易往来。在整个交通运输设备行业中，中国主要从德、法、英进口中间品，占中国在该行业中间品总进口的

---

① OEM 生产，也称为定点生产，俗称代工（生产），基本含义为品牌生产者不直接生产产品，而是利用自己掌握的关键的核心技术负责设计和开发新产品，控制销售渠道。

35.1%（2015 年）。韩国则主要向欧洲六国、英国和意大利出口中间品，占韩国在该行业中间品总出口的 23.1%（2015 年）。同时，日本也向欧洲国家出口大量的交通运输设备零部件。在疫情导致德国交通运输设备业按下暂停键的情况下，中国主要面临供应中断的风险，而韩国、日本面临出口需求下降的压力，美国则同时面临供给侧和需求侧的双重冲击。

二、整合中日韩汽车产业链，推进东亚地区的产业链合作具有可能性

对中国汽车工业而言，总体上日、德、美、韩四国供应链最重要。其中，变速箱和发动机是中国进口规模最大、供应链最为脆弱的两类部件。2018 年，中国进口的机动车零部件中 45% 为变速箱，主要来自日（42%）、德（28%）、韩（7%）和美（6%）；进口的内燃发动机中 44% 用于汽车，主要来自日（60%）、美（8%）、匈（7%，德国车企）和德（7%）。此外，中国还从德、日大量进口车身零部件，占比分别为 37%，13%。受疫情冲击，2020 年 3—4 月欧洲上百家汽车工厂停产，导致中国汽车零部件面临断供的冲击。

欧洲疫情减少了其从日韩进口汽车部件的需求，也减少了对中国出口汽车部件的供给。在此背景下，日韩供给与中国需求具备对接的可能性。2018 年欧盟 11% 和 3% 的进口变速箱、4% 和 3% 的汽车发动机来自日韩出口。不过汽车工业非标准化程度高，日韩的一级供应商的产能，直接转向出口到中国存在技术不匹配的困难，难以弥补中国汽车进口供应链的断档。但是从二级、三级等次级供应商来看，日韩的汽车供应链仍然可以与中国的汽车供应链形成有效匹配。

三、推动东亚产业链合作，实现更高水平的区域合作

当前，东亚区域经济一体化较欧洲仍有明显差距。对比亚洲和

欧洲在简单和复杂价值链活动[①]上的区内和区外贸易情况可以发现：一方面，区内贸易数据显示欧盟仍然是区域经济一体化水平最高的地区，且在复杂价值链活动中尤为突出。2017 年，区内贸易在欧洲前向和后向关联简单价值链活动中的占比分别为 50.0％和 46.3％，较亚洲分别高 5.4 和低 2.2 个百分点；复杂价值链活动中前向和后向关联的占比分别为 59.6％和 64.6％，较亚洲分别高出 15.7 和 18.4 个百分点。另一方面，无论是前向还是后向关联，亚洲在全球产业链上的参与度总体低于欧洲，体现出欧盟一体化的总体竞争力较强。

对照欧洲的区域经济一体化进程中从实体到金融的路径，东亚地区的一体化似乎走出了一条完全相反的道路。从历史路径来看，欧洲的区域经济一体化经历了煤钢共同体、欧洲共同体、欧元区这样的发展历程。而东亚地区的一体化合作过程则是，1998 年之后，东亚掀起了区域货币金融合作的高潮，包括在 10＋3 范围内建立区域金融监测协调机制、区域性双边援助体系、多边资金救助机制以及直接融资机制等；1999 年后中国加快与东盟之间的经济合作进程，并于 2010 年建成中国-东盟自贸区；2010 年后，日本也一改 20 年来反对并牵制东亚区域一体化进程的政策，积极发展亚洲内部自贸区，并在此基础上致力于构建东亚共同体；2020 年，中国、日本、韩国、东盟十国、澳大利亚、新西兰达成《区域全面经济伙伴关系协定》（RCEP）。

但是迄今为止，东亚货币合作仍然缺乏实质性进展；而 RCEP 协定虽然已经签署，但是该协定距离国际高标准的经贸规则仍然有一定差距。东亚地区的一体化发展路径与欧盟截然相反，呈现金融合作脱离实体经济的情况。东亚区域贸易和投资一体化进程发展较为滞后，这主要是因为在最初提出东亚区域一体化的阶段[②]，美国强

---

① 根据《2019 年全球价值链发展报告》，简单价值链活动指以生产为目的的一次跨境贸易；复杂价值链活动指以生产为目的的两次及以上跨境贸易。

② 1990 年马来西亚时任总理马哈蒂尔·穆罕默德正式提出由东盟和中、日、韩三国组成"东亚经济集团"（EAEG）的构想。

烈反对日本在东亚地区发挥领导作用（赵宏伟和叶琳，2010）。至今东亚层面尤其是中日韩范围内仍然缺乏有效的产业链合作。

着眼于推动东亚地区的经济一体化，欧洲的经验具有借鉴意义，为此需要明确一体化进程的目标。Balassa（1961）将区域一体化的发展分为五个阶段：特惠贸易安排→自由贸易区→关税同盟→共同市场→经济联盟。当前，欧盟已接近第五阶段，东亚地区仍在第一阶段向第二阶段迈进的过程中。因此可以考虑将中期目标设定为完成第二阶段，长期目标设定为完成第四阶段。

在此过程中，部分一体化的举措可以首先推进，如劳动力、资本和高技术服务在区内更加自由流动。其次，基于高度集成的产业，以核心国为中心开展区域经济一体化建设。对照欧洲煤钢共同体，可考虑在共同体影响力逐步扩大的过程中吸纳更多外围国家加入。

汽车产业作为高度集成的产业，适合作为东亚区域产业合作的抓手。尤其是在新技术、新能源革命的背景下，传统汽车产业与人工智能、绿色能源紧密相联，而且中国、日本、韩国等东亚国家在新兴汽车产业中都具有一定优势。根据日本三菱东京日联银行的研究数据，日本企业在世界各国汽车产业的投资收益率中，中国的投资收益率为 31%[①]，位居第二，仅次于越南的 47%，大大高于全球 12% 的平均水平。同时，中国在人工智能、无人驾驶技术领域占有一定程度的领先地位，而且产业配套网络齐全、市场规模巨大，中国有望成为东亚区域汽车产业链合作的枢纽。但是我们也要看到，东亚地区的经济一体化合作在相当大程度上受制于地区内的政治关系，东亚地区的产业合作在该领域也面临一定的挑战。

---

① 投资收益率＝本年直接投资收益÷上年末直接投资余额×100%。

‖第21章‖

应对存量产业链外移，推动
中西部地区参与"双循环"

近年来，随着中国国内劳动力成本上升，东部沿海地区大量制造业企业外迁，将生产转移到越南、缅甸、泰国、印度等东南亚和南亚国家，这一趋势在中美贸易冲突和新冠肺炎疫情冲击下更为凸显，外资撤离尤其突出。分析中国中西部地区如何承接东部产业，应对产业链向东南亚转移，深度融入"双循环"发展新格局，意义重大。

一、产业外迁东南亚：劳动密集型为主，资本和技术密集型已出现

当前的产业转移仍以劳动密集型产业或生产过程为主，包括纺织、服装、玩具、鞋类等传统行业或电子、运输设备、机械设备等可分离外包的劳动密集型生产过程。此类行业对成本变化敏感，部分东南亚国家廉价劳动力和引资优惠是吸引中国产业转移的主要因素，而中美贸易冲突和新冠肺炎疫情冲击下企业分散投资风险的考虑增加，以"中国＋1"或"中国＋N"模式降低对中国的依赖度。

劳动密集型生产企业的大量外迁对中国的就业造成冲击。仅以合资企业为例，在纺织业、纺织服装鞋帽制造业和皮革、毛皮、羽毛（绒）及其制品业三个产业中，2015—2019年，规模以上外商投资和港澳台商投资工业企业数量从 8 228 家降到 5 242 家，用工人数从 368 万减至 212 万，累计减少 156 万人，年均减少就业近 40 万

人。在用工占比最大的计算机、通信和其他电子设备制造业，用工人数从 2015 年的 571 万下降到 2019 年的 424 万，累计减少 147 万人，就业人数下降了 1/4。

资本和技术密集型制造业企业已有外迁动向。三星电子在越南投资 20 亿美元建设新工厂，同时关闭了深圳工厂，并陆续在越南扩建移动设备、家电工厂和研发中心。三菱电机、旭化成、小松等日资企业陆续将激光加工机、高端树脂、减压部件等先进制造产能迁出。这对中国稳定制造业比重，巩固壮大实体经济根基不利，同时部分产业外迁还会影响中国产业完整度，存在产业链断裂风险。

东南亚国家承接中国产业转移，制造业的生产、引资和出口与中国形成直接竞争。以越南为例，2019 年其外商直接投资流入超过 160 亿美元，其中 50% 以上流入制造业，当年加工制造业增幅达 11.29%。2019 年前 11 个月，越南的电子产品和纺织品出口同比增长超过 40%。即使在疫情冲击下的 2020 年，其工业生产也实现了 3.8% 的增长，净出口从 2018 年的 68 亿美元增加到 2020 年的 177 亿美元。仅 2019 年前 4 个月，美国从越南进口同比就飙升近 40%，是美国前 40 大进口来源国中增幅最大的，而同期美国从中国进口下降 13%，是自 2009 年以来的第二大收缩。由此可见，越南成为中美贸易冲突的最大受益国之一。

二、根据比较优势动态变化，对产业、就业、地区政策进行再定位

当前东南亚国家主要承接了中国部分产业的加工制造环节，但对资本性货物、零部件、半成品等中间产品仍比较依赖从中国进口。中国全产业链优势是核心竞争力，需要继续保持和提升。在应对产业转移的政策排序上，保产业的重要性甚至大于保就业。应发挥中国大国区域资源禀赋多样化优势，力争形成产业转移内循环，把产业留在国内。针对"产业怎么转、就业怎么办"的问题，中国制造业产业结构、就业分配和地区布局需明确定位。

（1）东部地区应允许制造业选择性外迁，腾笼换鸟。与改革开放初期相比，当前中国东部沿海地区发展加工制造业的比较优势已经发生根本变化，低端制造业转移外迁趋势不可逆转。东部地区应依托自身在人力资源和科技创新上的比较优势，重点发展高端制造业和服务业，推动产业专业化和价值链向高端延伸。

（2）中西部地区承接东部产业转移，东中西合作互助，打造产业转移内循环。中西部地区曾为东部地区低端制造业贡献了大量劳动力，低技术型劳动力资源是中西部地区的比较优势，制造业平均工资比东部地区低 1/4～1/3。中西部地区应从"把人送出去"转变为"把产业引进来"，各地区结合自身优势对接东部产业，吸引企业迁入，促进劳动力本地就业，节约人口流动的经济和社会成本。东中西部地区应加快探索区域合作互助和区际利益补偿等机制，促进共同发展。

（3）扶持内资中小企业发展壮大，逐步摆脱服务外资的"代工"模式，塑造稳就业、增利润、育品牌三赢局面。中国劳动密集型产业中，中小企业集中，长期采取加工组装的"代工"模式，产品以出口为主，对外资依赖度高。产业长期发展的结果是抗撤资能力弱，自主品牌缺失。

此类行业竞争性强，技术壁垒低，应通过信贷、税收等优惠政策大力扶持内资企业特别是中小企业发展壮大，扩大市场和利润份额，稳定就业，主动升级并逐步摆脱"代工"模式，利用国内市场和规模优势培育民族品牌。2010 年前后诺基亚和三星手机的调整给华为、小米等民族品牌创造了成长机遇，家电行业这类例子更多。因此，在内资企业具备技术能力的行业，外资的空档是本土企业成长转型的机遇，中低端制造业吸纳就业功能应逐步由内资企业承担。

三、改善中西部营商环境，以共赢思路推动区域合作

（1）中西部地区与东南亚国家相比，缺乏区位优势和贸易便利

性，应继续加大基础设施改善力度。完善包括航空、铁路、公路、内河运输等综合运输大通道、综合交通枢纽和物流网络，加快城市群和都市圈轨道交通网络化，加大信息化基础设施投资，推动互联网、大数据、人工智能等同各产业的深度融合。

（2）实施普惠性减免＋依区域、产业、用途、企业规模差别减免的税收优惠，降低企业税负成本。中国企业总体税负偏高，在全球增速放缓、新一轮减税浪潮下对吸引投资更为不利。根据世界银行可比口径计算，总税率和社会缴纳费率（利润占比）北京为55％，上海为63％，泰国和越南仅为30％和38％，东亚和太平洋地区平均为34％。中国税收执行梯度优惠，随改革开放由沿海向内陆推进。中西部地区可以试点对标东南亚国家，加大减税降费力度，以税收政策工具引导和支持产业有序转移，加强省级协调，减少横向税收竞争。

（3）提升市场化水平和政府效率，改善政企关系，补齐短板。中西部地区市场化程度低，以10分计的市场化指标中，北京和上海分别为9.1和9.9分，东部地区平均为8.5分，中西部地区平均为5.8分，提升空间很大。北京、上海率先对标国际标准开展了营商环境优化。以开办企业耗时天数为例，国际最优成绩是新西兰0.5天，经合组织成员平均9天，泰国6天，越南16天，均显著低于东亚及太平洋地区平均的26天。北京和上海分别为8天和9天，已达到国际先进水平。中西部地区可以借鉴北京、上海经验，补齐营商环境短板。

（4）在中西部边境省区积极与越南开展劳务合作。越南劳动力成本低，年轻劳动力资源充裕，可在中国广西、云南等与越南接壤省区，布局中低端劳动密集型产业，尝试中国产业链＋越南劳动力的经济一体化模式，通过提供语言培训、学历教育等方式吸引越南年轻劳动力入境学习、工作，缓解中国当前和未来一段时期的年轻劳动力短缺状况，通过引入境外优势劳动力要素把产业留在国内。

第 22 章

中国稳外资增量面临的
三大挑战及政策建议

2020 年，全球跨国直接投资较 2019 年大幅下降 40％，而中国吸引外资逆势增长，实现引资总量和增长幅度双提升。在此基础上，2021 年中国吸引 FDI 再度保持稳健的增速。但是，随着各国对新冠肺炎疫情的适应能力逐步上升，世界各国特别是主要发达国家的经济逐步恢复，中国吸引外资面临来自发达国家和低成本发展中国家的广泛竞争。中美双边紧张关系升级，欧盟、乌克兰、英国、加拿大等陆续宣布对华制裁，政治和经济的不确定性叠加，将对中国保持外资持续稳定流入构成挑战。

一、中国稳外资面临的挑战

挑战一：前有堵截，地缘政治持续紧张。

当前，地缘政治持续紧张成为在华外企面临的最大挑战。中美贸易冲突导致企业直接关税成本和投资风险提升，双边关系的不确定性促使企业谋求产业链布局多元化。据中国美国商会 2020 年年底的调查，在决定向中国境外转移产能的关键因素中，美资企业中受疫情影响的占比为 5％，而受双边贸易冲突影响的占比为 66％，双边贸易冲突对企业外移的影响范围甚至超过劳动力成本提升影响的两倍。日资企业也有超过半数因中美贸易冲突而考虑调整产业链布局。

此外，由于美国政府针对中资企业采取了一系列监管行动，欧盟、乌克兰等国家和地区宣布对华制裁，增加了外企对营商环境政治化和在华遭遇对等限制的担忧。中国欧盟商会《商业信心调查2020》显示，欧盟 43% 的成员表示过去一年营商环境越来越政治化。近来，欧盟、英国、加拿大、乌克兰等陆续宣布对华制裁，欧洲议会取消《中欧全面投资协定》审议会，"新疆棉事件"引发国内消费者抵制国外服装品牌。此类信息报道会强化和放大企业担忧，如果短期或中期内国际关系没有缓和预期，必将导致企业为规避政治风险而调整对华投资策略。

挑战二：后有追兵，东南亚国家逐渐成为替代引资国。

东南亚国家正陆续成长为中国吸引外资的替代国，对外资分流和企业经营的影响因中美贸易冲突而加剧。据日本三菱东京日联银行对在华日资企业的调查，中国经济换挡至中低速后，在华日企普遍盈利的时代已经过去，加之用工成本提高和中资企业技术水平提升，外资竞争优势减弱，外企非核心事业的盈亏压力增加。而中美贸易冲突导致的成本增加和出口受限，加速了生产从中国向东南亚和南亚国家转移。日本贸易振兴机构的调查显示，2020 年，亚洲国家中受贸易环境负面影响最大的是中国，而包括泰国、马来西亚、老挝、缅甸等在内的东南亚国家都不同程度地受到了积极影响，其中受惠最多的是越南、孟加拉国和印度等，其获利企业占比较 2019年大幅增加，而且未来 2～3 年内还会延续这种态势。

挑战三：远虑，营商环境的隐性壁垒仍有待消除。

中国《外商投资法》已正式实施，负面清单形式的直接壁垒大幅缩减，但市场准入实质性改善程度有待观察。进一步降低市场准入标准，开放市场，是外资企业的共同诉求。美欧企业在技术和服务行业投资比重大，这一诉求尤为突出。在华美资企业反映遭受不平等待遇的集中表现是市场准入受限。调查中持此观点的受访企业在 2019 年占比为 63%，2020 年上升为 65%。另有 66% 的企业表示，如果中国市场的开放程度与美国相同，它们将考虑在华加大投资力度，这一趋势在所有行业均一致且有所增强。近一半欧洲企业反映曾遭遇市场准入方面的差别待遇，因市场准入限制或监管问题而在华错失商机的企业占比 2015—2020 年始终稳定在 43% 以上。中国 2019 年宣布取消股比限制后，只有不足 1/3 的受访企业增加了在合资中的占股比例，没有立即增资持股大多是希望进一步观察实施动向。大部分欧洲受访企业表示，如果放宽市场准入将增加在华投资，其中近半数企业投资增幅将达到 5%～10%。

中国营商环境的隐性壁垒仍有待消除，外资企业在这方面仍有疑虑。包括如行业政策的额外限制，牌照发放程序缺乏透明度，技术转移问题，外企在补贴、融资、参与政府采购和标准制定等领域面临的问题，以及由于法律法规过于含糊导致官员错误解读或在执法中自由裁量而带来的不确定性等。特别是在中国中西部地区，市场化、国际化发展滞后，政府规范和服务意识有待提升，与东部地区差距较大，对吸引外资形成障碍。营商环境改善涉及深层次机制体制改革，任重道远。

二、增强对外资吸引力的对策建议

（1）避免商业行为政治化，积极发展经贸关系，稳定外资预期。第一，利用各国迫切需要从疫情中恢复经济的有利时机，深化经贸合作。在 RCEP 和《中欧全面投资协定》的框架下，进一步放松对欧盟和日本企业的准入限制，加强与欧日的经贸合作，化解美国贸易围堵，分化美国构建制华同盟。第二，对包括美国企业、州政府在内的各类群体区别对待，只要愿意与中国开展正常经贸往来均持开放态度。第三，加强舆论引导，在应对政治争端的反制手段中，以政治对政治，避免使用恶化双边、多边贸易投资关系的经济手段，寻求以结果为导向的谈判框架，实现政府间沟通机制化，稳定外资预期。

（2）提振内需市场，挖掘投资潜力。美欧日与中国贸易往来密切，而对华双边投资发展严重滞后，与各方经济体量和双边贸易交往极不匹配，双边投资潜力巨大。当前，各国企业在华投资利润率均高于全球平均水平，且视中国未来市场为重大机遇，并主动布局。中国应着重做好国内收入分配、市场整合和消费提升，增强对外资吸引力。

（3）选择部分行业实质性改善市场准入，提升监管透明度，明确开放时间表。在包括食品、烟酒、服装、化妆品、电子产品等消费品类高竞争性非敏感行业实行完全开放，确保内外资企业公平竞争，树立"真开放"样板，减少外商投资顾虑，缩短投资观察等待期；对计划逐步开放的制造业和服务业，明确开放时间表，检查排除与外资开放相抵触的行业政策或地方法规，遵循时间表有序开放到位；对技术创新和研发行业，进一步加大知识产权保护力度，确保将先进技术引进来，通过内外资企业在中国市场的直接竞争扩大技术溢出，实现技术提升效果。

参考文献

[1] 陈琳，房超，田素华，俞小燕. 全球生产链嵌入位置如何影响中国企业的对外直接投资？[J]. 财经研究，2019（10）：86-99.

[2] 戴天婧，张茹，汤谷良. 财务战略驱动企业盈利模式——美国苹果公司轻资产模式案例研究[J]. 会计研究，2012（11）：23-32.

[3] 戴谢尔，代明. 轻资产运营"轻"在哪里[J]. 特区经济，2008（9）：120-121.

[4] 樊海潮，张丽娜. 中间品贸易与中美贸易摩擦的福利效应：基于理论与量化分析的研究[J]. 中国工业经济，2018（9）：41-59.

[5] 冯远，张继行. 奥巴马政府对华贸易政策回顾与走向分析[J]. 国际贸易，2013（3）：45-49.

[6] 葛顺奇，罗伟. 跨国公司进入与中国制造业产业结构——基于全球价值链视角的研究[J]. 经济研究，2015（11）：34-48.

[7] 何瑛，胡月. 戴尔公司基于轻资产盈利模式的价值创造与管理分析[J]. 财务与会计，2016（6）：37-40.

[8] 胡进仓. 企业流动资产管理方法探析[J]. 全国商情（理论研究），2012（8）：44-46.

[9] 黄辉. 企业特征、融资方式与企业融资效率[J]. 预测，2009，28（2）：21-27.

[10] 姜辉. 美国出口管制的贸易损失效应及对我国的启示[J]. 上海经济研究，2019（3）：120-128.

[11] 蒋海，张锦意. 商业银行尾部风险网络关联性与系统性

风险——基于中国上市银行的实证检验［J］. 财贸经济，2018，39（8）：50－65.

［12］ 蒋小荣，杨永春，汪胜兰. 1985—2015 年全球贸易网络格局的时空演化及对中国地缘战略的启示［J］. 地理研究，2018，37（3）：495－511.

［13］ 孔东民，付克华. 中国股市增发的市场反应及影响因素分析［J］. 世界经济，2005（10）：51－59.

［14］ 李安方. 美国对华技术出口管制的效果评判与前景分析［J］. 国际贸易问题，2004（7）：54－58.

［15］ 李端生，王东升. 基于财务视角的商业模式研究［J］. 会计研究，2016（6）：63－69.

［16］ 刘斌，李秋静. 特朗普时期美国对华出口管制的最新趋势与应对策略［J］. 国际贸易，2019（3）：33－42.

［17］ 刘东霖，张俊瑞，祁睿华，李彬. 股票回购市场反应的影响因素探析——来自中国 A 股市场的经验证据［J］. 西安交通大学学报（社会科学版），2009，29（5）：23－27.

［18］ 刘俊霞. "中兴事件"视角下美国贸易出口管制及风险防范［J］. 对外经贸实务，2018（11）：45－48.

［19］ 罗伟，吕越. 外商直接投资对中国参与全球价值链分工的影响［J］. 世界经济，2019（5）：49－73.

［20］ 马述忠，任婉婉，吴国杰. 一国农产品贸易网络特征及其对全球价值链分工的影响——基于社会网络分析视角［J］. 管理世界，2016（3）：60－72.

［21］ 马忠，耿文婷. 基于假设抽取法的中国区域间碳排放关联分析［J］. 环境科学研究，2020，33（2）：312－323.

［22］ 毛国柱，骆胤成，王媛，何韦苇，刘慧文. 中国大气污染物重点行业减排分析——基于假设抽取法和价格传导影响系数［J］. 中国环境科学，2018，38（4）：1561－1569.

[23] 彭爽，曾国安．美国出口管制政策的演变与启示 [J]．理论月刊，2014 (1)：185 - 188．

[24] 齐鹰飞，Li Yuanfei．跨国投入产出网络中的贸易摩擦——兼析中美贸易摩擦的就业和福利效应 [J]．财贸经济，2019，40 (5)：83 - 95．

[25] 钱明霞，路正南，王健．基于假设抽取法的产业部门碳排放关联分析 [J]．中国人口·资源与环境，2013，23 (9)：34 - 41．

[26] 沈国兵．美国出口管制与中美贸易平衡问题 [J]．世界经济与政治，2006 (3)：71 - 77．

[27] 苏庆义，高凌云．全球价值链分工位置及其演进规律 [J]．统计研究，2015，32 (12)：38 - 45．

[28] 苏庆义．中国国际分工地位的再评估——基于出口技术复杂度与国内增加值双重视角的分析 [J]．财经研究，2016，42 (6)：40 - 51．

[29] 谭之博，赵岳．企业规模与融资来源的实证研究——基于小企业银行融资抑制的视角 [J]．金融研究，2012 (3)：166 - 179．

[30] 佟家栋，盛斌，蒋殿春，严兵，戴金平，刘程．新冠肺炎疫情冲击下的全球经济和对中国的挑战 [J]．国际经济评论，2020 (3)：9 - 28．

[31] 王达，白大范．美国的出口管制政策及其对美中贸易的影响 [J]．东北亚论坛，2012，21 (5)：65 - 71．

[32] 王岚，盛斌．全球价值链分工背景下的中美增加值贸易与双边贸易利益 [J]．财经研究，2014，40 (9)：97 - 108．

[33] 王小梅，秦学志，尚勤．金融危机以来贸易保护主义对中国出口的影响 [J]．数量经济技术经济研究，2014 (5)：20 - 36．

[34] 王孝松，刘元春．出口管制与贸易逆差——以美国高新技术产品对华出口管制为例 [J]．国际经贸探索，2017，33 (1)：91 - 104．

［35］ 王亚菲. 中国资源消耗与经济增长动态关系的检验与分析 ［J］. 资源科学，2011，33（1）：25 - 30.

［36］ 翁旻，耿成轩. 融资约束、资产有形性和现金持有——以制造业上市公司为例 ［J］. 工业技术经济，2019，38（5）：104 - 111.

［37］ 徐奇渊，陈思翀. 中日关系紧张对双边贸易的影响 ［J］. 国际政治科学，2014（1）：1 - 24.

［38］ 许和连，成丽红，孙天阳. 离岸服务外包网络与服务业全球价值链提升 ［J］. 世界经济，2018，41（6）：77 - 101.

［39］ 杨俊，李平. 要素市场扭曲、国际技术溢出与出口技术复杂度 ［J］. 国际贸易问题，2017（3）：51 - 62.

［40］ 杨七中，韩建清. 股票回购公告的市场反应及影响因素研究 ［J］. 财会月刊，2013（12）：16 - 19.

［41］ 姚星，梅鹤轩，蒲岳. 国际服务贸易网络的结构特征及演化研究——基于全球价值链视角 ［J］. 国际贸易问题，2019（4）：109 - 124.

［42］ 于阳，韩玉雄，李怀祖. 出口管制政策能保持美国的技术领先优势吗？［J］. 世界经济，2006（4）：42 - 48.

［43］ 张军华. 资本结构、资产结构与企业绩效——基于创业板高新技术中小企业的实证研究 ［J］. 财会通讯，2011（12）：78 - 80.

［44］ 张鹏杨，唐宜红. FDI 如何提高我国出口企业国内附加值？——基于全球价值链升级的视角 ［J］. 数量经济技术经济研究，2018（7）：79 - 96.

［45］ 张群卉. 高新技术产品出口管制对一国产品创新的影响 ［J］. 技术经济，2012，31（05）：49 - 54.

［46］ 张西征，刘志远，王静. 企业规模与 R&D 投入关系研究——基于企业盈利能力的分析 ［J］. 科学学研究，2012，30（2）：265 - 274.

［47］ 张颖. 略论美国出口管制与中美高技术产品贸易的反比

较优势现象分析［J］. 现代财经（天津财经大学学报），2010，30（12）：37－42.

［48］ 张宇燕. 理解百年未有之大变局［J］. 国际经济评论，2019，(5)：9－19.

［49］ 周升起，兰珍先，付华. 中国制造业在全球价值链国际分工地位再考察——基于 Koopman 等的"GVC 地位指数"［J］. 国际贸易问题，2014（2）：3－12.

［50］ 朱超群，冯义秀. 持续经营不确定性上市公司特征分析［J］. 会计之友（上旬刊），2010（9）：99－101.

［51］ Abbott K W. Linking trade to political goals：foreign policy export controls in the 1970s and 1980s［J］. Minnesota Law Review，1981，65（5）：730－739.

［52］ Acemoglu D，Carvalho V，Ozdaglar A，& Tahbez-salehi A. The network origins of aggregate fluctuations［J］. Econometrica，2012，80（5）：1977－2016.

［53］ Amador，João，Sónia Cabral. Networks of value added trade［J］. The World Economy，2017，40（7）：1291－1313.

［54］ Barrat，A.，M. Barthelemy，R. Pastor-Satorras，and A. Vespignani. The architecture of complex weighted networks［J］. Proceedings of the National Academy of Sciences of the United States of America，2004，101（11）：3747－3752.

［55］ Bown C P，Crowley M A，and McCulloch R，et al. The US trade deficit：Made in China?［J］. Economic Perspectives，2005，29（4）：2－18.

［56］ Cerina F，Zhu Z，Chessa A，Riccaboni，M. World input-output network［J］. PLoS One，2015，10（7），e0134025.

［57］ Dietzenbacher E，Lahr M L. Expanding extractions［J］. Economic Systems Research，2013，25：341－360.

［58］ Dietzenbacher E. The measurement of interindustry linkages: key sectors in the Netherlands ［J］. Economic Modeling, 1992, 9: 419 – 437.

［59］ Fama E. F, and French K. R. Common risk factors in the returns on stocks and bonds ［J］. Journal of Financial Economics, 1993, 33 (1): 3 – 56.

［60］ Gallegati R, Mauro A, Gallegati M. Key sectors in input-output production networks: an application to brexit ［J］. The World Economy, 2020, 43 (4): 840 – 870.

［61］ Hummels D L, Ishii J, Yi K M. The nature and growth of vertical specialization in world trade ［J］. Social Science Electronic Publishing, 1999, 54 (1): 75 – 96.

［62］ Jiwei Ye. Exporters to China face new supply chain challenges ［J］. Supply Chain Europe, 2007, 16 (5): 44 – 45.

［63］ Johnson R C, Noguera G. Accounting for intermediates: production sharing and trade in value added ［J］. Journal of International Economics, 2012, 86 (2): 224 – 236.

［64］ Kamalick J. New export rule threatens China US trade ［J］. ICIS Chemical Business Americas, 2006, 270 (11): 18 – 19.

［65］ Koopman R, Wang Z. Tracing value-added and double counting in gross exports ［J］. American Economic Review, 2014, 104 (2): 459 – 94.

［66］ Koo G. U. S. Export control policy hurts American interests in China ［J］. Electronic Design, 2007, 55 (16): 18.

［67］ Lemoine, Francoise, Unal, et al. China's foreign trade: A "new normal" ［J］. China & World Economy, 2017 (2): 1 – 21.

［68］ Lichtenbaum P, and Fremlin GP. US moves to revamp its export controls ［J］. China Business Review, 2006, 33 (6): 34 – 38.

[69] Lindell E. Foreign policy export controls and American multinational corporations [J]. California Management Review, 1986, 28 (4): 27 - 39.

[70] Matthews W. United States firms launch export-control reform push [J]. DISAM Journal of International Security Assistance Management, 2010, 32 (1): 133 - 135.

[71] Meijer H. Trading with the enemy: the making of US export control policy toward the People's Republic of China [M]. Oxford: Oxford University Press, 2016, 416 pp.

[72] Miller R E, Blair P D. Input-output analysis: foundations and extensions. 2nd ed [M]. Cambridge, UK: Cambridge University Press, 2009.

[73] Moosa I, and Ma M. The U. S. Trade deficit as an American problem [J]. Transnational Corporations Review, 2013, 5 (1), 12 - 27.

[74] Porter M E. Competitive strategy: techniques for analyzing industries and competitors [J]. Social Science Electronic Publishing, 1980 (2): 86 - 87.

[75] Reynolds S. 2013 update and 2012 summary on president Obama's export control reform initiative [J]. Managing Imports & Exports, 2013 (46): 8 - 10.

[76] Tan Z (Alex). Trading with the enemy: the making of US export control policy toward the People's Republic of China [J]. China Journal, 2017, 78 (1): 144 - 146.

[77] The World Bank Group, The World Trade Organization, The Organisation for Economic Co-operation and Development, The Institute of Developing Economies (IDE-JETRO), and The Research Center of Global Value Chains of the University of In-

ternational Business and Economics. Global value chain development report 2019: technological innovation, supply chain trade, and workers in a globalized world [R] . 2019.

[78] Wang Z, Wei S J, Yu X D, et al. Characterizing global value chains: production length and upstreamness [R] . NBER Working Paper, 2017, No. 23261.

[79] Wang Z, Wei S J, Yu X, et al. Measures of participation in global value chains and global business cycles [J]. Social Science Electronic Publishing, 2017.

后　记

2020年6月，上海浦山新金融发展基金会立项了"全球产业链重构与中国应对"的课题研究。这项研究，实际上是我们团队在2018年9月到2020年2月期间于浦山新金融发展基金会立项的研究课题"直面中美贸易冲突"的进一步延续。因此，本书实际上也是《直面中美贸易冲突》的姊妹篇。和之前的研究一样，我们的研究团队以极大的热情投入其中，并在研究过程中更加互相了解。

在翻阅本书的时候，读者会发现本书有两个重要特点：一是理论研究与政策研究融合，二是跨学科研究的融合。尤其是后者的角度，全球产业链重构的研究特别需要跨学科的视角。因此我们的研究涉及多个学科领域，包括国际关系、国际贸易、科技创新、金融学、国际投资、国家安全等。

具体地，本书的分工情况如下：总报告由徐奇渊、东艳执笔完成；第一篇的第1章由徐奇渊、赵海、郎平合作完成，第2章由崔晓敏、马盈盈合作完成，第3、4章由马盈盈、崔晓敏、徐奇渊合作完成；第二篇的第5章由崔晓敏、熊婉婷、杨盼盼、徐奇渊合作完成，第6章由崔晓敏完成，第7章由姚曦、徐奇渊、张子旭合作完成，第8章由苏庆义完成，第9章由董维佳、姚曦合作完成；第三篇的第10章由姚曦、赵海、徐奇渊合作完成，第11章由赵海完成，第12章由徐奇渊、姚曦、赵海合作完成，第13章由郎平完成，第14章由姚曦、郎平合作完成，第15章由陈思翀、梁倚天合作完成，第16章由董维佳、姚曦合作完成；第四篇的第17章由杨盼盼、徐奇渊、张子旭合作完成，第18章由潘圆圆完成，第19章由东艳、马盈盈合作完成，第 20 章由崔晓敏、徐奇渊合作完成，第 21、22 章由侯蕾、徐奇渊合作完成。此外，徐奇渊、东艳作为本项研究的联合主持人，还承担了课题的立项申请、研究设计、研讨活动的组织、成果发布、中期和结项答辩、最终成果的统稿、书稿的校对等。

从本书的分工当中可以看到，这是一项比较大的研究工程，凝聚了研究团队每一位同事的贡献。继《直面中美贸易冲突》之后，本书也是我们在中美经贸关系领域的第二个阶段性成果。在此，我们要感谢上海浦山新金融发展基金会的资助，基金会资助的管理方式最大化地便利了科研工作，并且注重实效，为课题成果的改进提升、宣传推广提供了特别重要的支持。同时，还要感谢我们所在的中国社会科学院世界经济与政治研究所。我们研究所是国内为数不多的、能够覆盖足够多的学科领域，并在此基础上整合资源来研究中美经贸问题的研究平台。最后，还要感谢所有对这项研究给予了关注和支持的师友们，我们会继续努力。

徐奇渊 东 艳